探寻优秀与卓越

心理老师成长之路

大夏书系·教育艺术

吴增强

/

著

华东师范大学出版社
全国百佳图书出版单位
·上海·

图书在版编目（CIP）数据

探寻优秀与卓越：心理老师成长之路/吴增强著.—上海：华东师范大学出版社，2021
ISBN 978-7-5760-1386-3

Ⅰ.①探⋯ Ⅱ.①吴⋯ Ⅲ.①心理健康—健康教育—教学研究 Ⅳ.① G444

中国版本图书馆 CIP 数据核字（2021）第 031639 号

大夏书系·教育艺术

探寻优秀与卓越
——心理老师成长之路

著　　者	吴增强
策划编辑	李永梅
责任编辑	韩贝多
责任校对	杨　坤
封面设计	奇文云海·设计顾问

出版发行	华东师范大学出版社
社　　址	上海市中山北路 3663 号　邮编　200062
网　　址	www.ecnupress.com.cn
电　　话	021-60821666　行政传真　021-62572105
客服电话	021-62865537
邮购电话	021-62869887　地址　上海市中山北路 3663 号华东师范大学校内先锋路口
网　　店	http://hdsdcbs.tmall.com/

印 刷 者	北京密兴印刷有限公司
开　　本	700×1000　16 开
插　　页	2
印　　张	18
字　　数	266 千字
版　　次	2021 年 6 月第一版
印　　次	2021 年 6 月第一次
印　　数	6 100
书　　号	ISBN 978-7-5760-1386-3
定　　价	54.00 元

出版人　王　焰

（如发现本版图书有印订质量问题，请寄回本社市场部调换或电话 021-62865537 联系）

前 言

　　我从事学校心理辅导研究与实践30年，其间经历了学校心理健康教育从无到有，从悄然无声地进入校园到如今心理健康成为全社会共识的局面。这个领域的发展速度和规模的确惊人。与发达国家相比，我国的心理学专业的力量还比较薄弱，尤其是我国高校的心理学、临床心理学的学科建设与职前培训体系尚在建立过程中，存在明显短板。这与广大中小学心理健康教育与辅导的需求日益增长形成突出矛盾。如何加强心理辅导老师的专业成长，探索本土化的有效培养路径，是一项紧迫而有意义的工作。这些年我比较关注一线心理辅导老师的专业成长，也倾心投入到骨干心理辅导老师的带教培养工作。从2013年至今，我先后负责一个成长小组、四个名师工作室的带教工作，培养出50多位优秀的心理老师，并积累了他们很多成长的素材，包括学习心得体会、成长故事、个案报告、心理课例、专业发展等。我静心下来，细读他们吐露的对工作和家庭生活的感悟，深为感动，并由此激发了我的写作热情——探寻心理老师成长的心路历程。希望通过工作室伙伴的成长叙事，让更多中小学心理老师能够从中受益，同时也让广大儿童、青少年受益。

　　本书共分十章，作简要介绍如下：

　　第一章为"工作室：心理老师成长之家"。本章论述了心理老师所面临的时代挑战，用叙事的方式解读心理老师的成长历程，并阐述了工作室的使命及对心理老师专业成长的意义。

第二章为"心理老师的成长阶段"。本章讨论了普通教师的专业发展及心理老师的职责与任务，着重通过讲述心理老师的成长经历，诸如"从人剑分离到人剑合一""从关注个体到关注系统""专业成长中瓶颈的突破""有为才能有位"等，探索心理老师从新手阶段、适应阶段到成熟阶段的发展历程，寻找心理老师成长的轨迹。

第三章为"在团队中学习"。本章讨论了团队学习的效能，介绍了成熟型心理老师和专家型心理老师的学习方式，展现了吴增强心理名师工作室成员各具特色的学习方式，诸如"学习是变的历程、美的历程""我们这一代人该如何学习""让学习成为一种习惯"等。

第四章为"心理课设计与教学"。本章讨论了一堂优质心理课的基础、心理课内容的设计、心理课教学的过程、心理课教研活动的开展及心理课媒材技术的运用。其中结合具体课例探讨心理课的设计与教学，具体生动，便于大家操作。重点讨论了课例《考试压力那些事》，评析了执教老师的设计思想和教学体会。

第五章为"个别辅导与案例督导"。本章讨论了心理老师进行个别辅导时产生的困惑、个别辅导的规范程序、个案的评估与分析、辅导技术的运用及案例督导等。重点对人际交往困惑的女生从个案评估与分析到辅导过程进行深度解读和评析，展现了心理老师运用认知行为治疗技术处理个案和接受督导反思的全过程。

第六章为"学生心理危机处置"。本章讨论了校园心理危机干预系统及心理老师在校园危机干预系统中的角色定位。重点通过心理老师亲身经历的案例，探讨处置学生心理危机的方法，给读者以具体的专业指导，诸如"危机应对的每一步都必须专业""校外心理援助力量怎么介入""当孩子说要'自杀'时"等。

第七章为"心理老师成为研究者"。本章结合工作室成员的科研故事，诸如"教研员如何带领老师做课题""潜心细做'小学问'""专家型心理老师的科研之路"等，重点讨论了心理老师怎么设计课题方案、怎么开展课题研究、怎么成为研究者。

第八章为"焦点问题解决"。本章讨论当前学校心理辅导工作中遇到的难点问题，如学生心理转介服务、学生拒学、电子产品沉迷等，并通过具体案例来探讨这些问题的解决之道。其中对社交焦虑女孩的案例进行了比较详细的介绍，探讨了个案的转介、跟进及其督导。

第九章为"个人成长与修炼"。本章讨论了个人成长的涵义及重大主题，重点通过心理老师生动鲜活的成长故事探讨如何面对自我、如何规范辅导伦理及如何进行身心调节，诸如"乐观面对人生：平淡中流淌的岁月""直面自我""温暖的陪伴，坚持的力量""边界、心界、境界""在运动中遇见美好心情"等。

第十章为"收获的季节：探寻优秀与卓越"。本章作为本书的结尾，论述了心理老师成长之路的收获、走向卓越的历程及漫漫的专业化发展之路，诸如"我的变化和收获""深度、宽度、温度""借鉴模式，分享智慧""制心一处，臻于善境""工作室是我成长的加油站""学思践悟，知行合一"。本章节最后探讨了心理服务队伍建设面临的挑战、机遇，以及未来发展的方向。

本书具有鲜明的叙事风格，通过生动鲜活的故事、案例展现了优秀心理老师如何做好学校心理辅导工作的方方面面，并还原了他们长期学习、实践和探究的成长历程，以期让广大的心理老师、班主任可以从中得到启示和帮助。

我和工作室的心理老师相处多年，本以为很了解他们。但我在写作的过程中，用心细读伙伴们的学习心得、成长故事、案例反思和感悟，我被大家内心的所思所想深深打动。市名师工作室的工作结束后，我们出了本集子，我在导师感言中动情地写道：

工作室三年的研修活动一晃而过，感叹时光飞逝，我能够和伙伴们共同学习、成长，是我人生旅途中的一段珍贵的缘分。我从事学校心理辅导和儿童青少年心理研究近30年，我热爱这个探索心灵、守护心灵的事业，它已成为我生命的一部分。这些年我最关心的是年轻心理辅导老师的成长，也倾心投入优秀心理辅导老师的带教培养工作中。这三年里，我和大家一起学习理论、努力实践、探索自我成长及进行品性修炼。研习也好，修炼也罢，需要我们耐得住寂寞，需要我们在忙忙碌碌的工作和生活中，有一方静心思考的空间，梳理我们自己的精神世界和人生目标。苏格拉底说"认识你自己""我是谁""我要走向哪里"，这些问题不仅仅是我们对求助者说的，我们自己更要有深入的思考。

我想，大家会记得这三年的研修生活，会记得这个温暖、亲切的大家庭，会记得可亲可爱、情真意切的伙伴们，余生很长，有你真好！

因此，本书得以写成，我首先要感谢工作室的伙伴们，他们的成长故事是本书的原始素材，他们的支持是我写作的动力。感谢上海市各级教育行政部门的领导对我的信任，让我承担了工作室的主持人，使我可以和优秀的心理老师们进行心灵的沟通，教学相长，和大家一起成长。本书的出版得到了华东师范大学出版社北京分社各位编辑老师的热情鼓励和细心指导，在此一并致谢。本书不仅可以为心理老师的专业成长提供指导建议，也可以为班主任老师的心理辅导能力建设提供参考。简言之，我希望广大老师能够喜欢这本书。

吴增强

2020年5月于上海

第一章
工作室：心理老师成长之家

心理老师面临时代的挑战　　　　　　　　　　001
叙事：解读心理老师成长历程　　　　　　　　004
工作室的使命与任务　　　　　　　　　　　　007

第二章
心理老师的成长阶段

普通教师专业发展阶段　　　　　　　　　　　031
心理老师的职责与任务　　　　　　　　　　　033
心理老师专业发展的不同阶段　　　　　　　　038
给心理老师的建议　　　　　　　　　　　　　050

第三章
在团队中学习

团队学习效能	051
成熟型心理老师的学习方式	058
专家型心理老师的学习方式	066
给心理老师的建议	072

第四章
心理课设计与教学

一堂优质心理课的前提	073
心理课内容设计	075
心理课教学过程	080
心理课媒材技术的运用	090
心理课教研活动的开展	095
给心理老师的建议	102
附录：考试压力那些事	103

第五章
个别辅导与案例督导

个别辅导的困惑	106
个别辅导规范	109
个案评估与分析	112
辅导技术的运用	119
案例督导	135
给心理老师的建议	137

第六章
学生心理危机处置

校园心理危机干预系统	139
心理老师该做什么	144
危机应对的每一步都必须专业	146
校外心理援助力量怎么介入	149
危机面前敢担当	154
当孩子说要"自杀"时	157
给心理老师的建议	163

第七章
心理老师成为研究者

怎么设计学校心理课题方案	164
教研员如何带领老师做课题	169
潜心细做"小学问"	175
专家型心理老师的科研之路	179
给心理老师的建议	186

第八章
焦点问题解决

学生心理转介服务	187
转介案例的督导	191
拒学问题辅导	202
学生电子产品沉迷辅导	207
给心理老师的建议	217

第九章
个人成长与修炼

个人成长的涵义	219
个人成长的重大主题	220
如何面对自我	222
辅导伦理	231
身心调节	236
给心理老师的建议	243

第十章
收获的季节：探寻优秀与卓越

成长之路的收获	245
走向卓越的历程	260
专业化发展路漫漫	273

第一章　工作室：心理老师成长之家

心理老师在30年前还是一个陌生的名称，如今已经成为学校的一个新兴的岗位。2017年7月教育部教师工作司正式发文，在中小学教师资格考试中增加了"心理健康教育"学科。与发达国家相比，我国的心理专业力量还比较薄弱，尤其是高校的心理学、临床心理学学科建设与职前培训体系尚在建立过程中，存在明显的短板。这与广大中小学心理健康教育与辅导的需求日益增长形成突出的矛盾。如何加强心理老师的专业成长，探索本土化的有效培养路径，是一项紧迫而有意义的工作。

心理老师面临时代的挑战

我国学校心理健康教育起步于20世纪80年代中期，30年来历经从无到有，从悄然无声地进入校园到如今成为全社会共识的局面。这个助人领域的发展速度和规模的确惊人。另一方面，中小学生正处于身心发展的重要时期，社会的急剧变化，升学考试的压力，家长的高期待等，使他们心理上的动荡、困扰进一步加剧，所面临的心理冲突、社会适应问题也是前所未有的。

2012年10月26日，全国人民代表大会常务委员会发布《中华人民共和国精神卫生法》。2014年11月20日，上海市人民代表大会常务委员会通过《上海市精神卫生条例（修订草案）》。2016年12月30日，国家卫生计生委等22部门联合发文，出台《关于加强心理健康服务的指导意见》，其中有两个基本目标：一是到2020年，全民心理健康意识明显提高；二是到2030年，全民心理健康素养普遍提升。2019年12月，国家卫生健康委、中宣部等12部门联合颁布《健康中国行动——儿童青少年心理健康行动方案》，并在第五项"心理健康服务能力提升行动"中明确提出，"各地教育部门要将心理健康教育内容纳入'国培计划'和地方各级教师培训计划"，在第六项"心理健康服务体系完善行动"中提出"各级各类学校要设立心理服务平台（如心理辅导室等），或通过培训校医、引入心理学专业教师、购买专业社工服务等形式开展学生心理健康服务，并加大大中小学（含中等职业学校）专兼职心理健康工作人员配置力度"。就目前现实情况来看，学校心理健康教育队伍的专业化水平远远落后于时代的需要。

据2009年对六省市的学校心理健康教育工作发展状况进行调查表明[1]：

在组织机构方面，数量上发展快而实际运作效果不佳：55.6%的区县成立了心理健康教育指导机构，83.1%的学校成立了心理健康教育指导机构；而实际运作上，尚有24.0%的区县心理健康教育指导机构无办公室和办公设备，形同虚设；52.0%的区县心理健康教育指导机构是以兼职人员为主；26.7%的区县未开展任何形式的心理健康教育活动。

在队伍建设方面，接受心理健康教育培训的教师数量多而培训质量水平低：81.1%的专兼职老师接受过培训，但专业培训力度不够——尽管其中有50%的专职心理老师；30.4%的兼职心理老师接受过五次以上的培训，但培训不够系统，大多是短期培训；并且48.4%的心理老师没有获得岗位资格证书。

在学校心理健康教育实施方面，开展心理健康教育活动比较活跃：81.2%的中小学校开设了各种形式的心理健康教育活动；62.0%的学校将心理健康教育活动列入课表；64.0%的心理老师能根据本班学生实际情况组织主题辅导活动，积极开展对学生的心理咨询、辅导工作；86.0%的心理老师

---

[1] 王定华，陈虹. 我国中小学心理健康教育发展状况[M]. 北京：开明出版社，2010.

开展学生心理辅导工作；81.2%的学校设立了心理咨询（辅导）室；66.0%的心理咨询（辅导）室配备了电话、电脑等办公设备；64.0%的咨询（辅导）室配置了桌椅、沙发、茶几等个别咨询的基本设施。

主要问题是心理健康教育活动课课时得不到保证：48.1%的专职教师和68.2%的兼职教师的课时得不到完全保证；心理辅导活动课主题的选择存在随意性，20.0%的教师自己随机决定主题，23.3%由学校指定主题，28.8%依据教材内容或参考同行比较成熟的方案确定主题。

心理咨询（辅导）室建设不够规范，使用率不高，管理不够健全：62.0%的心理咨询（辅导）室平均每天开放时间在两小时以内；85.6%的心理老师对心理危机的干预程序"不了解"或"了解一点"。

2014年，俞国良教授率领的团队对中小学心理健康教育的现状进行了较为系统的调查研究。选取我国中部地区两个地级市的城市和农村中小学的学生为研究对象，采用自编调查问卷的方式，对其心理健康教育状况进行研究。结果发现：中部地区心理健康教育的普及率和效果有较大改善；城市中小学在设置心理辅导室和开设心理健康教育课程方面较好，学生的评价也更高，而农村中小学心理健康教育相对落后，心理健康老师专业化程度有待提高；中学生心理健康教育滞后于小学生心理健康教育，初中阶段尤甚。

对这两个地级市的584名中小学心理健康教育专兼职教师和209名学校管理者进行分层随机抽样调查的结果表明：

第一，心理健康教育受到大多数中小学的重视。参加调研的学校中，90%以上开展了心理健康教育工作。大多数心理健康教育专兼职教师都能感受到学校领导对他们工作的支持。

第二，心理健康教育师资队伍的人员构成复杂，专业化水平有待提高。大部分专职教师均有担任其他课程的经历，兼职教师中德育课教师和班主任居多；学校心理健康教育的形式以课程为主，授课方式主要是讲授与活动结合；部分教师还承担着学生心理辅导的任务。教师对自己的工作效果普遍感到满意的同时，表现出了强烈的求知欲，对心理健康教育专业培训的需求很大。

第三，学校管理者在选择心理健康教育教师时非常重视专业背景、学历学位、相关资格认证、授课技能、从业时间与经验及人格等因素。他们认为心理健康教育专职教师的工作任务应包括教育教学、心理辅导及心理健康宣传。参加调研的学校对心理健康教育专兼职教师的管理普遍较为规范，有具体的工作责任和岗位描述、系统的绩效考核方案，并明文规定了薪酬与绩效考核的关系。大多数学校管理者对本校心理健康教育专兼职教师和学校的心理健康教育工作感到满意。[1]

由上述调查可见，尽管学校心理健康教育得到一定程度的普及，但是由于学校心理老师的专业化水平不高，我国中小学心理健康教育远没有达到满足学生辅导需求的教育服务水平。因此，建设一支规模庞大的合格的心理老师队伍成为当前迫切需要解决的问题，尤其是骨干心理老师的成长与培养成为重中之重。

叙事：解读心理老师成长历程

从某种意义上讲教师和医生都是临床实践工作者，一个成熟的心理老师如同一个成熟的医生，只有对自己的实践经验不断总结、反思和行动，才能使自己的专业能力与水平不断提高。而叙事就是表达经验、反思经验最好的方式。方凌雁认为，教育叙事不仅仅是讲故事，更是教育工作者对在教育生活实践中获得的经验、体验、知识和意义的故事表达。在教育叙事研究中，教师不再是别人研究的对象，他们站在自己的角度，通过对教学事件的叙述，表达自己在教育教学实践过程中的亲身经历和内心感受，反思教学行为，倾听自己内心的声音，发掘蕴含其中的教育思想与教育理念，进而发现和揭示教育规律与教育本质。[2] 本书将以叙事的方式，展现和研究心理老师的成长历程，寻找优秀心理老师的成长路径和经验。

---

[1] 俞国良.学校心理健康教育研究的回顾与展望［J］.中国教育科学，2018（01）.
[2] 方凌雁.教育叙事：教师实践智慧的自我生成之路［J］.教学月刊·中学版（教学管理），2018（08）.

一、关于叙事

1. 叙事

什么是叙事？对此有各种各样的表述，如叙事是"我们解释世界的源泉"，"记述或设计以表达所发生的事情的前后联系的例子"等。比较清楚的一种表述是："叙事是为了'告诉某人发生什么事'的一系列口头的、符号的或行为的序列。"20 世纪 80 年代，许多社会科学学科采用叙事方法和叙事概念研究在一定社会文化背景中的人类生活。叙事理论认为，生活中充满了故事，人的每一段经历就是一个故事，人生就是故事发展的过程。一方面，故事使我们认识世界、他人和自己。没有人们对所发生和经历的各种事件的叙说，我们就无从知道世界发生了什么以及人们所想所做的心路历程；另一方面，故事又以它所传递的社会文化规范、风俗习惯塑造着每一个人。这充分展现了故事在个体社会化中的强大力量。[1]

2. 故事

阿米德·利布林奇认为，人们天生是故事的叙说者。故事使人们的经验得以连续，并在与他人的交往中发挥核心作用。了解内部世界的一个最清晰的频道是通过口头叙述，即由个人叙述关于他们的生活和所经历的真实的故事。一方面，故事临摹生活并展示内部真实于外部世界；同时，故事也塑造和建构着叙事者的自我与人格，故事是人的认同。一个故事通过生活而得以创造、叙说、修改和再叙说，展示了通向理解自我统一性的入口，自我与生活世界通过叙事的方式建构起意义生活的意义自我。而这种叙事主体所显现的真实、统一性为有效地理解生活世界奠定了基础。[2] 心理老师叙述自己的成长经历，就是通过自己的故事，感悟到自己生活的意义和生命的价值。

二、关于叙事研究

叙事研究是一种质性的研究方法，在人类学、社会学等领域得到广泛的

---

[1] 杨锐，赵宗金．叙事心理学：理解生活世界的中介［J］．吉林省教育学院学报，2006（03）．
[2] 同上。

运用。在教育领域中，1968年杰克逊最早运用叙事方法研究学校现场活动。后来，康纳利开始将教育叙事集中运用于教师知识的研究。他们认为，人类的经验以叙事的方式建构，并以故事的方式存在，揭示个体经验意义的最佳方式就是叙事。在这一公设下，教师的个人经验被视为故事经验，研究教师就是采用讲故事、写经历的方法，让教师比较详细地介绍教育问题及教育事件的发生与解决的整个过程，关注每一个有意义的具体细节和情境。通过教师的言语和教育生活的历史，表达叙述者对教育的解释和理解，听者从故事中体验教育是什么或应该怎么做，双方共同建构、重构、体验、再体验经验性的故事。

与科学实证主义的方法相比较，教育叙事无意归纳推论出一般意义的规律、法则，而是强调个人经验意义的原始性、情境性和真实性，反对抽象归纳的"去情境化"。科学实证主义严守价值中立的研究标准，把个人的情感、愿望、态度、价值观等视为主观的东西，一律从研究中剔出，以求结论的真实、可信，具有普遍适用性。教育叙事恰恰相反，它认为教师的经验不是抽象的，而是生活化的，个人的喜怒哀乐、思想态度是构成个人经验的重要部分。教育叙事中无处不体现教师的思考与筹划，具有强烈的个人倾向性。这些"主观"的个人经验方式，正说明了其真实性。叙事研究者把叙事看作是人类的经验、行为以及作为群体和个体的生活方式。从这点上看，叙事不再仅是主观意义上的产物。因此，教育叙事研究报告的内容强调必须具有一定的情节性，深度描写教学事件中的"波折""节外生枝"，教师的情境变化和寻求教学出路的谋划。[1]

三、以叙事的方法解读心理老师成长历程

我们对于心理老师的叙事分析与解释，不是严格意义上叙事研究，而是以叙事的方法解读心理老师的成长经验。教师以叙事的方式建构经验。杜威认为教师的经验具有教育意义，教师是凭借经验去影响、教育学生。他说：

---

[1] 王凯. 教育叙事：从教育研究方法到教师专业发展方式［J］. 比较教育研究，2005（06）.

"教育者的任务就在于看到一种经验所指引的方向，如果教育者不用其较为丰富的见识来帮助未成年者组织经验的各种条件，反而抛弃其见识，那么他的比较成熟的经验就毫无作用了。"教师的发展即是教师教育经验的生长，康纳利等人进一步发展了杜威的观点，认为教师的经验是故事经验，教师的经验以叙事的方式建构，并以故事的方式存在。教师的经验是叙事经验，这种叙事经验是教师个人的生活史，也反映了教师生活在其中的社会背景。教师是在叙事中研究自己的经验，反思自己的经验，建造经验连续沟通的桥梁，由此教师专业发展的历程在叙事中显现。教师在叙事中理解经验的意义，看到经验的未来发展方向，主动促成经验的发展，所以可以这样说，教师叙事研究的过程就是教师专业发展的历程。[1]

每个心理老师的成长历程都是鲜活的、独特的、变化的、千差万别的。如果单单使用量化研究的方法，进行问卷调查，得到的平均数、百分比，只能反映总体情况，而不能反映心理老师成长的差异性、个性化的特点。如前所说，揭示个体经验意义的最佳方式是叙事。本书展现了30多位优秀心理老师的学习心得体会、成长故事、个案报告、心理课例反思等自述性材料，通过对叙述材料的研究，总结提炼共同的经验，为更多心理老师的专业成长提供了范例和启示。

工作室的使命与任务

这些年我比较关注一线心理辅导老师的专业成长，也倾心投入到骨干心理辅导老师的带教培养工作，通过这些年的带教工作，我对优秀心理老师的成长与培养有一些心得体会，其中成长小组和工作室是一种非常有效的形式。

---

[1] 王凯.教育叙事：从教育研究方法到教师专业发展方式[J].比较教育研究，2005（06）.

一、成长小组

优秀的学校心理老师不是学出来的，而是做出来的。目前，心理学专业培训市场内容非常丰富，各种流派、技术的培训让人眼花缭乱。光学不用等于白学，要有选择地学，同时学以致用，加之专业督导，才能对所学习的东西有所体会、有所感觉。那么面对种种流派，身处一线的心理辅导老师怎么选择？我觉得先要把四个基本流派的理论技术脉络了解清楚，即人本治疗理论、行为治疗理论、认知治疗理论和精神分析理论。前三个流派要掌握到技术层面，还要专精一门。现在一般把行为治疗理论与认知治疗理论合二为一，称为认知行为治疗理论（简称CBT）。CBT的理论与技术的结构性、程序性、实操性强，便于训练和督导，其疗效得到许多循证研究的支持，在国外比较流行，用于给中小学生做心理辅导尤其适合。我希望青年心理老师能够熟练掌握CBT理论和技术。当然，人本治疗的咨询理念和原则对于咨访关系的建立很有帮助，也得到业内人士的广泛认同。若有时间和精力，亦可以学习精神分析理论的基本思想、发展脉络和主要观点，这对个案内心的深度分析与理解有帮助，但要掌握精神分析的理论与技术难度很大。国内也有学精神分析的专家，但就整体培训体系来说，比之欧美国家差距很大。上海精神卫生中心多年来举办的中德精神分析班之所以受到国内心理专业工作者的欢迎，是因为有一批训练有素的德国精神分析师进行教学与督导。此外，短期焦点解决治疗、叙事治疗、家庭治疗和游戏治疗等都要在掌握扎实的基本功的前提下，不断深入学习，才能学有所获。

如何做到学以致用？在目前国内缺乏系统的职前培训体系的情况下，实践表明，参加成长小组是一个比较行之有效的做法。自2013年起，我带教上海市级骨干心理老师认知行为治疗成长小组整整两年，其基本活动形式是：中美资深专家担纲CBT高端课程（注重操作）、专家主持团体督导及开展个人成长专题探讨会等，成长小组的14位心理老师颇有收获。以下是我们CBT成长小组的几点学习心得：

1. 学习型团队逐渐形成

两年的成长小组活动，使小组成员的关系进一步密切，小组微信群成了大家交流、分享学习体会和成果的平台，也成了大家相互鼓励的心灵港湾。两年的 CBT 高端培训课程共计 24 次，每次都是周四晚上 6 点开始，到 8 点半结束。小组成员完成了一天的工作，从全市的各个地方赶到位于中山公园的华东政法大学校区，最远的是从金山赶两个多小时的车程过来。除了学习的热情，还能够感受到小组成员相聚的温暖和支持。此外，小组的同伴督导、讨论分享是利用周六下午的时间开展，大家都非常珍惜这样的机会，出勤率很高。一个学习型成长小组逐渐形成。

2. 咨询理论与技术得到进一步理解和掌握

小组成员都有接触 CBT 理论与技术，但是真正规范地运用于辅导实践之中并不多见。相比高校心理老师，中小学心理老师处理个案咨询的机会并不多，特别是规范系统的辅导设置得更少。通过近两年的培训、观摩、督导，小组成员对 CBT 理论和技术的理解和运用有了很大提高。

李霞[1]老师说："帮助来访者收集、检验和矫正功能失调的自动想法和核心信念是认知心理治疗的核心部分。在学习认知治疗理论期间，我接手来访的案例主要有抑郁情绪、人际恐惧、考试焦虑、离家出走等，在征得学生同意的情况下，尝试运用结构化的认知治疗对来访学生进行辅导，其中在人际恐惧、考试焦虑、离家出走的几个案例中起到较为明显的治疗效果，而其中很重要的一个部分就是功能失调的自动想法的识别、收集、检验和矫正，进而改变其负性核心信念。"

小学生的认知能力还不成熟，对于如何将 CBT 技术运用于小学生心理辅导中，成长小组的两位小学心理老师也有尝试探索的心得。

蔡素文[2]老师说："小学生的问题往往没有那么严重，困扰他们的大多数是一些生活事件和生活问题。咨询老师通过 CBT 的技术，鼓励他们自己去

---

[1] 李霞，上海市南洋中学心理老师，CBT 小组成员。
[2] 蔡素文，上海宝山区心理教研员，上海市学校心理健康教育吴增强名师工作室成员。

找到问题的解决办法。但是小学生的洞察力、表述能力还有所欠缺，这个时候咨询师需要借助媒材这样的外在载体去帮助小学生发现问题、厘清问题以便于后续更好地探讨、分享、成长。"蔡老师将"结绳记事""饼图"等游戏与 CBT 技术结合，个案辅导取得了比较好的效果。

蒋翌韵[1]老师说："尽管运用了认知行为治疗理论的儿童焦虑症的治疗方案与成人焦虑症的治疗方案相似，但在运用中必须注意这几个重要因素，它们是儿童治疗中独有的。第一，儿童的治疗注重发展性，因此，会更多采用促进学习的活动和游戏。第二，在治疗过程中，需要邀请父母参与治疗进程。大多数时候治疗是对儿童实施的，只有个别时候让父母参与；也有时候是联合父母和儿童一起进行的。第三，应急管理和奖励是儿童 CBT 治疗的重要环节。儿童需要很多鼓励去进行练习，因此许多治疗方案建议父母奖励孩子的勇敢行为而不是强化孩子的回避行为。但无论是怎样的方案，如果对功能失调的自动想法进行了合理的替代，也就是做好了与治疗相关的认知重建，就会使得治疗成功，但是如果相反，替代不成功，就会导致治疗失败。"

3. 促进了骨干心理老师的个人成长

心理老师的个人成长是其专业化过程的重要议题。一个优秀的心理老师不仅要有扎实的专业理论素养和技能，还要有积极的生活态度、良好的自我觉察、开放的心态，以及亲和力、感召力，这些个性品质需要修炼，这就是个人成长。其实，辅导过程也是咨询师与来访者共同成长的过程。

常梅[2]老师说："又一轮的 CBT 督导活动结束了，和我们组的小伙伴们每周四晚上的相聚学习已然成为了一种习惯；在聆听陈福国教授的个案督导和关键点分析过程中，巩固并拓宽认知疗法的专业知识与技能，记录下一个个有所感悟的片段，反思颇多，受益匪浅，这些都将成为我今后心理咨询道路上的法宝，让我更轻松地助人自助。"

---

[1] 蒋翌韵，原上海虹口区曲阳四小心理老师，CBT 小组成员。
[2] 常梅，上海嘉定区教育学院心理教研员，CBT 小组成员。

汪清华[1]老师说:"两年的观摩、学习、实践与反思让我在不知不觉中把认知行为治疗的理论梳理又梳理,脑中的思路愈加清晰。听课过程中,我最感兴趣的是老师如何在他们的咨询与治疗中运用 CBT 的策略和技术,我恨不能把老师在实践中的每一个细节、每一句话认真记录,细细品味,这些对我来说太实用了!一开始,自己的认识非常肤浅,随着学习的不断深入以及自己坚持不懈地实际操作,现在我不仅对负性自动想法、病例概念化、箭头向下的技术等有了更深刻的领会,也知道了如何去支持来访者、如何去跟来访者共同工作以帮助他们获得领悟、动摇他们功能不良的自动想法、挖掘他们积极的力量以巩固合理的核心信念,从而更好地帮到他们,也更清晰了 CBT 在焦虑症、强迫症、恐惧症、抑郁症、偷窃癖等不同精神障碍中的具体操作。"

二、心理名师工作室

继 CBT 成长小组之后,2015 年我承担了上海市学校心理健康教育名师工作室吴增强工作室的任务,同时浦东新区教育局也邀请我建立区心理名师工作室(另还有上海交通大学医学院陈福国教授主持的心理名师工作室),两个工作室各有 12 名骨干心理老师参加,分别于 2018 年年底和 2019 年 6 月结业。2019 年我又继续主持了浦东新区第二期心理名师工作室,同时,我接受徐汇区教育局邀请,主持徐汇区心理名师工作室。这些工作室的带教工作,使我对优秀心理老师的培养有了更加清晰的目标,一个优秀的心理辅导老师要着力提升三种能力,一要提升专业发展的胜任力,二要提升专业发展的动力,三要提升专业发展的境界。基于专业标准的专业发展的胜任力,是优秀心理辅导老师的专业基础;专业发展的动力是优秀心理辅导老师可持续发展的保障;而专业发展的境界是优秀心理辅导老师不断追求的目标[2]。尤其是第三点专业发展的境界,我认为是需要重点强调的。

---

[1] 汪清华,上海商业学校心理老师,CBT 小组成员。
[2] 吴增强.优秀心理辅导教师专业成长的若干问题[J].中小学心理健康教育,2017(13).

当前有一个值得注意的倾向就是急功近利的浮躁病，具体表现就是不少新入行的心理辅导专业人员轻道重术。我多年在各地培训讲学，老师们最关心的是怎么用技术解决问题，一般不太关心咨询的理论背景及发展脉络，也不太关心对人性的哲学思考，觉得这些东西太虚幻，难以捉摸。心理辅导与咨询就是做人的精神层面的助人工作，理解人性其实是非常重要的。台湾心理咨询专家吴熙琄在她的《熙琄叙语——一个咨询师的成长历程》一书中写道："当咨询师内在对个案的信念、思维、精神、态度能持续不断通过个案工作的实践、落实与反思，来厘清与联结时，此时咨询师对自己做个案的思维和哲学观念可以有所整合，总结出自己的核心想法和体悟，那么做咨询就进入另一个境界了……所以咨询师如何陪伴自己去整理属于自己的哲学观也是一件非常值得去努力的事情。"

在心理咨询专业领域，何谓道？一是对各个理论流派的思想渊源、来龙去脉要有基本认识。如，传统的精神分析理论为什么强调童年的创伤经验？为什么强调本我、自我、超我之间的冲突？为什么潜意识在精神分析学说中有如此重要的地位？如果我们在学习的时候，常常有这样的发问和思考，就会对技术有了更为准确的理解和把握。二是能够经常从哲学层面对人性有深入的思考。杰出的心理治疗大师都有着深厚的哲学思想及对人性的深刻思考与理解。当然理论流派不同，思想观点也不同，需要读者自己去选择与吸取。如，弗洛伊德的人性观基本上是一种决定论，即我们的行为是由人的无意识动机、非理性力量以及生物本能的驱力所决定，而这些都是在人出生六年后的性心理发展的关键阶段中发展起来的。[1] 三是心理老师自身的品性修炼、个人成长。心理老师是人不是神，凡人都有生活的喜怒哀乐、酸甜苦辣，都要面对生活的各种境遇（包括困境）。优秀的心理辅导老师要有效地帮助别人，解决别人的各种心理困扰，首先是要学会处理好自己的困扰。美

---

[1] 吉拉尔德·科里. 心理咨询与治疗的理论及实践（第八版）[M]. 谭晨, 译. 北京: 中国轻工出版社, 2015.

国家庭治疗专家弗洛玛·沃尔什认为，咨询师如果只做个案，学技巧，没机会去面对自己生命的议题，那么那些未面对的东西一定会干扰他们的咨询工作，而且会毫无觉察。吴熙琄也说，面对自我困境的过程就是一种学习，也让自己开拓更多的资源来面对原本让自己困惑的议题。[1]

围绕上述三种能力的提升，工作室的三年计划围绕以下研修任务展开：

1. 加强专业理论学习，这是"道"的修炼

三年来我们工作室认真研读了三本书：第一年重点研读《学校心理辅导实用规划》，这是我 2011 年撰写的学校心理健康教育概论性的著作，许多心理老师忙于上心理课、做个案辅导、组织心理健康教育活动，往往缺乏从学校教育整体的角度来思考心理健康教育工作的开展，处于"埋头拉车，从不抬头看方向"的状态，成为学校里"孤独的牧羊人"。让工作室学员（我更愿意称他们为"伙伴"）加强对学校心理健康教育工作整体的了解和把握，是研读这本书的初衷。事实上也收到了预期的效果。黄振懿[2]老师毕业于苏州大学心理系，入职 16 年，他潜心精读了书的第一章，现将他的学习体会节选如下：

读一本书

读一本书，喜欢从封面读起，兼带读完腰封、勒口，继而扉页、版权页、前言或序言、目录、正文、后记、参考文献、附录等，一直读到封底。窃以为，这样才算读过一本书，与人交流时会说"我曾读过"。而如果要说读完一本书，确实是更难的。开班前，吴老师要求各位学员交研读稿，我是交不出的，实在是读得太少，更不要说研读了，还需假以时日好好读。

吴老师的书，曾读过几本，包括《班级心理辅导》《班主任心理辅导实务》等。而关于学校心理辅导这门学科的读过两本，第一本是《现代学校

---

[1] 吴熙琄. 熙琄叙语——一个咨询师的成长历程［M］. 北京：中国轻工出版社，2013.

[2] 黄振懿，上海文建中学校长，浦东新区第一期吴增强心理名师工作室成员。

心理辅导》，上海科学技术文献出版社1998年5月出版了第1版，我读的是2002年10月第8次印刷的，那时是大学的选修教材；第二本是《学校心理辅导通论：原理·方法·实务》，上海科技教育出版社2004年10月出版了第1版，我读的是2005年3月第2次印刷的，那时是参加工作后学校需要制定心理健康教育的规划用书，与此同时我正跟着吴老师做一个市级课题的子项目。还有现在正在读的，就是手头这本《学校心理辅导实用规划》。

三篇序言

按照要求，我要汇报的是本书第一章的研读。但前面已经提到，我读书喜欢从头看起，这样一来，如果我只谈第一章，则正文前的可视之为精华（全书最为浓缩的内容）的序言、前言、目录，就被略过了，实在可惜。我的心理学启蒙老师苏州大学的黄辛隐教授曾说起的一个掌故——某年北师大心理学研究生考试，面试题即为请学生把彭聃龄先生著的《普通心理学》的目录复述一遍，这告诉我们除了正文，书中的很多东西都是很重要的。

由此，我想，读吴老师的书，也该从正文前面读起，而这一读，就想把三本书的三篇序言放在一起读，这大概算是一种研读了吧。

《现代学校心理辅导》的序言称该书系统地概括和总结了"学校心理辅导的概念、目标、内容、途径，以及组织管理"，其理论意义与应用价值在于：其一，完整地提出了我国学校实施心理辅导的系统框架；其二，提出心理教育与心理咨询相结合的两条基本途径；其三，提出学校心理辅导以学习辅导、人格辅导、生活辅导和职业辅导为基本内容；其四，提出心理辅导课程、教育教学中的心理辅导、个别辅导和团体辅导为学校实施心理辅导的主要形式；其五，提出学生心理测评、学校心理辅导制度与管理、教师心理健康与家庭心理辅导是学校实施心理辅导的支持与保障。

《学校心理辅导通论：原理·方法·实务》的序言称该书有两大意义：一是可以促进学校心理学这门学科的发展，二是为广大基层学校开展心理健康教育提供指导。其特点则包括：体现了比较鲜明的时代性，体现了国际化与本土化的统一，体现了融科学性、应用性与可读性于一体的特色。

《学校心理辅导实用规划》的序言回顾了吴老师20多年的研究历程，清晰地表述了三本书在不同时代背景下的功用，即：《现代学校心理辅导》回答了"心理辅导在我国中小学如何做"；《学校心理辅导通论：原理·方法·实务》回答了"如何处理好普及化和专业化"；本书则回答了"如何使学校心理健康教育持续、健康地发展"。

事实上，结合三本书的时代背景，可以说这三本书基本勾勒出了学校心理学这门学科发展演进的过程，也真实记录了作为学者的吴老师是如何从面对一张白纸开始，使该学科由洋而中，由浅而深，由概述到具体，由理论到实践。以我观之，尤其在体现学校心理学本土化过程中，从理论到实践，从实践再回到理论，本书用了一定篇幅反映了吴老师在波士顿学习考察的成果，也参阅了贝克和迈瑞尔的著作，这让我恰恰感受到了吴老师不畏进步的学术自信。

值得一提的是，《现代学校心理辅导》的序是由华东师范大学的时蓉华教授作的，《学校心理辅导通论：原理·方法·实务》的序是由华东师范大学的杨治良教授作的——时教授是社会心理学专业，而杨先生则是实验心理学的大家。本书的序则是由吴老师亲自执笔，这也让我们作为学校心理学的实践者，深刻感受到这一新兴学科已然从蹒跚学步走向独立前行，而心中所愿则是如吴老师一样，期待这门学科借助本书，能越走越稳，前途光明。

第一章

言归正传，谈谈对第一章的学习和理解。试以比较法析之。

吴老师自云："第一章概论讨论学校心理辅导的概念和目标定位、心理健康标准和基本任务。回答'是什么'的问题。"全章分为三节，即：学校心理辅导概述、心理健康标准的讨论，学校心理辅导的基本任务。而纵观三本书，则在章节名称、文字内容及编排顺序上各有不同。

表 1-1　三本书第一章目录比较表

	《现代学校心理辅导》	《学校心理辅导通论：原理·方法·实务》	《学校心理辅导实用规划》
第一章	现代学校教育与心理辅导	心理辅导——21世纪学校新兴的教育服务	概论
第一节	学校心理辅导概述	现代社会变迁与学生心智成长	学校心理辅导概述
第二节	现代社会变迁与学校心理辅导	心理健康标准问题探讨	心理健康标准的讨论
第三节	学生心理健康的标准	学校心理辅导概述	学校心理辅导的基本任务
第四节	学生心理发展与心理辅导		

一、引言部分

《现代学校心理辅导》和《学校心理辅导通论：原理·方法·实务》两本书用了较多篇幅概述学校心理辅导在彼时发展的重要性，不过在《现代学校心理辅导》中它"还是一门全新的课程"到《学校心理辅导通论：原理·方法·实务》中它已然作为"一门新兴的应用心理学学科"，进步不可谓不大。而本书中引言寥寥几笔，却已不用过多着墨于"已经成为社会各界的共识"。

此外，引言的最后一句也有值得玩味之处。《现代学校心理辅导》是要作些阐述使读者对学校心理辅导的概貌有基本的认识；《学校心理辅导通论：原理·方法·实务》则提出了几个问题；到了本书则表述为有域外"经验参照借鉴"，"需要探索的问题很多"。从谆谆教诲到引人深思，让我想起了芝诺的圆圈，不禁对吴老师更多几分崇敬。

二、关于学校心理辅导的概述

《现代学校心理辅导》和本书都把"学校心理辅导概述"放在第一节

的位置上，唯有《学校心理辅导通论：原理·方法·实务》将之置于最后一节。

1. 定义

其一，学校心理辅导，是指教育者运用心理学、教育学、社会学、行为科学乃至精神医学等多种学科的理论与技术，通过集体辅导、个别辅导、教育教学中的心理辅导以及家庭心理辅导等多种形式，帮助学生自我认识、自我接纳、自我调节，从而充分开发自身潜能，促进其心理健康与人格和谐发展的一种教育活动。

其二，学校心理辅导，是指教育者运用心理学、教育学、社会学、行为科学乃至临床心理学等多种学科的理论与技术，通过小组辅导、个别辅导、心理辅导课程以及家庭心理辅导等多种形式，帮助学生自我认识、自我接纳、自我调节，从而充分开发自身潜能，促进其心理健康与人格和谐发展的一种教育活动。

以上两个定义，分别出自三本书。《现代学校心理辅导》《学校心理辅导通论：原理·方法·实务》两书用了前一版本，本书用了后一版本，从一些术语的调整可以看出本书在著述过程中的学术严谨，而整体内容不变的定义，则体现了著者较强的预见性和在学科探索过程中的稳定性。需要说明的是，定义沿革过程中"心理辅导课程"的明确，为学校心理辅导实践工作提供了一个广阔的空间和舞台。

2. 辅导、咨询、治疗

关于辅导和咨询的问题，已经为大家所熟知。吴武典教授关于四种助人专业的范围（由外而内，教育—辅导—咨询—治疗）也应为大家所牢记。

3. 目标和内容

吴老师引用杨国枢教授的话，认为教育的目标是增进个人良好生活所需要的知能与态度。进而指出，学校心理辅导的目标分为发展性目标（积极）和防治性目标（消极），且应以前者为主，后者为辅。要更多了解发展性目标的，建议看看《学校心理辅导通论：原理·方法·实务》，其中阐述更为详尽。学习、人格、生活、生涯（前期称"职业"）辅导，构成了学校心理辅导内容的四大基石。

4. 形式或途径

《现代学校心理辅导》《学校心理辅导通论：原理·方法·实务》两书在第一节有此内容，而《学校心理辅导实用规划》将此部分归入第三节"学校心理辅导的基本任务"。

5. 关系

吴老师在总结近20多年来的学科发展历程后，提出了"内涵上的融合比形式上的独立更为重要"的论述，建议心理辅导不要独成一"育"。其实12年前借《上海市中小学生生命教育研究》，心理辅导（心理健康教育）已有迅猛发展，当时提出的"渗透"和今日所言的"融合"既有相似之处，又有所区别。窃以为，心理辅导要想继续发展，应更注重后者。"渗透"与"融合"区别在于动作的结果，融合后相关事物不作区分，渗透后相关事物还要作区分。教育本是一宗，何谈渗透，诸育皆为教化，殊途同归罢了。

三、关于学校心理辅导的基本任务

吴老师将学校心理辅导定义为"一种人性化的教育服务"。也因此，由前两本书中的途径、形式，合而成为本书中的"学校心理辅导的基本任务"一节。

1. 咨询与辅导

包括个别辅导与团体辅导。在个别辅导时，对于不同年龄段的学生特征，应比照《现代学校心理辅导》第四节作补充阅读。在进行团体辅导时，吴老师将"扩大兼职队伍的阵容"作为一个策略提出，不失为一种好途径。

2. 顾问

包括课堂心理辅导和家庭教育辅导。这两部分，分别可以在《学校心理辅导通论：原理·方法·实务》的第三节"形式"和"支持保障"两部分中找到本原，但《学校心理辅导实用规划》中的表述更为详尽与符合现实发展实际。

3. 课程与活动

包括心理辅导课程和校园心理辅导活动。将活动从课程中剥离，提出了心理活动主题周、心理社团、心理网站、心理剧等眼下时兴的元素。其实，目前学校的心理微信公众号似乎比网站更吸引人些。

4. 转介与协调

各区县未成年人心理健康辅导中心的建立，使学校心理辅导不再孤军奋战，成为一个丰富的资源平台和坚实的后盾支持。相关医教结合工作也在这一平台上展开。

5. 评估工作

以我之见，本章节十分重要的内容恰恰留在这个尾声上。"发现与鉴别学生的心理问题""学校进行心理辅导的实验课题研究"乃至"家庭环境评估"都是基层一线急切需要支持来解决的问题，确实又存在因人而异、因环境而异的弱势现实。吴老师的论断一针见血，而这也恰为我们读书、明理，进而务实、开拓提供了空间与方向。

黄振懿老师现在是上海浦东新区文建中学的校长，在这之前是一位优秀的高中心理老师，曾经两次获得上海市中小学心理健康活动课大赛一等奖。我的浦东工作室招生，他争先报名，因为他是正职校长，我犹豫再三，最终被他的职业热情所打动，招入工作室，果然他用心研读，给其他伙伴起到示范效用。

我们工作室研读的第二本书是科里的《心理咨询与治疗的理论及实践》（第八版），这是系统论述心理咨询各个理论流派的著作，是美国高校心理咨询专业的必读教材。这本书的研读对工作室的伙伴有一点难度，因为书中介绍了十几个理论流派，但伙伴们没有接受过系统培训。我的意图在于让大家对这些咨询理论有一个基本的了解，拓展专业视野，便于以后根据各自的专长兴趣去继续学习。李文君[1]老师毕业于华东师范大学心理系，入职九年，以下是她研读后现代治疗章节的体会：

"人的存在在于人了解自己的存在，而人要如何了解自己是如何的存在，

---

[1] 李文君，上海进才实验学校心理老师，浦东新区第一期吴增强心理名师工作室成员。

则在于个人如何理解它存在的目的。"

《心理咨询与治疗的理论及实践》一书读到后现代主义这章时，我就像是学习了一次有关心理咨询的发展史，从一开始的混沌到现在对于各流派理论与技术多了一些了解。这些不同的咨询理论既有着千丝万缕的联系，也各有千秋。文章伊始这句拗口的话，是我在读叙事疗法相关书籍时摘录的。记录这句话的时候，就想到了存在主义疗法中强调"独立自主"和"主观经验"，也想到了人本主义中所提到的"自由意志"和"人的价值"，好像都有共通之处。但是在我有幸参加了几次关于焦点解决短期治疗（下简称"短焦"）和叙事疗法（下简称"叙事"）的培训后，再结合本书内容的学习，我有了一些对后现代疗法的新理解。

一、后现代疗法中的"主观事实"

与"后现代"相对的，自然是"现代"心理学的研究。在我接受心理学学习的过程中，现代心理学的研究思想与方法对我的影响很大。现代心理学或心理咨询更讲究客观的态度，不带任何偏见，只有排除各种主观因素的干扰，才能发现有关心理现象的"客观真理"。这种观点是构成现代咨询理论模式的基础，在这样的理论下也就比较强调"个案概念化"。因此，即使是人本主义，也没有否认现代心理学研究中所得出的结论，从而对来访者所呈现出的各种状况，由心理咨询师或心理治疗师来进行评估或诊断。

而在后现代主义心理学中，理论概念的真理性不再是临床专家追求的目标。后现代是一个"多元时代"。后现代主义认为所有的知识都是社会建构的结果，因而各种各样的治疗和咨询理论也就成为了"建构"或"叙事"。既然从本质上讲不过是各自所说的"故事"，那么就不必要以所谓的客观真理为基础。

于是，后现代的思想在短焦中的运用体现为：把咨询关注的焦点由问题的解决转为彻底关注答案。短焦的创始者之一———斯蒂文就是对当时现存的治疗模型越来越不满意。他认为，没有必要为了解决问题而去寻求问题发生的原因。因此短焦不重视过去，而重视现在和未来。它关注可能要发生的事情,以至于少有兴趣去理解问题本身。因此,在短焦中,我们并不会看到咨询师对于来访者的"诊断",而短焦的发展在于它不断演变的提问技术上。

而后现代思想在叙事中的运用则更加直接,它就是利用来访者自己的故事展开咨询,看中来访者生动的经验,而不重视对其的预测、解释和病理化。叙事治疗中更是不把当事人生活的改变归功于治疗的作用,而是归功于当事人自身的力量,即来访者在重构后,原来的"主线故事"慢慢演变为"支线故事"(如下图1所示)。咨询师的任务是帮助来访者去寻找故事改变的可能与方向。

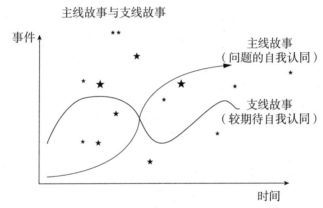

图1 叙事治疗中来访者所阐述的故事形式

事实上,也正是因为后现代疗法基于"主观事实",于是它可以跟一些其他的流派或哲学人性观相互结合,开展它的多元性。因此,在现代心理学知识体系下学习与成长的我,虽然还在慢慢接受后现代治疗的思想,但是我倒乐于接受它的技术在咨询中的运用。

二、短焦与叙事的异同

短焦和叙事都属于后现代的治疗学派,其共同特点是强调"解构",相对而言都比较简洁实用,重点在于解决问题。两种技术都比较重视语言技巧,强调来访者自我改变、自我发展的能力及潜质,也反对权威(包括咨询师)介入,强调来访者的主动角色,来访者是自己生活的专家。

短焦认为所谓的"问题"和"解决办法"之间没有必然的联系。因此，为了促使改变发生，去获取关于问题的信息也是不必要的。每个人都会考虑到多个解决办法。对一个人来说是正确的办法，对另一个人来说，可能就是不对的。叙事则强调来访者所体验的世界，他们有权力对于这个世界拥有自己的诠释方式。同时，在这样的前提与基础上去寻找适合自己的新的体验，进行不同的尝试。

虽然，短焦和叙事都属于后现代治疗学派，但是在主要理念和技术上还是存在一定的差异，我在下表中进行简单罗列：

表1-2 短焦与叙事在主要理念与技术上的差异

	主要理念	具体技术
焦点解决短期治疗	积极的定向，帮助来访者寻找正在进行的工作以及进行自我指导治疗技术的一些基本假设。诸如每个问题都有例外，讨论例外可以发现问题解决的其他可能性，发现当事人故事的另一面，一个小变化会引发更大的变化；对一类问题没有适用于所有人的"正确"答案，每个人都是独一无二的，每个答案也是独一无二的。	从治疗前的变化开始寻找线索、例外询问、奇迹问题、刻度法、第一次治疗任务、治疗师对当事人的反馈（赞扬、过渡、提出任务）、终结治疗技术等。
叙事治疗	寻找生命的可能性，从当事人生动的故事中努力寻找当事人生活中充满生机的时刻，通过提问激发当事人的自我探索和积极心态，解构或重构原来的故事，并建构新故事和自己的未来。	引发体验的提问和更多的提问、客观化和解构、寻找独特的结果、替代性的故事和重新编写。

虽然通过这次对后现代疗法这个章节的阅读和学习，我还没有完全掌握其技术，但是无论是在整理后现代疗法理论知识的过程中，还是反思将它的技术运用在咨询过程中，我都在深深地感受着：每位来访者在他们生活场中的适应历程以及求生存的方式，正成为一个一个专属于他们的独特故事。他们的故事，皆体现着他们自身的独特性。我们每一个人的生活场，都是自身所存在的现象场。

李文君老师是一个很有悟性的心理老师。在阅读后现代治疗这一章时，她能够从后现代心理学思想与现代心理学的差异进行思考并且运用到自己的辅导实务之中，这就会有所收获。

2. 发展性心理辅导专题研究

工作室研修需要确立主题，没有主题就没有方向和特色。我们工作室的主题是发展性心理辅导，因为中小学心理健康教育的主体是儿童、青少年，他们的人格尚未定型，正处于持续的发展之中。因此，学校心理辅导定位于发展性方向是学界的共识，但对发展性心理辅导的理论基础和实践模式鲜有系统论述，尽管笔者1998年提出的学校心理健康教育运行系统的模式被实践证明是可行的。近20年的学校实践使我感到原有模式的局限性，特别是2011年9月我有幸受到哈佛大学医学院资深教授梅隆·贝尔佛博士的邀请，去哈佛大学儿童发展中心和波士顿儿童医院访学，其间对波士顿的学校心理服务体系进行了考察，我深切感受到心理辅导要关照到儿童、青少年成长的需求，而他们的需求是多样的，不同的群体和个体有着不同的需求，但最终的目标是促进儿童、青少年健康成长。2011年，马萨诸塞州教育行政部门制定的学校心理健康教育规划的标题是：创设安全、健康和支持的学习环境——让每个学生获得成功。规划强调：为了促进学生的心理健康，需要学校在促进、预防和干预三个水平上提供关怀和指导的支持性环境。发展性心理辅导既要关注全体学生健康心理品质的培养，也要兼顾高危学生的预防和已经有心理障碍和危机的学生的转介服务，而后者是我在近10年与医学界进行的"医教结合"心理健康服务项目的合作中获得的体会。

我们工作室的重要任务就是要通过对发展性心理辅导框架和内容的研讨、撰写，形成一本专著《发展性心理辅导理论与实务》，从构想到出版历时三年，这一过程本身就是一个研究的过程、理论素养提高的过程及实践经验提炼的过程。我们把它称之为"做中学"，这本书是我们工作室集体的智慧结晶。

3. 辅导技能训练

（1）认知行为治疗技术训练。由于有CBT成长小组的经验，我在上海师范大学心理系担任硕士生导师时，为研究生开设了认知行为治疗技术课程。许多心理老师对 CBT 理论和技术并不陌生，在辅导实践中也会应用其中的技术，但总体上在 CBT 的操作流程方面没有受过系统的训练。因此，我把 CBT 主要技术系统地介绍给工作室的学员，并结合学员的个案工作进行演练、督导，使得工作室的伙伴们颇有收获。

（2）个案督导。与高校心理老师相比，中小学心理老师在个别辅导方面的经验与能力都显著不足。其中有多方面原因：一则中小学主动来求助的学生要比大学少，心理老师接个案的机会比较少。二则中小学心理老师接受个别辅导技术训练和个案督导的机会比高校心理老师要少。工作室要强化学员的个案能力，让每个学员都有机会接受案例督导。

4.心理课教学研讨

心理辅导课程是一种面向全体学生的发展性心理辅导的体验式课程，是学校心理健康教育的主渠道。它与现有的学校学科取向的课程的关系可以用"殊途同归"来表述。心理辅导课程以学生的成长需求为出发点，以学生的经验为主要载体，以活动为中介，强调学生的参与、体验和感悟，使之转变为自身的一种积极经验，最终目标是培养学生的健全人格、激发学生的潜能。这就给心理辅导老师带来了挑战。

挑战之一是心理辅导课程的设计。比如，如何根据不同地区、不同学校、不同年龄阶段学生的心理成长需求，设计出满足学生需要的心理辅导课程？从这个意义上讲，我认为心理辅导课程的指导大纲可以有比较系统的、相对稳定统一的要求。而教材、活动设计等课程内容应该体现地域性、校本性。模块化的课程形式，可能更加适合心理辅导课程的实施。

挑战之二是心理辅导课程的教学。比如，如何处理好教育者与辅导者这双重角色的冲突？如何提高心理辅导课程的效能？如果把它看作是学校团体心理辅导的一种变式，那么就需要教师掌握团体辅导的理论与技术，而不是一般意义上的教学方法。工作室的学员是骨干心理老师，就必须具备较强的心理课教学能力和研究能力，带动更多的心理老师上好心理课。

工作室对心理课的教学研讨活动，促进了伙伴们对心理课的教学设计、教学方法和教研形式更深入的思考。宋美霞[1]老师毕业于北京师范大学心理学院，是教育神经科学方向硕士，入职9年，她叙述道：

从上学期到本学期，几位同门关于"如何上好心理辅导课"的专题分享让我受益匪浅，比如蔡老师提到如何让心理老师掌握好基本的课堂教学方法，吴俊琳老师提到如何通过"打地基、搭框架、建墙体、内装修"的房屋构建规律开展心理活动课的研讨等。作为年轻的教研员，很庆幸可以在导师的指导下，学习这些优秀的理念和实操性强的做法。

心理课没有固定的课程内容，虽然主题框架是一定的，但需要汇集大家的智慧，利用流行的、能够引发学生兴趣的活动和素材不断更新课堂形式。因此，从上学期开始，我要求心理老师在自愿选择主题的前提下（每人从认知、情绪、青春期、自我、人际、生涯中至少选择一个主题），收集与主题相关的各类素材（每人至少提供三个资源——绘本、视频等），并简要说明自己对于资源的理解以及资源使用的年级和主题，通过资源的整合和分类，让个人的小智慧成为集体的大智慧。

在资源包建立之后，我们开始通过课堂实践的方式作进一步研讨。比如"人际关系"主题，选择这一主题的老师自愿报名，运用资源包中的绘本和视频资料开设研讨课。我本人选取绘本故事执教了"同伴交往"这一堂课，重点关注同伴交往中如何"听"；有的指导心理老师运用影视资料《摔跤吧！爸爸》片段，在五年级开设"亲子交往"课，重点关注亲子沟通中如何"说"；有的指导心理老师运用影视资料《北京爱情故事》片段，在六年级开设"异性交往"课，重点关注异性交往中如何"做"。

此外，我注重发挥骨干心理老师的示范引领作用，要求大家尽可能把培训和进修的收获带回来，通过课堂影响辐射区内更多的心理老师。比如我个人参加叙事治疗培训后，将相关理念融入"压力管理"这堂课。比如有的指导心理老师在参加完戏剧培训后，将相关表演技术和理念融入"情绪管理"

---

[1] 宋美霞，上海松江区教育学院心理教研员，上海市学校心理健康教育吴增强名师工作室成员。

课等。在这个过程中,我一直坚持和心理老师们一起上课、一起成长,对我个人来说,上好心理课、指导好心理课、搭建好平台、积累好经验都是必经之路,我也愿意在摸爬滚打中不断前行。

宋美霞老师是上海松江区心理教研员,她勤奋好学,学以致用,功夫不负有心人,2018年获得上海市中小学心理健康活动课大赛一等奖,2019年10月在全国中小学心理课研讨会上展示交流。

5. 医院跟岗实习

学校心理老师除了要承担面向全体学生的心理健康教育,还要对高危学生进行预防性干预,对符合心理诊断症状的学生进行转介,这就需要心理老师能够鉴别儿童、青少年的异常心理,这项技能往往是心理老师的短板。虽然我们在学校心理咨询岗位培训中设置了异常心理学课程,但是不去医院现场实习是不会有感觉的。实践表明,心理老师到医院和儿童精神科医生跟岗实习,可以提高其对异常心理的鉴别能力。以下是我们徐汇区心理工作室成员胡悦[1]老师的跟岗实习体会:

2019年暑假,我有幸在吴增强老师的心理名师工作室的安排下,跟随上海市精神卫生中心的卞茜医生旁听了两天的少儿科门诊,总体的感受是——如醍醐灌顶一般被洗礼了。现在,我来说说具体的几点感想。

首先,我对精神和心理有了区分了解。在精神科医生的眼中,当一个人的认知、情绪和行为出现了问题,就是异常的。所谓异常,有时候是指跟自己原来不一样,有时候是指跟大部分人不一样,这个时候精神科医生认为来访者的精神状态有问题,而不是大众意义上说的心理问题,心理问题这个词汇在精神科似乎是一个不太科学的词汇。

其次,我对脑神经和精神的关系多了些了解。经过卞医生的悉心解释,我了解到我们平时认为的心理问题,有可能很大一部分是属于精神状态问题,而精神状态出问题是大脑出问题了,即大脑中的神经出问题了。这些神

---

[1] 胡悦,上海中国中学心理老师,徐汇区吴增强心理名师工作室成员。

经不够强大，无法抵御生活中的一些伤害自己的严重事件，出现了"短路"，所以一个人的精神状态就变差或者异于常人了，而比较大众的说法就是这个人的心理出问题了。但其实很可能是脑部神经系统已经不能正常运作了，这个时候认知调整和情绪管理这一套心理咨询的内容派不上用场，需要的是对症服药。

再次，我从卞医生个人身上看到两点需要学习的。一是卞医生耐心倾听来访者的自述，不赶时间也不拖延时间，就按照病情正常需要问诊的节奏去诊断、检查和配药。这是一种境界很高的职业精神，不仅仅是认真负责，而是"顺应自然"，按照人事物本身的需要和规律行事，不疾不徐地陪伴着。二是卞医生的医者仁心，她在一整天繁重的诊疗时间内，还能腾出注意力问我是否被空调吹着会冷，请我用午餐之后还特意去买酸奶给我喝。我已经不是感动，更是惊讶于一位医生的仁爱之心可以达到这个程度，心思如此细腻，时刻关注和关心着身边的人。

最后，我在两天的跟诊中获得了极大的启发。我现在在跟学生谈话时，会比以往更关注他们的饮食、睡眠和过往病史等生理方面的情况，用来判断来访者是否已经不是一般的心理问题了。如果觉得有问题，我会尽快约谈家长，建议到精卫中心就诊，不要耽误了病情发展。此外，将学生转介之后还要有定期的跟踪随访，不管是跟学生本人还是跟家长、班主任保持联系都是必要的，在学生需要的时候可以及时施以心理辅导，帮助学生早日康复。

这个时代面对精神疾病，不仅仅是家校结合的事情了，而是要将家庭、学校、医院三方结合起来才行，才能更好地保护我们的未成年人。

胡悦老师毕业于华东师范大学心理系，入职10年，热心学校心理辅导工作，心理课教学、个案辅导、学生心理社团等开展得井井有条，是一位成熟型心理老师。她第一次参加跟岗实习，得到许多意想不到的收获。

6.个人成长与修炼

如前所说，个人成长是心理老师"道"的修炼。工作室不仅要让伙伴们的理论素养、专业能力得到提高，也要让个人的境界得到提升，这不是靠讲道理能做到的，而是要联系自己的生活与工作，在工作室这样一个温暖、安全的团队里倾诉表达、获得支持与感悟。《熙珏叙语——一个咨询师的成长历程》是工作室必读的一本书，这本书通俗易读，吴熙珏老师用叙事的方式，把自己的成长之路娓娓道来。许多伙伴读了后深受启发：

吴俊琳[1]老师这样说：

在我儿时，大家一直说老师是蜡烛，燃烧自己，点亮别人。随着时代的发展，文明的进步，我们不再这样倡导。从人性的角度来分析，一味付出的人是没有可持续发展空间的。一个良性的发展应该是既能成就自己，又能成就他人。从某种角度来说，心理咨询师承载了比普通人多得多的负面信息。如果这样的工作不能让心理咨询师获益，只是不断地消耗他们的能量，结果就会走向死胡同。熙珏老师特别探讨了咨询师可以从咨询中收获什么。

常有人试探性问我：学心理的人是不是自己都有心理问题？他们是为了解决自己的问题才学的？我的回答是只要是正常的人，都会有心理问题。学心理的人自然也会有心理问题。作为专业人士，运用技术解决自己的心理问题有什么不可以？熙珏老师说"工作应该支持生活，而非生活为了工作"，我非常赞同她的观点。我们的工作是帮助自己和他人更好地生活。所以，在工作中，我们首先应该关照自我、探索自我、理解自我。这样做，一个收获就是处理了自己的问题，维护了自身的心理健康；一个收获是你在自己身上进行了一次实战，积累了经验；再有一个收获是你排除了自身问题的干扰，可以更客观地帮助来访者处理他的问题，提高咨询效果。当工作的收获大于消耗，它才有了继续发展的资本。

回顾自己的工作经历，我对心理工作始终保有热情，恰恰就是因为我觉得这份工作让我不断地成长和完善。

吴俊琳老师是工科硕士转行做心理老师的，入职17年，原在上海行知

---

[1] 吴俊琳，浦东新区教育发展研究院心理教研员，上海市学校心理健康教育吴增强名师工作室成员。

中学（市实验性示范性高中）任心理老师，靠自己刻苦学习取得国家二级心理咨询师证书和上海市学校心理咨询中级证书，并于2008年取得心理学高级教师职称，现为浦东新区心理教研员。她勤奋好学、踏实肯干，为人真诚大方，处事低调，是深受学生和同行喜欢的心理老师。

沈闻佳[1]老师这样写道：

咨询师自身是工具，需要自我照顾。

我们的第一工作身份虽然是教师，但是和其他任课教师有一些区别。在做咨询的时候，我们自己是工具，如果我们状态不好甚至耗竭的话，对工作有直接影响，所以我们要好好照顾这个工具，好好照顾我们自己，特别是精神层面对自己的照顾。

工作带来学习和刺激，生活带来休息、自我照顾和滋养，好好安排生活，就是对自己的照顾。很多时候，我们可能将更多精力投入到工作中，忘记照顾自己。练习打坐、冥想、定期锻炼、做自己喜欢做的事、走进大自然、安排一些社交活动，努力地照顾自己的生活，努力地照顾自己的身体，自己变得更好，工作也会更好。好好照顾自己，是对咨询师工作的尊重，也是对来访者的负责，才能更高效地陪伴不同的来访者。

自我成长让咨询师更好地与来访者同在。

我们有机会接触到很多的事情和经验，在这些事情和经验里，我们可能会开心，也可能会遇到挫败、矛盾、冲突，或是以前的经验已经不适合运用到现在的情况。我们在这些挫败、矛盾和冲突里接受冲击，开始思考怎么办，自我成长也就不知不觉发生了。但是，成长是需要力量的，如果没有自我照顾的滋养，没有力量，成长也会变得很艰难。

在给学生、家长做咨询的时候，经常会遇到与自己生活中相似的问题，所以对于咨询师来说，自我修炼和成长是永远的功课，督导、自我体验在咨询师的自我成长过程中就尤为重要，这些会帮助咨询师看到个案处理过程中

---

[1] 沈闻佳，上海华东师大一附中心理老师，上海市学校心理健康教育吴增强名师工作室学员。

的投射、认同、移情等，也会看到自己的情绪以及需要自己处理的部分。

陪伴自己去经历这些痛苦进而在痛苦中成长是需要拥有面对的力量的，面对本身也是一种力量，渐渐从自己的角度去看待这件事情、理解这件事情，用学到的一些心理学知识或找其他资深的咨询师来做咨询，去靠近这些痛苦，就会越来越清楚自己的心境，成长也就发生了。

咨询师的自我修炼和咨询的过程，有时有相似的地方。咨询的过程是一个带着好奇去陪伴和促进来访者自我成长的过程，咨询师的自我修炼也包含着对自己生命经历的好奇、陪伴照顾和自我成长的部分。总之，一个咨询师的成长过程会经历很多，越来越贴近自己，也许就越来越能承接更多的来访者，帮到更多的人。

沈闻佳是华东师范大学心理学硕士，入职8年，做过小学心理老师，现为华东师范大学一附中专职心理老师。学校心理健康教育工作开展得有声有色，她善于思考，常常会提出些颇有挑战性的问题。

本书以下各章将围绕工作室的研修任务，详细叙述我们工作室伙伴的成长之路。

第二章　心理老师的成长阶段

心理老师兼有教师与心理辅导工作者的双重角色。首先是教师，有与其他学科教师专业发展的共同规律。其次又不同于学科教师，心理老师是学校心理工作者，其成长还具有心理辅导工作者的发展特点。但总的来说，都有一个从不成熟到成熟的成长过程。

普通教师专业发展阶段

在教师教育研究领域，教师专业发展阶段是一个关注重点，这是教师教育的基础，因为根据教师专业发展不同的特点，可以设计有针对性的培训课程体系，并可以对不同阶段的教师生涯发展进行指导。自1969年美国学者富勒首次提出教师专业发展的关注阶段论以来，教师专业发展阶段理论逐渐成为教师专业发展领域的一个新的生长点。与国外教师专业发展阶段的研究相比较，国内的研究起步较晚，直至进入21世纪以后，国内教师专业发展阶段的研究才逐渐成为热点，有不少学者提出了关于教师专业发展阶段的观点。如，裴跃进提出了教师专业发展的八阶段说：准备期、初始期、适应期、胜任期、成熟期、创造期、稳定期和退隐期，并首次将教师发展阶段的基本内涵确定为三个范畴：教学系统、自我系统和组织系统。再如，连榕则对专家教师、熟手型教师、新手型教师的心理特征、教学策略等进行了系列研究，从认知、人格、工作动机、职业心理、学校情境心理等维度分析每个阶段教师的特征，主张以此为基础，教师教育应根据不同阶段的特征来组织，形成促进新手尽快成为熟手，熟手尽快成为专家的分段式教师教育模式[1]。

孟繁胜等将教师专业发展分为四个阶段[2]：

0—5年新手教师。更多关注教学技能的熟练与提升。具体表现为初次实际接触教学，不熟悉课堂教学常规和学生情况，缺乏教育经验，工作压力较大；对学校与社会关系看法较开放，理想化。随着不断实践，意识到理想与实际大相径庭，感到力不从心，不能很好控制情绪，期盼得到理解、尊重、信任和支持；希望借助有效教学获得社会认可，但对教学技能系统认知及有意识运用水平较低。

6—10年适应型教师。尚缺乏在新环境中综合各种教学要素和条件、灵活运用各种教学策略的技能，教学策略不够丰富。具体地说：已掌握基本教学技能和常规，并能熟练地在熟悉的教学环境中运用，教学经验不断丰富，初具成功体验；能有针对性地制订教学计划，选择教学内容，基本能根据教学信息分析课堂环境和学情，能较好掌控课堂教学；重视将理论知识应用于实践，在适应新情境的过程中提升教学策略运用水平。

11—20年熟手型教师。逐渐形成拥有体现先进教育理念和个人特长的教学风格和特色。具体地说：教师教学策略趋于整合，教学技能趋于完善，逐渐形成具有个人特长的教学风格和特色；教学实践经验比较丰富，教学更熟练、流畅。开始探索教学行为背后的理念，希望以理论指导实践；更关注学生学习效果，重视与学生交流，理解学生。

21年以上专家型教师。基于长时间教学实践和丰富经验，见闻广博，职业化发展趋向成熟。经验与理念高效结合，教育策略与专长形成，富有敏锐洞察力和创造力，并善于利用计划和反思创造性教学，不断提高教学水平。

---

[1] 程妍涛，顾荣芳.21世纪以来国内外教师专业发展阶段研究述评［J］.教育导刊，2017（11）.
[2] 孟繁胜，曲正伟，王芳.不同阶段中小学教师发展需求比较分析［J］东北师大学报（哲学社会科学版），2017（03）.

具体表现在：以学生为中心，更敏感于学生需要和学习效果，重视结合学生个体差异因材施教；课中教学策略水平高，具有灵活性、创造性，教学技能娴熟。在充分了解教材和学生的基础上，将教育实践和个人特点相结合，形成教学智慧，重视并依据教学灵感判定教学效果；全面反思教学经验，通过实践寻找更佳教学策略，产生教学创见；形成了良好人格、对教师职业有高水平情感和规范承诺，具有强烈职业成就感。

心理老师的职责与任务

一、心理老师的角色与职责

心理老师专业发展的核心是专业能力，而其专业能力是由其角色和职责所规定的，笔者在《学校心理辅导实用规划》中指出，围绕学校心理健康教育工作，心理老师的角色与基本职责有如下几方面[1]：

第一，参与学校管理，做好校长的专业参谋。能为学校教育、教学工作及日常管理提供指导、参谋、咨询和决策服务，使学校教育教学和管理工作更符合教育规律，符合学生身心发展规律。

（1）制订学校的心理健康教育计划和评估体系；参与学校发展规划和管理制度的制订，防范有损学生心理健康的规章制度及行政措施的出台；阻止一切伤害学生心理的教育行为。

（2）参与学校课程建设，负责心理辅导课程规划和实施，开展心理辅导课程教研工作。

第二，为学生心理健康服务。

（1）面向全体学生进行发展性心理辅导。为学生开设心理辅导活动课、心理讲座，组织学校心理健康教育活动，包括心理健康活动周、校园心理剧、心理社团等，为学生的生涯规划、学习、生活、人际交往及情绪健康提

---

[1] 吴增强.学校心理辅导实用规划[M].北京：中国轻工业出版社，2012.

供服务途径和载体。

（2）负责学校心理辅导室的规划与运作。提高辅导室的服务能力，开展个别辅导和团体辅导，对个别学生或部分心理问题类同的学生给予必要的咨询与辅导；通过各种途径和方式，运用各种方法和技术进行服务、干预，使有不同程度心理问题和心理障碍的学生获得正常的发展；为有辅导需求的学生进行心理健康评估，建立心理健康档案，提高学生的心理健康水平。

（3）开设学校心理辅导中心和网站，使心理辅导中心和网站成为学校与学生交流信息、解决困惑的主要场所和途径。

（4）开展心理辅导相关课题研究，通过研究进一步了解学生心理发展的特点，提高心理干预的专业性和有效性，提高自己的专业能力和研究能力。

第三，为教师提供心理顾问服务，包括给教师做心理辅导业务培训，指导教师开展班级心理辅导、学科教学辅导等，帮助教师运用心理辅导原理改进课堂教学，即通过改变或影响教师的教育理念、教育手段和教育行为，优化学生成长和发展的心理环境，从而间接帮助学生。

第四，为家长提供心理顾问服务。参与学校家庭教育指导工作，提高家长的教育理念和方法。策划组织亲子辅导活动，为家长开设专题心理讲座、家长团体辅导，以转变家长的教育观念，优化家庭教育氛围、人际氛围，有的放矢地指导家长运用科学的家庭教育方法，提高家长教育孩子的能力。

二、不同学段心理辅导教师的职责

由于小学、初中和高中学生的发展性需求有一定的差异，所以心理老师的职责和角色还取决于其服务的学校人群的特定需求。施密特对美国中小学不同学段心理老师的职责和角色作了比较详细的描述，颇有参考价值。[1]

1. 小学心理辅导老师的职责

（1）对儿童的咨询。儿童语言表达不如青少年，他们能否从咨询中获得帮助一直是有争论的。1967年，美国咨询协会发表了一个声明，肯定个别

---

[1] 施密特.学校心理咨询实用规划［M］.沈湘琴，译.北京：中国轻工出版社，2005.

咨询能够帮助儿童建立良好的人际关系。一般对儿童进行个别咨询是简短的（20—40分钟不等，具体视儿童年龄与成熟度而定），通常每周安排一次或两次。咨询可分为四个阶段：建立关系；通过儿童的语言表述和行为表现发现问题所在；采取哪些措施解决问题；结束咨询，同时鼓励儿童继续其他方面的发展。

小学心理老师可以利用游戏、木偶、心理剧、读书疗法以及其他工具与语言表达不完善的儿童建立和谐的关系。在对儿童的咨询中，游戏绝对不容忽略。正如坎贝尔所说："把游戏作为一种交流的媒介并自如地在儿童与咨询师之间加以运用，这是有效咨询的必要条件。"

（2）鼓励家长的参与。小学辅导在帮助儿童计划和达成发展性目标方面，很大程度上依赖于家长的参与。心理教师可以通过各种方式让家长了解学校的咨询规划，常用的方式有分发宣传手册、家长会上的专题讲述以及个别联系。家长、教师与心理咨询人员联合起来，成为帮助儿童向积极、健康的方向发展的盟友。

小学心理老师应支持家长采取各种参与方式，包括：参加家长—教师会议；组织特定主题的家长教育沙龙，这类主题有积极纪律、家庭作业辅导、同伴冲突处理，以及有效的亲子沟通；以志愿者身份参与学校有关的辅导活动。家长参与有双重意义，一是帮助孩子发展自我；二是推进学校发展，使学校成为社区的重要组成部分。

（3）支持教师的参与。学校心理辅导需要教师全员参与。教师参与的最初方式是针对学校辅导规划提出意见和建议，这可以通过教师调查问卷、顾问会议报告以及年度规划评价来进行。施密特认为，教师参与学校辅导的最佳途径是在自己的学科教学中渗透发展性心理辅导。这与笔者的观点不谋而合。

教师参与的另一个意义在于对那些需要咨询服务的学生进行转介时发挥着重要的作用。由于小学教师每天长时间地与学生保持联系，他们能够比较细致地观察学生的发展，了解学生遇到的问题，并及时发现一些危急的个案，起到一级预防的效果。

2. 初中心理辅导老师的职责

初中心理辅导面临的最大的挑战是青少年心理发展要比儿童复杂得多，这时的青少年智力发展更加成熟，思维过程更加复杂，抽象思维更加显著，选择过程开始有组织和理性化，迫切希望得到同伴的接纳和肯定，为独立和自主而斗争。索恩伯格曾经提醒："低估这项任务的复杂性和认为这项任务无法完成都是大错特错。咨询员，以及其他可能影响教育决策的人士都必须接受挑战，共同为当今的中学各年级开创有效的校园环境。"

（1）青春期咨询。初中生独特的需求和发展阶段，在客观上要求有差别的咨询方法，包括个别辅导、团体辅导、同伴支持以及其他措施。要成为成功的初中心理辅导教师，不仅要有丰富的专业背景知识，还要深刻理解青春期的发展任务，以及学生看待客观世界的思维方式，并且能够理解学生的观点。

（2）为了使学生平稳地从童年过渡到青春期，初中心理老师可以提供下列服务：为害怕新环境的学生进行心理咨询；帮助学生了解自身的生理变化；讲授沟通技巧，帮助学生建立良好的同学关系、亲子关系和师生关系；向学生介绍选择模型和选择技巧，使其学会选择并了解不同选择的后果。

（3）支持教师的参与。中学教师参与学校辅导在许多方面与小学教师相同，包括策划指导课程，把需要帮助的学生转介给心理辅导人员，与心理辅导老师一起安置学生，以及邀请心理辅导老师参加家长—教师协商会。另外，教师还可以通过每周的发展性辅导活动服务学生（称为教师—指导活动）。当然，教师—指导活动需要得到心理老师的指导，一般安排在早晨，一周两次，每次30分钟。这种教师参与的方式可以看作是心理老师为学生提供心理服务的一个补充。

（4）家长的参与。青少年正处于人生发展的特殊阶段，主张自立，渴望摆脱父母的管束，亲子关系容易紧张，导致学生紧张、焦虑。因此，初中心理老师鼓励家长参与学校辅导活动显得非常重要。心理老师可以利用多种形式向家长讲解青春期有关的主题；传授沟通技巧以增强亲子关系；了解青少年在行为发展上异常的征兆等。

3. 高中心理辅导老师的职责

高中心理辅导老师经常做的辅导工作有：为高中生提供关于课程选择、职业机会、性向测验、大学以及奖学金的信息。一般来说，小学、初中基本的咨询、顾问、转介和评价服务也同样适用于高中，所不同的是更加针对高中学生的特定需求。施密特认为，高中心理辅导人员最重要的服务是：帮助学生解决个人问题；帮助学生作学业选择；提供大学信息；帮助安排课程表。

（1）青少年咨询。高中心理辅导老师对学生的咨询依然需要提供发展性服务，这类服务聚焦在教育和职业计划、学业成就、社会认可、自我意识、性别发展等方面。然而，心理辅导老师不仅仅关注简单的发展性问题，而是更多的问题中心和危机导向。当今高中生面临的是诸如退学、自伤自杀、怀孕、吸毒、性虐待以及其他种种棘手的问题。因此，咨询服务是高中学校辅导需要优先考虑的内容。

（2）职业规划和选择。职业规划是高中辅导规划的重点，包括个别和团体形式的辅导和咨询过程，目的是为了帮助学生评定自己的优势、劣势和兴趣，并根据自身的特点选择相匹配的教育和职业计划。

（3）信息服务。高中学生面临人生的重大选择，为学生和家长提供有关教育、职业的准确信息是高中心理老师的职责之一。信息服务的基本原则是确保所有学生都有获得准确信息的平等机会。除了心理老师，任课教师、家长志愿者都可以为学生提供信息服务。

（4）家长/教师的参与。当前高中教师不只是为学生提供学业课程知识，他们时常处于帮助学生面对危急问题的第一线。为了扮演好这个角色，任课教师需要事先接受有关基本辅导技巧和危机信息的在职培训。例如，教师可以参加关于物质滥用和青少年自杀干预的工作坊，学习观察和沟通的技能；或者接受危机干预的培训，以便辅助学校心理辅导人员、心理学家和其他专业人士为学生提供服务。从发展趋势看，高中学校心理服务成为更能体现学生、家长、教师和心理辅导专业人员共同协作的、为全体学生提供服务的规划。

以上按照不同学段学生心理发展的年龄特点，规定学校心理辅导人员的职责，对我们进一步规定小学、初中和高中学校心理辅导老师的职责是很有启发的。

心理老师专业发展的不同阶段

心理老师的成长与普通教师一样，也有一个从新手到熟手，再到专家型的发展过程。由上可知，与普通教师相比，心理老师对于学生心理发展特点的了解与把握要求更高，同时对于将辅导技能应用于心理课教学、学生个别辅导等方面的要求也就更高。我们把心理老师的成长分为新手阶段、适应阶段、成熟阶段和专家型阶段，以下我们分享几位心理老师在这四个阶段的不同心路历程。

一、从人剑分离到人剑合一

罗吾民[1]老师毕业于华东师范大学心理系，入职13年，她把自己的成长历程归纳为从"人剑分离到人剑合一"，在这里"人"是指心理老师，"剑"是指心理老师拥有的专业知识与技能。

1. 新手阶段

在新手阶段，罗老师这样说：

我的第一阶段是人剑分离。因为自己高三阶段成绩的戏剧化起伏，我本能地觉察出心理因素在学习中的重要性，于是选择心理学作为大学专业。但是在我读大学的四年中，学习心理学的小伙伴们持有一个比较普遍的认识，就是做实验、统数据、搞研究才是心理学的上乘之道，而做咨询、与人打交道是不够好的选择。这种看法也占据我的头脑多年，所以在最初三年的学校心理健康教育工作中，我最爱上课，在课堂上讲授心理学常识、传播科学

---

[1] 罗吾民，上海市华东师大一附中心理老师，上海市学校心理健康教育吴增强名师工作室成员。

心理学让我感觉是距离"实证主义"最近的一种方式；相应的，我最讨厌做个别咨询，每天中午在咨询室值班都有度日如年之感。所以在那个阶段，我至多只是一个心理学知识的科普工作者，但心理学知识是心理学知识，我是我，我们还处于一种相对隔离的状态。

刚入职的心理老师虽然接受了基本的专业训练，掌握了基本的专业知识，这又称之为"本体性知识"，但是最缺乏的还是教育与辅导的实践经验。其理论与实践常常是分离的，这就是所谓的人剑分离。罗老师的叙述反映了大部分新手老师的想法，充满理想，对学生有辅导的热情，但对于一个学校心理老师的角色定位和职责尚不太清楚，往往以个人偏好来开展工作，对学校心理健康教育工作缺少系统的思考与筹划。

2. 适应阶段

经过职初几年的学校实践磨练，心理老师对于学校的工作环境、心理辅导工作基本适应了，心态平缓了，积累了一定的经验。在职业适应的同时，也会有各种生活事件的遭遇，有时经历了挫折，会使自己变得更加成熟。请看罗吾民老师在适应阶段的叙述：

我的第二阶段叫剑得我心。2010年在我的生活中发生了一件非常重要的个人事件。虽然事情已经过去了很多年，但是现在想来仍然有未完的伤痛，就是我失去了一个孩子。当时，我怀孕三个月整，在还未完全体会即将为人母的喜悦之时，医生告诉我孩子已经胎停、终止发育。我不知道当时是怎样度过那一段时间的打击和伤痛的，但是休养之后再回到工作岗位时，对待学生们的态度就有了极大的变化。

我自己成长于湖南的一个县城的省重点中学，这是当地最好的学校，周围的同学朋友都是非常聪明和优秀的孩子，所以我获得了一种狭隘而片面的认知，以为每一个人聪明、积极、优秀都是理所应当的，因此之前对自己的学生是不够喜爱和接纳的。我现在工作的学校地处上海远郊，招收的是本地中游水平的学生，只从学业表现的角度来评价，他们不属于卓越。所以最初和他们接触时，会嫌弃他们不够聪明、不够努力、不够开阔。但是亲历了生命的转瞬即逝之后，我获得了一种领悟——每一个生命来到这个世界都是不易的。

与此同时，更富生命力的同理心开始生长：我对自己的学生开始有了一种"心疼"的感觉。恰好那个时候也在参加国家二级心理咨询师班的学习，接触到了一些咨询技巧。在这一阶段我开始比较多地接待个案、思考成因、解释现象。为了辅佐思考，我也积极地做个案辅导的详尽记录。记得有一个个案不过做了三次，但记录的文字已经超过了两万字。因为记录没有侧重点，也没有接受督导，其实价值不是特别大，但是当时的用心可见一斑。在许多次的咨询练习中，我在理论知识和咨询技巧之间建立起了联系，并确认了个别心理辅导在学校心理健康教育工作中的价值。记得有一次在王智弘[1]老师的讲座中听到"人同此心，心同此理"八个字，深以为然，这八字差不多就是我积极工作的内在动力吧。

这一阶段的努力，很快就获得了学生、家长、同行的认可，我的专业自信心一度高涨，自然也就愈发重视个别咨询工作，也愿意投入更多，是所谓"剑得我心"。当然，自信和自恋之间的界限有时候很模糊，咨询师不健康的自恋会影响到咨询效果，我很快就体会到了。

我特别感动于罗老师所说的，"亲历了生命的转瞬即逝之后，我获得了一种领悟——每一个生命来到这个世界都是不易的"，并把这种感悟迁移到学生身上，对学生才会有"心疼"的共情。也因此对自己不太喜欢的个别辅导在态度上发生了变化，因为她意识到这是一个心理老师必须要做的工作，"人同此心，心同此理"八个字成为她积极工作的内在动力。

3. 成熟阶段

成熟阶段的心理老师经历了十年及以上的实践锻炼，积累了许多经验，专业上日趋成熟。许多心理老师成为骨干，但是也常常会遇到专业发展的瓶颈。罗吾民老师的第三阶段为"人剑磨合"：

---

[1] 王智弘，台湾彰化师范大学咨商与辅导系教授，近年来多次参与上海骨干心理老师的培训工作。

按说经过十多年的实践，我的个别辅导工作就应当进入良性循环的阶段，但是那个良性循环的状态并没有如期到来。相反我越来越多地在个案处理中体会着沮丧、困惑和愤怒，甚至回到家中我依然会因为某个个案的"不可思议"或"不配合"而愤愤不平。一次呈报个案时，一位年长的同行提示我"不要在个案中卷入过多的个人情感"，他一定是看出了我因为太想证明自己"很擅长做个人咨询"而用力过猛的疲惫神色。

到2013年的时候，我在专业阅读中终于意识到自己有必要参加一些督导学习。当时闭门造车，知道的资讯很少，又恰好在读家庭治疗方面的书，所以就懵懂地报名参加了孟馥[1]家庭治疗初级督导班的学习。入门糊涂，但浸泡了两年却获益匪浅。

让我印象尤其深刻的有两件事情。一件是某次的现场案例督导，本来有位督导小组的同学那天要带一个极具猎奇色彩的个案来到现场，大家都满怀期待。但是时间到了，个案却没有过来，大家就陷入一种失望的情绪中。然后孟馥老师说："个案虽然没有来，但是大家不要忘记，接待这个个案的咨询师却还在这里；是什么让她想把个案带到现场，此刻她又在经历着一些什么？我们不要因为更好奇远方的风景，而放弃关注当下的资源。"这个引导，有醍醐灌顶之感，我意识到咨询师自身也是需要被关照的。另一件是督导小组的另一个同学呈报个案，她是专业出身，又在大学的心理咨询中心工作，但是因为个案的纠缠和不见起色，她整个人都蜷缩在椅子上，外围的咨询师都能够感受到她的挫败情绪。孟馥老师在听完她的报告之后，首先肯定了她对来访者无条件的关注，但是她又说道，不过我们不要把来访者的问题过多地归咎于咨询师自身的不努力，就像在来访者有进步时，我们也切不可认为改变是因为我们而起；如果是持有这种想法，那来访者只不过是满足咨询师自恋的工具而已（大意如此）。这段话，又如一记闷棍打醒了我，让我意识到：自己在做个案过程中的过度卷入，不过是嫌弃来访者没有满足自己的自恋而已。

---

[1] 孟馥，上海东方医院临床心理科主任医师，家庭治疗专家。

因为这个阶段的学习，我渐渐有意识地开始区分来访者的需要和我个人的需要，也区分来访者的改变和咨询师的努力，开始对来访学生有更客观的期待——这个过程在一定程度上是在经历人格发展的"去自我中心化"。

经历了上述的曲折，我感觉自己现在和来访学生的相处更加轻松自然了。当然，有时也会有一种心有余而力不足的感觉。因为经由各种培训和学习，我开始关注不同流派的方法与技巧，亦不时为之所吸引，所以就不时会思考"到底应该学哪一种咨询技术"的问题。我想，对这个问题的解答也许会很慢（因为要学的"术"的确很多），也许又很快（因为有做心理咨询的资深前辈曾说"真正让治疗发生的，恰恰是咨询师本人健康的人格"，健康的人格或许可以理解为"道"），但是我并不着急，因为在个案接待和自我成长之中，渐渐就会呈现出适宜的取向。

罗老师这个阶段的叙述，生动地反映了成熟阶段心理老师从困惑中突围的心路。她在处理个案工作中的急躁情绪，源于对个案成功解决的期待过于强烈，求成心切。"在个案处理中体会着沮丧、困惑和愤怒"，这些都是心理老师表现出的较为负面的反移情，这些问题恰恰是需要接受督导的。"上帝为我关上了一扇门，却也给我打开了一扇窗"，成熟期的困惑需要心理老师寻求更加专业的指导。经过专业督导，她意识到："自己在做个案过程中的过度卷入，不过是嫌弃来访者没有满足自己的自恋而已。"我和罗吾民老师认识的时间不长，但是早就听崇明区心理教研员魏超波老师说过，她是一个优秀的心理老师，直到我去崇明扬子中学进行创建心理健康教育示范校的现场评估时，才注意到她出色的工作。让我印象很深的是，她给学生编了一本心理读本"毛毛虫语录"，语气清新、通俗易懂、颇有文采，同学们喜欢读。她在工作室的三年，爱思考、有思想，勤于钻研学问，并且能够不断自我反思和进取。

二、从关注个体到关注系统

当然，每个心理老师的成长路径又是千差万别的。和亮坤[1]老师的17年

---

[1] 和亮坤，上海东昌中学心理老师，浦东新区第二期吴增强心理名师工作室成员。

心理老师的经历体会是：从关注学生向关注家长，从关注个体向关注生态系统转变：

我对自己17年的心理咨询经历做了一个梳理，可以分为三个阶段：

第一阶段：刚开始参加工作时，我严格按照书上学到的技巧实践——关注、倾听、共情，那种痕迹应该是挺明显、刻意的。这样确实可以让来访者觉得我是尊重他的，但是可能缺乏经验，我的反馈有时候可能过于站在学生的角度，对学生过于维护，而对其他人（比如教师、家长）的立场考虑不够。

新手阶段的心理老师因为没有经验，照搬教科书是可以理解的。咨询理论与原则要求心理老师对学生要有共情，站在学生的角度思考问题，并不等于去过度呵护学生，这样做恰恰不是共情。

第二阶段：做老师的时间长了，老师的权威角色开始上身，不由自主从老师、父母的角度考虑问题，觉得有些问题是出在学生自己身上的，尤其是学生的认知出现了问题。所以我开始经常使用挑战技巧。话不太好听，但是我们生活中经常说，期待能够把学生骂醒。其实现在想想看，那个时候是自己挺自以为是的一个时期，但那时自己觉得还蛮有成就感的，好像这样才能够给学生带来实实在在的建议与改变。书上有一句话："很多刚开始接个案的新手咨询师对自己倾听来访者太久会感到焦虑和自我否定，担心倾听时间太长代表咨询师失去功能、没有价值。"可能当时我的想法也是这样，特别急着要说服来访者接受我的建议：我的建议多好呀，你为什么就不能接受呢？所以当我看到书上说咨询师被卡住的另一面是"我们会不自觉地一厢情愿地要来访者按照我们成功的经验去做，并不先征得来访者的同意吗"这句话时，特别有共鸣。

适应期的心理老师常常会面临教师与咨询师的角色冲突，在和老师的身上反映得比较明显，"期待能够把学生骂醒……那个时候是自己挺自以为是的一个时期，但那时自己觉得还蛮有成就感的，好像这样才能够给学生带来实实在在的建议与改变"。另外，求成心切"特别急着要说服来访者接受我的建议"，这就体现了专业的不成熟。心理老师帮助前来求助的学生，是需要通过互动沟通让来访学生体会、感悟和行动，推动其自身的经验方式积极地变化，而不是靠说服。

第三阶段：到了现在，因为自己也经历了一些事情，发现其实有些事情不见得自己也能处理好，有些事情甚至有可能一辈子都是无解的。哪怕是自己的亲人，也不见得每件事情你都可以帮到他，也不见得他就要按照你的思路去做。所以，在咨询过程中，我觉得我慢慢变温和了，不再会觉得自己的观点是优于来访者的。我现在觉得，大家都挺不容易的，孩子不容易，背后的家长也不容易。我以前经常会跟朋友或者同事说，一个有问题的孩子背后，肯定是一个有问题的家庭。现在我不会轻易说这句话了，因为一个有问题的孩子，也会给一个家庭和父母带来沉重的压力，尤其是有些有问题的孩子可能是先天的问题，通常这样的孩子从小就很难带，把这样的一个孩子带到高中，可能家长已经付出了比其他正常孩子多得多的精力与时间，但是收效甚微。最近我就碰到一个孩子，成绩非常差，跟人沟通也不好，老师跟他讲题目，但他的沟通通道似乎出现了问题，没有反馈，也接受不了知识的输入。班主任老师打电话给家长，让家长来学校一起想想办法。他妈妈说没空，找他爸爸，爸爸开始不愿意来，后面勉强来了，但是很难沟通，效果堪忧。我听说他妈妈是老师，想还是约一下他妈妈。终于约好。他妈妈来之前，其实我是有这样的一种想法的：父母都在逃避孩子的问题，孩子能好吗？但是，他妈妈来了之后，我才知道这个孩子属于从小难带的孩子，小时候有哮喘、多动症，性格又很内向敏感。这样的一个孩子，我相信这对父母没少花心思。后来，谈到孩子做作业效率低的问题，我问妈妈："你不陪他写作业吗？"妈妈说："想陪，但是看着他的样子，着急呀，所以我就出去散步了，一是为了避免冲突；二是我自己想逃避，我很累。"当她说这句话的时候，我挺同情她的。有一句话：你不知道他经历了什么，你就没有资格对他的人生作出评价。确实有道理。还有一些孩子，初中就开始在外面治疗、吃药。我跟他们的家长接触下来，觉得他们其实人也挺不错的，学历尚可，工作体面，待人接物也可以。但自己的孩子那样，他们内心很有挫败感。不管起因是什么，他们后面为孩子付出了很多努力。所以我内心也很尊重这些家长。在尊重、体谅他们的基础上，才可能整合各方面的力量，共同为孩子服务。有这样的一些理念之后，我的心态就比较平和了：我不是一个专家，只是一个愿意跟孩子、家长一起去探索问题的人。吴熙琄在《熙琄叙语——一个咨询师的成长历程》中说："我常常在想，如果我处在来访者那样的家庭，我会处理得比他们更好吗？我会活得比他们更好吗？在无数个案的挑战里，我看到我的不确定，也开始体悟到来访者的生命力与在困难混乱中的战斗力。"这是我现在的真实想法，也是我从咨询中学到的——对人对事不理所当然。

通过成熟阶段的叙述，我们发现和老师经历了多年的成功与挫折，心态发生了积极变化——"我觉得我慢慢变温和了，不再会觉得自己的观点是优于来访者的"。看问题更加深入了，而不是停留于表面——"我以前经常会跟朋友或者同事说，一个有问题的孩子背后，肯定是一个有问题的家庭。现在我不会轻易说这句话了"，和老师面对求助的学生，不仅只理解孩子，而且开始理解父母，关注家庭教育生态系统的问题——"我的心态就比较平和了：我不是一个专家，只是一个愿意跟孩子、家长一起去探索问题的人……对人对事不理所当然"，这样的认识与感悟就是她的专业成长趋于成熟的标志。

三、专业成长中瓶颈的突破

成熟阶段的心理老师常常会遇到专业成长中的高原期。我们工作室的马晓燕[1]老师，入职16年，原是上海一所实验性示范高中的心理老师，她热爱

---

[1] 马晓燕，上海市徐汇区青少年心理健康教育中心心理教研员，上海市学校心理健康教育吴增强名师工作室成员。

专业，勤于思考和实践，将学校心理健康教育工作做得有声有色，几年前就被评为心理高级教师。在工作室里，她对自己专业发展的瓶颈有了较为深入的反思。

我在研读《熙琄叙语——一个咨询师的成长历程》的过程中，向导师和同门提过自己的困惑：在学校咨询中，如何平衡咨询师的身份和教师的身份。此时此刻的我回顾那时候的自己，发现当时我会有这样的烦恼，既是遇到了专业发展的瓶颈，也是遇到了自我成长的瓶颈。导师在《优秀心理辅导教师专业成长的若干问题》一文中对心理教师"道"的解释的第三点是："心理教师自身品性的修炼和个人成长。心理教师是人不是神，凡人都有生活的喜怒哀乐、酸甜苦辣，都要面对生活的各种境遇（包括困境）。"我觉得非常贴合自己的情况，我当时把自己这种烦恼归结于自己担任了行政的角色，与心理老师和咨询师的角色有冲突，所以迫切希望得到如何处理两种角色的方法与建议。在这半年的学习中，我发现自己在慢慢地解决那些困惑，这种解决不是因为自己换了工作岗位，而是找到了自己内心真正的"症结"，我可以感觉到内心在得到照顾和成长，"优秀的心理辅导教师要有效地帮助别人，解决别人的各种心理困扰，首先是要学会处理好自己的困扰。美国家庭治疗专家弗洛玛·沃尔什认为，咨询师如果只做个案，学技巧，没机会去面对自己生命的议题，那么那些未面对的东西一定会干扰他们的咨询工作，而且会毫无觉察。吴熙琄也说，面对自我困境的过程就是一种学习，也让自己开拓更多的资源来面对原本让自己困惑的议题。"导师的这段话让我醍醐灌顶，我觉得自己在初读这段话的时候感觉不深刻，但是当意识到自己成长变化的时候，感受就完全不同了。

反思自己内心的成长过程，我发现力量来源于两个方面：

其一，在理论与技术的学习过程中，深入剖析自我。对不同咨询流派理论与技术的研读，让我尝试对自己烦恼背后更深层次的认知和信念进行剖析，因为渴望被认可，我反而容易在咨询过程中被班主任、领导所"控制"，和他们结盟。表面上看我的咨询对象是学生，实际上服务对象是"同事"，有时候这种隐性的压力让我急于想帮学生解决问题，忽略咨询关系的建立和陪伴的意义。在这半年的工作室学习过程中，我在这点上进行了梳理和澄清，虽然离开了原来的工作岗位，但是这种澄清和剖析对我的意义还是极大的，对我将来的工作和人生的道路都有启迪。

其二，在团体中获得照顾和疗愈。上周在案例督导中，罗吾民和吴俊琳不约而同地提到工作室除了对咨询师技术上的督导和帮助，还有对其个人本身的照顾。在那一刻，我感觉自己也有被很好地照顾到。我挺喜欢操心别人，但是对自己的照顾比较少，在工作室的学习过程中，一直是在被有形无形地照顾着，这种照顾在滋养着我，同时很重要的一点是，这种照顾让我很舒服，没有压力，我的内心感到轻松又有力量。

马晓燕老师的叙述提出了两个问题，一是心理老师与一般教师的角色冲突；二是自我照顾。在第一个问题中，她特别纠结作为心理老师的角色被班主任和行政领导的"控制"，其实是辅导与教育的关系怎么处理的问题。现在不少学校的领导和教师认为，学生心理健康服务仅仅是心理老师的事，使这项工作变成"一个人的工作"。如果让学校领导和班主任、学科老师都能意识到，育心育人是全体教师的任务，辅导与教育相辅相成、相得益彰，马老师就不会有太多急于解决学生问题的压力。把心理辅导工作从"一个人的工作"变成在校长领导下"一个团队的工作"，这是成熟阶段心理老师突破瓶颈的一项重要策略。第二个问题是自我照顾，心理老师承担学校辅导的各项工作，这种心理服务十分耗费心力、能量，若没有很好的支持和自我照顾、调适，容易心理枯竭。晓燕说，"在工作室的学习过程中，一直是在被有形无形地照顾着，这种照顾在滋养着我，同时很重要的一点是，这种照顾让我很舒服，没有压力，我的内心感到轻松又有力量。"晓燕的叙述告诉我们，自我照顾也是心理老师专业发展的重要议题，比之专业发展的瓶颈突破，自身的心理建设更为重要。后现代心理咨询理论强调，咨询师本身就是一种治疗的力量与工具，我赞成这样的说法。心理老师自身处于身心能力被耗尽的状态中，怎么去帮助别人，给别人以正能量呢。

当然，由于每个心理老师的个性、专长、兴趣以及境遇不同，发展瓶颈也有所不同，但是只要抓住机遇、勇于突破而达到自我超越，我们就是自己的赢家，并且享受到其中的乐趣。

四、有为才能有位

心理老师从成熟型到专家型是一个飞跃。专家型心理老师就是优秀的学校心理学家，产生于学校心理辅导的实践之中，张晓冬[1]老师就是其中的一位，她毕业于华东师范大学心理系，入职20年，由于她的出色工作，2018年被评为全国优秀教师，2019年12月被评为正高级中学心理教师。请看她是如何看待心理老师在学校心理健康教育工作中的角色：

学校心理辅导教师的专业性很强，职责很明确，要求也很高，当一些心理老师在呼吁学校要重视学校心理健康教育工作时，我们是否可以从自己做起，规范自己的工作职责、提高自身专业素养、提高自己的服务效能，做出一番成绩，以自己的作为来谋求自己重要而不可或缺的地位呢？

我认为学校心理辅导教师对自己的专业一定要有长远的规划，才能促进个人专业的可持续发展。大到个人长远发展目标，想成为一个怎样的人，成为一个怎样的心理辅导教师，而且应该将发展目标具体到一年、三年、五年内的目标，规划实现途径和具体措施，措施只有越具体才越有可能实现。任何教师都会经历一个成长过程，学校心理辅导教师更是如此，一般刚工作时主要是自身在师傅的带领下熟悉学校心理辅导工作的方方面面，通过了解工作环境、学校场所设施、学校制度要求尽快适应学校工作状态；通过师傅带教，尽快了解学校心理健康教育的主要工作，并能独立开展心理辅导的课堂教学；通过了解学生，尝试开展个别心理咨询并逐步提高服务水平。

当适应了学校心理健康教育工作后，心理教师会不断尝试在课题研究、社团活动、教学展示、团体心理辅导活动等方面开展辐射面更广的心理健康教育活动，不断获得展示交流的机会，并逐渐做出成绩。然后，找到适合自

---

[1] 张晓冬，上海建平中学心理辅导中心主任，浦东新区第一期吴增强心理名师工作室成员。

己并且擅长的心理健康教育活动形式，并形成自己的工作特色。

根据研究，学校心理教师在专业意识、专业知识和技能、实践经验、科研能力等方面需要着重考虑。

提升专业意识。时代在发展，人的观念也在不断改变，心理辅导属于专业的服务行业，新的科技与信息不断出现，其专业理念和意识也需要不断与时俱进，职业道德需要不断成长。

提升专业知识，提高专业技能。如心理辅导教师的问题觉察能力、咨询能力、运用新技术的能力、移情和反移情能力等。

积累实践经验。在实践过程中，要勇于尝试不同的工作方法和手段，积极反思并及时总结经验教训。不仅服务于本校学生，也要寻找机会积累为其他学生和群体服务的经验，通过积累丰富的经验，提高服务效能。

提升科研能力。无论是作为经验总结的形式提高今后工作效能并传承经验；还是采用调查研究的方式了解学生、教师心理现状，提供充分真实的信息，制定切实可行的应对和改变方案；或者通过实验研究的方式探索更有效的心理辅导形式，提供可供应用、借鉴和学习的学校心理辅导模式和方法。都能有效提高心理辅导效能，对学校心理辅导教师专业发展的促进作用是非常明显的。

不少心理老师跟我抱怨学校领导不重视心理健康教育工作，抱怨自己在学校里孤军奋战，抱怨自己是"孤独的牧羊人"。张晓冬老师提出"有为才能有位"，这是许多优秀心理老师成功的秘笈，她告诉我们一个有为的心理老师要给自己确立一个长远目标和具体目标，这是成功的第一步。

晓冬在2000年初就参与了我的课题研究，在《学校心理辅导通论》中，与程华山[1]老师合作承担了"学生心理测评和心理档案"章节的撰写。她热心于课题研究，先后主持完成四项市区级课题研究工作，有18篇论文发表或获奖，其中执笔的生涯教育实践成果"普通高中学生深度职业体验的建平探索"被评为2017年上海市教育教学成果奖特等奖，2018年教育部基础教

---

[1] 程华山，上海市教育科学研究院普教研究所高级心理教师，心理测量、儿童心理专家。

学成果奖二等奖；所在学校建平中学被评为教育部心理健康教育特色校。

给心理老师的建议

综上所述，心理老师从新手走向适应、再到成熟、直至专家型阶段的发展，是一个需要不断学习、实践和历练的过程。

◎ 厘清心理老师的角色和定位。如何做校长的专业参谋、学生的辅导者、教师和家长的心理顾问和学校心理的研究者。这些工作不是一蹴而就的，需要多年的实践探索。但是心里有了这个格局，就不会在忙忙碌碌的事务中迷失方向。

◎ 不断学习，拓展专业视野。学校心理辅导工作、学生心理发展会遇到社会变迁的挑战，不断出现新问题。心理老师需要在辅导实践中不断地学习，要借助各种专业资源和平台进行学习、研修，如，读书活动、教研活动、培训班、成长小组、工作室，以及各种学术会议，与专家、同行交流沟通，拓展自己的专业视野。只有这样才能突破自己的专业发展瓶颈。

◎ 有为才能有位。当前，学校教师全员育心已经成为大家的共识，心理老师要走出心理辅导室，善于和德育主任、班主任沟通交流，相互配合、相互支持。心理老师、班主任和德育主任固然有分工的不同，但在促进学生人格健全发展、身心健康成长的育人工作中，目标与任务是完全一致的。把育德育心相融合的理念落实到学校辅导工作中，心理老师就有可能把"一个人的工作"变为"一个团队的工作"。

◎ 要关注个人成长与品性修炼。这项任务在心理老师专业发展的不同阶段都是需要的，虽然每个人的境遇不同，但都有一个如何面对工作、生活困境的问题。这些问题就是心理老师个人成长中的议题，如罗吾民老师的成长叙述中，我们看到孩子在胎儿期的夭折让她感悟到生命的可贵，继而对学生有"心疼"的感觉。马晓燕老师感受到辛劳的工作中，被团体伙伴照顾的温暖。这个过程就是心理老师自我修炼、成长的过程。

第三章　在团队中学习

心理老师不同于学科教师，一般学科教师都有教研组，教研组就是一个专业团队，是学科教师专业发展的重要支持系统。尽管我们倡导学校里要有专兼职心理辅导团队，但在大部分学校里心理老师是单独一人，没有教研组的归属。区县的心理教研活动、研修班、成长小组、工作室等是心理老师专业发展的平台，其中工作室是一个很好的团队环境，心理老师可以从中获益，这种收获不仅是专业上的，而且也是精神上的。

团队学习效能

勒温的团体动力学告诉我们，团体具有改变成员行为的动力，这个动力是一种团体凝聚力。一个有温度、有力量的团体就会有吸引各个成员的凝聚力，它强有力地把个体的动机需求与团体目标连接在一起。我们的工作室自始至终在营造温暖、安全、和谐的团体氛围，在团队学习中让每个成员，包括我，都能够在团队学习中获益，并且发生积极的改变。我多年主持工作室，深感团队学习效能来自以下几个方面：

一、明确的团体目标

工作室有明确的目标，旨在通过三年的研训实践，精心培养热爱心理辅导事业、专业素养高、拥有良好个性心理品质的优秀心理老师，并探索优秀心理辅导老师的成长与培养路径。这个团队目标与成员的个人发展目标完全一致，得到全体成员的认同。

二、温暖亲和的团队氛围

富有亲和力的团队氛围，促进团队成员之间良好的人际沟通，促进团队研修活动顺畅地开展，使成员之间的心理防御降到最低，良性互动达到最佳，进而充分发挥团队效能。许多伙伴在我们工作室找到归属感、力量感，对两周一次的研修格外珍惜。有伙伴说："我在吴增强名师工作室的这一年中，除了学习，我还喜欢这里温暖的氛围。自己在学校里的'孤军奋战'之感渐消，在这里通常能感受到归属感。这种归属感的由来，一方面来自于强烈的学术氛围，一方面来自于同伴老师们的接纳、认同与鼓励，或许是因为大家都是心理老师的缘故，老师们总能熟练将同理心、正面积极强化等技术运用到日常的交流中。于是，有什么问题，或者需要一些指导时，总能在工作室里找到解决的办法。"

三、宽松开放的学术交流

工作室的研修活动需要宽松的学术环境，让每个成员的思维打开、充分表达，在探索、争论中相互碰撞、相互启迪。工作室每个成员的个性、专长不同，我鼓励大家"八仙过海，各显神通"。朱仲敏[1]老师原是浦东教育发展研究院德育室主任，在读心理学博士，入职15年，是我们工作室里唯一的男老师。他长于积极心理学和青少年情绪方面的研究，他的每次学术分享，给大家提供了不少该领域的前沿学术信息，扩大了大家的视野，引发大家对学术问题有更深入的思考。以下是他关于青少年情绪调节的文章节选[2]：

情绪调节是指个体对某种情绪体验的效价（正性还是负性）、强度、持续时间、行为反应的调节能力，是情绪与认知相互作用的过程。如果对情

---

[1] 朱仲敏，上海市教育科学研究院副研究员，上海市学校心理健康教育吴增强名师工作室成员。
[2] 朱仲敏.青少年自我情绪调节初探［J］.江苏教育，2019（24）.

绪事件的第一反应过程体现的是情绪敏感性，那么，对情绪事件的二次反应过程体现的则是情绪调节。情绪敏感性随年龄变化不大，情绪调节的发展则伴随着人的一生。大量研究表明：情绪调节与大量的人的发展结果变量（如身体健康、心理健康、幸福感等）相关。情绪调节能力的不足与各种精神病理现象的发生、演变相关，包括抑郁与焦虑症状、人格障碍、饮食障碍、精神分裂症、物质滥用（酗酒、吸毒）等；情绪调节困难与内化问题（焦虑、抑郁、社会退缩等）、外化问题（攻击、生气、物质滥用、自杀、犯罪等）相关。

由此看来，在青少年心理辅导中，情绪调节是一个重要的理论与实践议题。情绪调节涉及情绪与认知的交互，并且关系到人的一生的身心健康发展，已成为发展、认知、社会、人格、临床心理学、认知和情感神经科学、心理生理学等多学科研究的重要主题，也已形成了一些有影响的理论模型。在此主要介绍斯坦福大学情绪生理研究室教授詹姆斯·格罗斯的情绪调节过程模型。

格罗斯的情绪调节过程模型是当前最有影响力的情绪调节模型。下图（图3-1）能很好地说明情绪调节过程模型的基本内容。情绪调节可分为五个阶段：情境选择、情境修正、注意分配、认知改变、反应调整。每个阶段都可以有情绪调节的发生，有多次的调节机会，并且可以采取更多的具体的调节策略。如：当一个孩子去参观动物园，他很害怕看到老虎，那他怎样进行自我情绪调节呢？第一，他可以选择不去有老虎的那个区域参观（情境选择）。第二，他即使去了有老虎的参观区，也可以想这个地方有爸爸妈妈在，不是他一个人，所以不用太害怕（情境修正）。第三，他可以不把注意力放在老虎的虎面獠牙上，而是看看老虎的尾巴，这样可以稍微缓解恐惧（注意分配）。第四，他可以改变对老虎的看法，比如有的老虎并不凶，不那么可怕，反倒看上去很可爱（认知改变）。第五，如果看到老虎确实感到很害怕，就把害怕告诉在场的爸爸妈妈，或者喊出来（反应调整）。目前，在注意阶段、评价阶段、反应阶段的情绪调节研究更加丰富，涉及认知、体验、行为、生理等多个层面。当然，对于一个具体的情绪调节活动，并不一定是按这五个阶段线性展开的，如有的情绪调节就是直接采取反应调整的。而且这五个阶段也不是互不关联的，如反应调整后，可能进入新一轮的情境选择与修正阶段。格罗斯认为，前四个阶段属于前提关注调节（又称原因调节），最后一个阶段是反应关注调节。在前提关注调节中的认知改变阶段，认知重评策略研究最为丰富。在反映关注调节中的反应调整阶段，表达抑制策略研究最多。

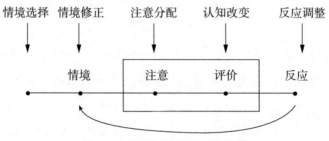

图 3-1　情绪调节的过程模型[1]

格罗斯的模型对于自我情绪调节的启示：第一，情绪调节有多次机会，如在情绪发生之前，我们可以进行自我调节。第二，情绪调节有多种策略，如情境回避、情境修正、注意转移、认知重评、表达抑制等。第三，情绪调节的适应性问题值得关注。没有哪种策略是绝对好或绝对不好，关键看情境调节的灵活选择与适应性，如情绪调节策略与情境、目标的匹配就很重要。

此外，朱仲敏老师在工作室的学术分享中这样说：

情绪辅导是一个很大的专题。我主要是从格罗斯的情绪调节的过程模型以及积极心理学关于积极情绪的研究中获取了一些灵感，提出了对情绪辅导的实践建议，具体包括：

第一，开展精细化的辅导设计。以新近的、科学的情绪调节理论为依据，开展情绪觉察、理解、接纳、体验、表达、调节等方面的精细化辅导（个别或团体）。

---

[1] 邓欣媚.青少年情绪调节增强调节与减弱调节的发展及其神经机制［D］.华东师范大学，2014.

第二，注重正性或积极情绪的激发。可以的方法有：保持真诚；找到生命的意义；品位美好；数数你的福气；计算善意；追随你的激情；梦想你的未来；利用你的优势（挑战与能力的平衡）；与他人在一起；享受自然的美好；打开你的心灵。通过这些办法，培养以下积极情绪：快乐、有趣、满足、爱、喜悦、宁静、自豪、惊奇、感恩、宽恕、乐观、渴望、兴奋、幸福。

第三，注重情绪弹性的培养。主要的培养思路：将保护性因素最大化，危险因素最小化。保护性因素包括：能力与自我效能、自尊、乐观、积极应对、幽默感与积极情绪、与照料者的紧密联结、对健康行为和风险的认知、与家庭成员的紧密联结、可获得的社会支持（资源、关系）、生活满意度等。危险因素包括：抑郁、焦虑、知觉到的压力、遗传因素、性别因素、认知能力缺失、不适应的气质和人格因素、应对能力差、不利的家庭因素（家庭成员、环境、文化、社会经济地位）、不利的学校与社区因素（学校、成人、同伴、健康服务设施方面的不利因素）等。

第四，注重学校积极心理环境的建设。要整合资源，在学校创设以"安全与秩序、接纳与支持、自主与合作、公平与正义"为特征的学校积极心理环境，为学生的良好情绪体验与发展提供环境支持。

情绪调节与辅导是儿童、青少年心理辅导的重要议题，朱仲敏老师的学术分享对于大家颇有启示。沈闻佳老师虽是我们工作室的新人，但在专业问题上往往有独到见解。她当即在工作室微信群里发表感言："今天来不及发言了，但是觉得今天的讨论真的很赞，作两个回应。其一，有老师提到情绪辅导以前有两种模式，先聚焦问题，如果问题解决不了就聚焦情绪、处理情绪。今天朱老师提到的格罗斯的模型，我的理解是在情绪辅导模式上的精细化。格罗斯的模型归纳为两个部分，前提关注的情绪调节和反应关注的情绪调节，这其实和前人研究的聚焦情绪的理论是有联系的。国外的研究我欣赏的就是他们是在前人研究的基础上不断深入、精细化，让整个理论越来越完整。其二，很欣赏朱老师强调了情绪调节不是避免负性情绪，而是能够适当表达情绪。无论是愤怒还是焦虑，我们可以看到很多学生的情绪表达，他们不一定自己会觉察，也不一定能够适当表达出来，这是心理老师在辅导学生过程中需要关注的。"

有伙伴说："工作室同伴之间的交流，不断碰撞出思维的火花。能够和沪上最优秀的学校心理工作者成为同门，是让我尤为自豪和骄傲的。"

有伙伴说："仔细回看一学期的学习记录，重温每一次的工作室学习研讨记录，回顾与工作室的成员共同学习与成长的历程，我倍感这个团队的魅力无限，它让我开阔了视野，更新了知识，收获颇多。"

杭艺[1]是一名从历史老师转型的心理老师，入职17年，从事心理辅导工作16年，她聪明好学、思维敏捷、颇有灵气，她说得更具体："在我们的团队中，既有区县的教研员，也有区县的优秀心理工作者，在研讨与学习中大家的真知灼见经常碰撞出智慧的火花，加上师父的画龙点睛，每每学习都有茅塞顿开之感。从心理教师的定位到心理课程的教学，从心理咨询室的组建运营到团体辅导的设计，从个别辅导到专业督导，我深入了心理健康教育工作的方方面面。曹凤莲老师对于危机干预工作及生涯教育的资深梳理，陈瑾瑜老师对于危机事件处理的深入分享，张珏老师对于个别辅导个案的解析，吴俊琳老师对于心理咨询室创建的心得，朱仲敏老师的深度情绪调节学术分享，罗吾民老师对于心理教师工作的领悟，朱珠老师在生涯教育上作出的探索，蔡素文老师带领的个人成长活动，马晓燕老师对心理辅导活动课的认识，沈闻佳老师在工作上不断地执着探索与尝试，宋美霞老师对脑神经科学领域知识的推广，都令我印象深刻，收获颇丰。每一次研讨的信息量都很大，我需要好好学习与消化。感觉在这个团队中，如果你有疑惑，总有专家能来解疑释惑，出谋划策！三人行，必有我师焉！你们为师，我真服！"

---

[1] 杭艺，上海江宁学校心理老师，上海市学校心理健康教育吴增强名师工作室成员，中学高级心理老师。

四、团队成员的倾情投入

工作室不是导师一人的讲堂,每个成员是否倾情投入,个人的学习效果不一样,团队的学习效能更不一样。因此,要强调成员的主动参与,就要把工作室的研修变成大家的讲堂,激发伙伴们的专业智慧。理论学习、发展性心理辅导书稿的分章撰写、辅导专题经验的分享,都可以成为每个成员精心准备的一次次学术报告会。我们在学习吉拉尔德·科里的《心理咨询与治疗的理论及实践》(第八版)时,让成员们各自选章研读,并作读书报告,这对大家是一个挑战。

吴俊琳老师选择了大家比较陌生的"女权主义疗法",她不仅精心细读该章内容,还翻阅了相关的经典著作,如,西蒙娜·波伏瓦[1]的《第二性》等,以下是她的体会:

当初选择"女权主义",是因为我对这个疗法很陌生,强烈的好奇心驱使我第一时间选择了这个内容。事实证明我的好奇心是有道理的,潜意识中可能我意识到这是我心理成长的一个裂痕,需要弥补。所以,随着学习的推进,我越来越投入,我发现女权主义疗法中许多观点都会促使我去思考自己的成长历程,也会促进我去梳理自己工作中的问题。于是我迫不及待地想要知道关于"女权主义"更多的内容,在文献检索中,我没有选择增加检索词以缩小检索范围,反而是减少了检索词,让我可以看到更多关于"女权主义"的现象分析和讨论。例如广告中女权主义的体现和观点变化;文学作品、影视作品中女权主义对于社会发展的影响;教育体制、考试制度中的女权主义;女权主义与国家政权的关系;等等。看得越多,我的思维空间拓展得也越大,在对问题的探索上也开始有了一定的深度和广度。我觉得这次的学习过程动力十足,学完后感觉自己好像经历了一场心理辅导,神清气爽。

---

[1] 西蒙娜·波伏瓦,法国20世纪重要的文学家和思想家,1949年出版的《第二性》,在思想界引起极大反响,成为女性主义经典著作。

女权主义心理治疗是后现代心理治疗的一个流派，一般心理老师不太会关注。俊琳不是就事论事地读，而是以更广阔的社会人文背景来理解女权主义的来龙去脉，这是一种有思考的阅读、有深度的阅读，难怪她说，"学完后感觉自己好像经历了一场心理辅导，神清气爽"。

成熟型心理老师的学习方式

成熟型心理老师在熟悉了学校心理健康教育常规工作之后，如何突破瓶颈？如何继续专业成长？在团队中学习是一条重要途径。

一、学习让视野打开

向翔[1]老师毕业于华东师范大学心理系，入职15年，认真踏实有悟性，热爱运动，学校地处偏远，但是每次工作室活动她最早到，风雨无阻。她对在团队中学习的体会如下：

有幸参加了浦东新区心理健康教育吴增强名师工作室的培训，和诸位可亲可敬的老师共同成长了三年，聆听并参与了吴教授和各位学员关于发展性心理辅导服务、专业理论学习、提升教科研能力等方面的专题研讨互动，感觉最大的收获是认识了这样一群良师益友，以及每一场主题的深入探讨对我的工作与生活产生的积极影响。

一、共读学习模式

从培训开始的那一天，工作室就着手于为学员们安排相关书籍，并把共读书籍作为培训中的一项重要内容。学员中有不少人为了这项学习重新开辟了每日的阅读时间，并由此启迪心灵，重建阅读的良好习惯；也有部分老师是阅读大咖，在他们的引领下，学员们能够把书越读越厚，丰富了学识，累积了经验。

---

[1] 向翔，上海南汇二中心理老师、德育主任，浦东新区第一期吴增强心理名师工作室成员。

当然集体共读和独自阅读还是存在着诸多不同的。独自阅读的书单可能是随性而为，也可能是为了应对读者个人出现的阶段性问题而产生。相比之下，工作室安排的书单以培养名师后备力量为目标，旨在系统地提升学员的理论知识，既注重融会贯通，也注重实操与问题解决。同时，将一本书的不同章节按照培训进度安排给不同学员进行共读，既保证了培训课程推进的节奏，也明确了每位学员在有限时间内的任务聚焦，同时，安排不同学员分享同一章节的阅读体会，则丰富了文本解读的角度和层面，无论是阅读的完整性还是答疑的针对性都会比独自阅读好得多。

在共读过程中，也借此机会学习到了几位"大咖"们的阅读方法，比如黄振懿老师的多本相关文献联读及同本著作不同版本的重读，章学云老师的问题式阅读，汪海云老师的跨洋搜索，张晓冬老师、曹冬梅老师、张琪娜老师、刘丽秋老师等的大阅读量，都在当下浮躁的氛围、碎片化阅读当道之时为需要不断成长的我们指出一条明路。同时，学员们就阅读的时间、阅读的方法途径、阅读笔记的制作方式等展开了广泛的交流，每一场经验的分享都促使学员有了新的提升。

在我今后的工作中，也可能会面临着与活泼、有个性的年轻团队共事，无论是针对学校心理健康教育工作团队的打造，还是针对其他功能的教师团队进行心理学背景的培训与辅导，共读都将会成为活动中不可或缺的一部分。而在工作室中收藏到的有关认知、教育、积极心理学等方面的各类书单，将成为我们共读小组最初一个阶段的目标读物。

以积极心理学的相关书籍《真实的幸福》为例，阅读本书的学员选取了各自不同的侧重点，也动用自身资源丰富作者在书中有所涉及能引起大家强烈兴趣的知识解读。有人使用案例，有人引入相似理论，有人联系各流派理论触类旁通，也有人直接设计出培训课程，可以成为向非专业人士介绍积极心理学的成熟方案。最为重要的是，阅读本书的过程本身，就是一场疗愈的过程，一次心灵之旅，阅读本身就能引导读者进行自我教育、自我完善。在面对来访的学生、家庭，甚至是同一单位中感受到巨大工作压力或职业倦怠的同事而言，我时常在与其互动的过程中想起这本书中的相关内容，也认为如果有可能，组织共读此书会有助于缓解他们对现状的痛苦感受，以及激发他们对于自我教育的积极投入。

基于学校分校规模的不断完善，以及目前"鸡血式"教育环境对家长、学生、教师存在的潜在影响，我校心理健康教育工作势必将科学指导家庭教育、提升教师幸福感等列入工作重要内容，而共读模式将有助于组织者与参与者之间平等有效地互动，增强目标一致行为中的团体凝聚力。

二、同伴资源相互促进

工作室第一期培训阵容最强大的在于不少学员"带资进组"，这个"资"尤指资源。譬如李文君老师邀请导师主讲陆家嘴读书分享会，直接为大家提供了探索积极心理学的机会；张琪娜老师坚持儿童注意缺陷多动障碍方面的医教结合研究项目，增强了学员对低龄儿童及其相应系统接受行为治疗的直观感受；李雪芹老师持续接受音乐治疗的长期培训与督导，同时十分慷慨地将所学方法及个案研究进行梳理总结，不止一次地带领大家进行相关体验，学员们在学习的同时，也探讨了如何将这些方法有效运用到个别辅导或团体辅导中；章学云老师有着极高的学习效率和严谨的研究思路，在工作室活动的后半段时间，利用产假前后不可多得的宝贵时间对艺术表达疗法进行了文献综述整理和应用研究，并将这一心血毫无保留地共享给大家，这不是常规培训和阅读的经历所能给予的。

三、学习经典理论重在实操

工作室早期的核心任务，就是全体学员通读各流派的经典理论和操作要点。在此过程中，我也发现基于我目前的工作对象和我的成长背景，存在主义理论将指导我更加有效地开展工作或辅导。此外对认知行为疗法的理解与掌握，特别是针对青少年的认知行为疗法具体的操作技术，也是导师尤为看重的。工作室曾有一段时间要求学员提供认知行为疗法技术下的个案督导。而曹冬梅老师等优秀的学员们也勇于实践，严格按照相关技术要求做好了个案的操作框架与反思整理，用一个个活生生的例子让我们对这一技术有了更深的了解与感悟。对于未能提供相应案例的学员也有实操的机会，导师提供模拟情境，学员结对进行咨询体验，一轮结束后，咨访双方互换身份重新模拟，确保每个人都能够掌握认知行为疗法技术的要点，以及来访者在这一技术影响下的咨询体验。

以本次工作室的重点认知行为疗法为例，对该流派的理论学习并不仅限于代表人物及观点、个案模拟操作、课后答题答疑等方面，还包括有数据支持的已知的认知行为疗法对不同障碍治疗的操作样例、与其他流派疗法的特征对比以及认知行为疗法在这一障碍治疗方面的有效性与局限性。这样的理论学习方式不可多得且极具效果，当然也不能忽略导师所说的最重要一点，那就是对于理论的验证、掌握、传承与创新都必须通过个案的积累才能得以实现，这敦促我们无论面临的条件苛刻与否，都必须以个案累积为基础进行扎实的理论学习与技术提升。

为保证工作室的研修质量，三年中的个案督导在量上有着不断地积累。也促使我这样过去不太重视逐字稿的学员重新认识了咨询后反刍与督导的重要性。我在接触咨询的初期也曾梳理一定量的逐字稿，这么多年也断断续续整理着相对完整的个案版本，但一直耽于琐碎事务而有诸多烂尾，这也直接导致我在遇到新问题时受到底气不足的干扰。

万分有幸，在工作室我看到了各位有着丰富经验的老师们的个案样板，也提供了自己的个案接受老师们的督导。虽然在量上不够丰富，在问题判定上不够清晰，但是导师和各位老师的指导与鼓励让我有了更清晰的思路，无论是咨询的思路还是学习的思路。这使得我即使在工作室结业之后，也依然能够有方向、有成长，在完成"解决问题是首要任务"的阶段后，继续向形成个人风格的咨询阶段进军。

四、掌握学校心理健康工作开展方法

我曾被询问，三年培训结束时，你是否有想要继续学习下去的愿望？回答当然是肯定的，不仅是源于导师的个人魅力，也更是由于这个团队的投入与呈现都十分精彩。在工作室里，我有幸学习了刘月英老师所在学校对于年轻班主任队伍的相关培训与工作开展方式；学习了张琪娜老师所在学校调动

家长资源和社会资源为特别的孩子提供特别关爱的项目模式；学习了张晓冬老师、沈慧老师、曹冬梅老师成熟的具有针对性的团体辅导方案；学习了黄振懿校长对青年教师的专项培训；还即将学习李文君老师所在学校的相关工作经验。

我的世界陡然开阔。在升考科目或中考改革后计分学科目前都未明确提到心理课的今天，在绩效方案制定过程中不可避免被边缘化的今天，在无事无功绩、出事顶重压的今天，一个平平淡淡、冷冷清清的心理健康教育工作岗位，事实上可以有那么多的作为。借用工作室最近学习到的"心流"概念，在工作之前与工作过程中，为达到目标而忘我地投入，才会实现真实的心流体验，并产生源源不断的由于自身优势与美德得到表达而形成的满足或幸福的体验。

为学校的可持续发展而制定完善的心理健康教育工作规划，为实现规划中一个一个的目标而不断展现自身优势与美德，应该是将众多中小学心理教师导向成功、体验职业幸福感的一剂良药。

五、对开展课题研究的专项学习

三年培训中成效最显著的就是各项课题研究。虽然有些遗憾，我自己并没有拿出课题来接受指导，也没办法写进总结成为培训成绩的一部分，但这一模块的学习的确是严肃而富有积极意义的。聆听了多位老师对于自己主持或参与的课题的介绍，以及导师建议、学员相互之间的点评，感觉课题完成的效率与学校心理健康教育工作的推进是有正相关的，与教师个人成长自然也是高度相关的。特别是张晓冬老师作为学校的科研主任，无私地为大家分享了许多研究与写作之道，让我也有机会靠近大校的教科研平台，感受这种逆水行舟、不进则退的时代脉搏。刘丽秋、李雪芹、李文君三位老师同为初中学段的心理老师却比我更为刻苦钻研，他们不断贡献课题、勇于接受学术追问的精神令我肃然起敬，也使我更明确了未来工作中课题研究不可动摇的关键地位。

这里由衷感谢章学云老师，她最近分享的课题研究中所设计的框架启发了我一项立项三年多但未曾结题的研究，虽然内容覆盖面并不相同，但的确能让我少走不少弯路。对于我而言，未完成的收获也是收获，因为我相信培训不是终点，而恰恰是起点。

共同研读专著进行理论学习是我们工作室的一个特色，这比导师一人讲解效果要好得多。工作室的学员都是很优秀的心理老师，导师能够做的是充分调动发挥他们的潜能，相信伙伴们能够做得更好。事实上我从学员们的读书分享中得到了许多启示，真可谓"教学相长"。团队成员本身就是学习资源，"带资进组"，伙伴们相互学习、相互启发，是推动大家积极投入学习的动力。向翔老师的叙述让我们感受到团队的温度和力量，正如她所说"不仅是源于导师的个人魅力，也更是由于这个团队的投入与呈现都十分精彩"。她又是一个敞开心怀、善于向别人学习的人，因此，不论是学校心育工作的开展，还是个案辅导或者课题研究，她都在团队学习中收获颇丰。

二、学习是变的历程、美的历程

让工作室每个学员在团队学习中得到成长是我的期待和初衷。罗吾民老师把工作室的学习概括为她自己成长中的变的历程、美的历程：

三年前报名时的焦灼与忐忑还宛在昨日，而今又迎来了回顾和反思的时刻。想到以后不是总有"星期四之约"，心中有不舍，但非常意外的是：淡淡的喜悦感和浓浓的满足感似乎更占上风。也许在潜意识层面，我是把自己当作了一个来访者，在得到了足够的支持和成长后，已经具备了接纳分离的内在力量。

是的，最初来到工作室的时候，我是迷茫和困惑的。经过一个漫长的"孤岛式""野蛮式"生长，我成为了"包打天下"的全能型选手，但若问及擅长何种技术或精耕于哪块领域，则不知道如何作答，我困于职业发展的瓶颈期。经过两年半的学习，我虽然还不能像一些同门那样不但能够上高速公路，还可以"弯道超车"，但在漫长的隧道走着走着也见到了光亮。

这段历程，是一个变的历程。导师经常用"道术兼修"来勉励我们，所以我的"变"也从两个方面来进行总结。

一、道的方面

1. 视角的变化

记得导师几年前在崇明开设的一次讲座中曾经提到，心理健康教育不应该作为一个单独的亮点或者品牌，而要融入学校的整体发展，为学校的各项教育活动开展、学生的发展贡献力量，那才算可为。当时并不是非常理解其中的意思，自己很容易在上课、咨询、活动之后的方寸天地间陷入自怜自艾。而工作室的学习让我获得了一个高远宽广的视角来调整自己的位置，更准确地说也是一个获得能量的过程吧，因为觉得自己是"可为"的。一次和曹凤莲大师姐交流工作心得，她告诉我她正在撰写学校的整体发展架构；很快就听到了她在工作室做的"自主+选择 课程+平台"的报告；再后来就是2017年12月到风华中学参加"生涯发展"家校论坛，亲历大师姐以"生涯"为支点撬动了整所学校的发展。这次，心中依然是惊讶，不过全然是一种信服的喜悦了，因为师父所说的"参与学校管理""做校长的专业参谋"已经由理想变为了可见的现实了。而这个认知，亦在张珏大师姐力排众难、建设奉贤教师心理发展中心，沈闻佳与学校创新实验室进行跨界合作等行动中屡次被强化。所以从横向的视角来说，学校心理辅导老师应当主动融入学校的整体发展。反思生涯发展的"角色困境"，从本质来说是源于较低的站位和狭隘的视角。

同时，我也在工作室学会了从纵向的视角来理解行业的发展阶段与岗位在学校中的位置。朱仲敏老师曾写过一篇题为《近40年来上海市中小学心理健康教育的回顾与展望》的文章，当我们意识到自己投身于一个正处于上升期的行业时，就应该有蚂蚁撼动大象的自觉，来推动这个行业往更高的水平去发展。我选择"生涯发展""教师成长""专业伦理"这样一些议题展开研究，既源于个人经验的求索动力，也埋伏着"make a difference"的心愿。

2. 定位的变化

在2018年的下半年，我用"专职、专业和专长"把自己过去11年的职业生涯做了回顾，基本对应于"教师教学专长发展"理论中新手型、熟练型和专家型。专职，是一种外在的角色要求。如前所述，2007年起，在主观体验上来说，我其实经历了一个漫长的"孤岛式""野蛮式"生长。而"专业"阶段的到来，可能是以2014年上海市首批心理健康教育示范校的申报成功和参与心理中心工作为主要标志。在学习和领悟示范校各项指标的过程中，我开始对学校心理健康教育工作的各个板块有"熟稔于胸"的感觉；在这个阶段，我参与了区心理中心的建设，每天都可以和其他心理老师有接触，组织过各种读书、磨课、个案研讨等活动，参与了比赛课的整个打磨过程，这些同行间的碰撞给了我很大的启发，我也很期待有更多同行体会到这种彼此支持的快乐，所以就在2016年5月发起县级层面的教师心理工作坊。而"专长"，其实是一个正在努力的方向。过去20多年心理健康教育的蓬勃发展，让心理老师开始入驻中小学，"创业之初"让我们必须成为"包打天下"的全能型选手，但随着专业向精深方向发展，各有专长、有所精通应当是每个老师的自觉追求。确切地说，在工作室的学习中，我已经见到了曹凤莲师姐生涯教育的"自主＋选择　课程＋平台"、素文师姐的"量化评价在个别辅导中的运用"、俊琳关于心理辅导活动课的研训等实践内容，她们已经形成了专长。也正是对"专长"的认同和羡慕，促发了我加入华师大一附中团队：在一个人数足够多、人员足够专业的团队中，我期待自己学会合作、形成专长，目前我努力的方向依然是生涯、伦理和教师成长三个议题。

二、术的方面

在术的方面，或许更应该谈谈专业技术的变化，但是给我影响更大的，其实是点滴习惯所带来的改变。一是养成时间管理的习惯：工作室的学习基本上治好了我的"拖延症"。与刚参加工作时每天发愁"打开电脑应该干点儿什么"的烦恼相比，现在的时间是一本预先设计、时间紧凑、内容密集的工作日志——到了规定的时间，"叮"的一声直接开工，是最高效的工作方式。二是养成学后整理的习惯。这个习惯我是从吴俊琳那里学来的。我们在很多场合中看到大家都不再记笔记，转而借助相机咔嚓咔嚓一通拍照，然而有多少人之后会再看一眼或者整理呢？俊琳告诉我，她会整理、摘录到笔记本上。我想，学习的时间和机会总是有限的，高手与菜鸟拉开差别的无非就是习惯的力量。

上面所说的，是可见的变化。而无法被确切记录的，是在这样一段旅程中我的感受，我想说的是：在工作室学习的两年半中，人是美的，心是美的，历程也是美的。

许多心理老师初在学校都可能会经历"孤岛式""野蛮式"生长阶段，是"包打天下"的全能型选手。他们埋头于上课、做学生辅导，往往很少从学校全局来思考心理健康教育工作。我常常强调心理老师很重要的角色是做学校领导的专业参谋，许多人认为要求太高，不可能做到。小罗老师的叙述，清晰地表达了她的变化。这个变的过程，使小罗老师能够从学校教育的整体视野思考、筹划心理健康教育工作，能够从心理辅导的"术"转向对心理辅导的"道"的思考，道、术兼修体现了优秀心理老师的专业境界，当然这样的境界不是一蹴而就，也有一个过程，这一过程是一个美的过程。

专家型心理老师的学习方式

在团队学习中，专家型心理老师往往起到示范引领的作用，他们在长期的学校心理辅导实践中积累了丰富的经验，并逐步形成了自己的风格。

一、我们这一代人该如何学习

张珏[1]老师是上海市奉贤区青少年心理辅导中心主任，入职28年，从事心理辅导工作19年。我们相识近20年，我目睹她从一个生物老师向专家型心理老师的转变。她性格爽朗，聪明能干，想明白一件事，就雷厉风行地去做。她怎么看待团队中的学习呢？

---

[1] 张珏，上海市奉贤区青少年心理辅导中心主任，上海市学校心理健康教育吴增强名师工作室成员。

我们这个时代——碎片化、终身化、跨界化学习的时代，该怎么学习？这个问题曾经困扰了我很久，在这两年半的工作室学习期间，似乎找到了一些答案：

第一，跟着牛人学（如师父与同门），而不全是跟着书本学。我总是很佩服像师父这样爱读书的人，经常会观察他们，最近在读什么书？写了些什么漂亮的文章？关于这个大家都在讨论的问题他们有什么意见？然后拼命问这些人：为啥？（例如，总是开车亲自接送师父，利用短短的半小时，与师父讨论些问题）因为这样学习的效率更高。像师父这等牛人，就是知识的载体，知识已经被他们像做菜一样买回来洗干净切好，已经搭配和融合好，跟他们学，省时省力还能学到精华。

所以，对我的启发是，我们这代人学习的首要条件，就是尽可能和牛人在一起，比如参加这样的工作室学习，参加各种短期高端的培训班，不只是让老师教给我们知识，而是和更多的牛人在一起，这是最好的减轻知识总体负担的方法。

第二，把所学知识，通过各种形式表达出来。各种信息涌来，不可能都记住。但是我发现，在工作室学习期间，凡是师父让我做专题分享的内容或是课后通过回忆完成的课堂记录，都是记忆深刻的。也就是通过表达，不管是转述，还是写一则极其简短的读书笔记，就如把知识点缝合进了我的生命当中，真正的变成了我的东西。

很感谢师父给我和瑾瑜去固始交流学习的机会[1]，为了充实上课内容，我翻阅了大量的书籍，然后把一些知识点写进教案，若就到此为止，知识点还是知识点，没能缝合进我的记忆里，只能通过去固始表达这么一次，知识才能变成我自己的东西。

第三，利用碎片时间，系统化地学习。职后的学习培训都只能利用碎片化的时间，包括工作室的学习。但是好在师父为这三年的学习系统地设计了

---

[1] 工作室委派张珏、陈瑾瑜两位老师赴河南省固始县为当地中小学教师进行教学心理健康教育培训。

课程——发展性心理辅导,让我们在碎片化的时间内,学到了近乎是系统性的知识。

我将这方法,也运用到生活和所带教的团队中,每天早上利用 5:30—7:00 的锻炼时间,边听"得到""喜马拉雅""一席"等主题性的音频课程,边骑车徒步,一年下来也学到不少系统化的知识,且通过宣讲把这些知识融会贯通,缝合在自己的记忆里。

我让所带教的团队共同阅读一本书《儿童与青少年认知行为疗法》,每两周利用中午 12:00—12:30 半小时时间,请一位老师在群里主持,通过文字、PPT、音频等形式进行互动学习,一年后准备把他们做的 PPT 修改整理后申报区级培训课程。

第四,也是最重要的一点,明确目标,不断往前,把知识落实为行动成果。活了 40 多年,观察到世间就有两种人:第一种人他的世界里有三个词,叫立场、感受和意见;第二种人他的世界里也有三个词,叫目标、方法和行动。我的爱人属于第一类人,思想理论派,而我是第二类,行动派。而师父则是道术兼修派。

常感觉自己就像是在一个漆黑沙滩上埋伏的士兵,偶尔有个照明弹划过,照亮海滩一角就要立即射击。手里有枪用枪,有弹弓用弹弓,什么都没有的话,那就撒沙子。发现问题,锁定目标,然后随时扣动扳机(超强的行动力),这就是我的学习和工作的态度。有时会怀疑这样的做法是否正确,可在师父一遍一遍的肯定声中,我形成了自己学习与工作的风格。

我们这一代人有知识焦虑,没有办法,知识总量越来越大,负担越来越沉重,我们的时间越来越碎片化。显然,原来传统的解决方案对于我们这一代人不能完全适用,怎么办?好在,两年半的工作室学习的经历,师父与同门给了我很多启示,让我还是能比较从容地应对。

张珏关于专业学习的叙述给我们的启发:一是勤奋好学、不耻下问。二是学以致用。讲课表达就是知识的应用,讲的过程又是加深理解的过程,其实这就是心理老师专业知识建构的过程。三是惜时如金、系统学习。心理老师平时很忙，很少有大段空余时间，不仅要利用好碎片的时间，而且要防止碎片化阅读，静心系统阅读是关键。四是知行合一。心理辅导是一个实践的专业，只停留在理论和概念层面，没有积极的行动，永远不能成为一名合格的心理老师。正因为张珏老师20多年来潜心学习，积极行动，并且在实践中不断反思，实现自我超越，才能从一名生物教研员成功转型为优秀的心理教研员。

二、让学习成为一种习惯

沈慧[1]是一名资深的心理老师，入职26年，她勤于钻研、勇于创新，常常能够把理论、方法和学生辅导的实际相结合，是一名专家型心理老师。早在20多年前我们就相识，那时她就在学校开展了家庭环境不利学生的小组辅导。她要求加入我的工作室时已经过了45岁，但是我很高兴她能够加入团队。

2016年，我有幸参加了吴增强名师工作室，转眼三年时间已过去。回顾在名师工作室的学习时光，我感受到这个集体带来的欢乐，更多的是收获——提升了自身的专业素养，促进了个人的成长，受益匪浅。

一、让读书学习成为一种生活方式

加入名师工作室促进了自身素质的提高。工作室领衔人吴增强老师的学识、素养给予我们很大的启发，他不仅站在理论研究的高点，而且好学勤思、谦逊儒雅、为人真诚。名师的无声的语言就已经指导了做人与做学问的方式与原则。

"问渠那得清如许？为有源头活水来。"在名师工作室学习的三年，导师引领我们学习专业理论知识，让自己的知识流动起来，思维活跃起来。工作室还采取读书分享的形式，自己粗略阅读的章节却在学员的分享学习体会中得到提升，常常让人感受到原来一样的阅读可以有不一样的思考，也

---

[1] 沈慧，上海进才中学心理老师，浦东新区第一期吴增强心理名师工作室成员。

就有不一样的收获。成员自己选择的某章节的细品和广泛查阅资料的学习，真正地把某个内容学习清楚了。这样的学习既能让人静下心来，又能在阅读思考中提升、突破，增加执行力。这样的互动交流，让思想的火花传递，让经验的分享流转，让思维可视化有了另一种可能。阅读、思考、分享，不仅启发了工作室成员的智慧，产生了成员之间的催生效应，更是引领了学习的革命。"读书是教师的绝活"，比方法更重要的是方向，比方向更重要的是态度，比态度更重要的是毅力。一天爱读书容易，一辈子爱读书不易。

工作室的学习结束了，但是我们可以努力让自己热爱读书，与书为伴，让读书融入生活，成为一种生活方式，让读书就像呼吸一样自然，在读书中品味生活的酸甜苦辣，因读书而充实、宁静、幸福。期待和期盼着在阅读和写作中让生命放光，让人生充满精彩。

二、主动实践，提高科研能力

在工作室的三年，我得到了两次个案督导的机会，虽然案例已经结案，但是工作室成员对不同流派和方法的思考和运用，启发了我如何在具体案例中运用不同流派的理论与方法，感谢伙伴们的热情支持，更珍惜导师的智慧点拨。在其他成员的案例督导中，看到了大家的认真和智慧，学到了保持开放的心态——包容、接纳、共融，感受到了成长的快乐。

"做什么、怎么做、能做成怎样"，是我们工作室每个成员需要思考、落实的内容，也是需要预设的现实。导师吴老师带来了"教师怎样设计课题方案"的讲座，他从教育研究的若干重要概念——选题与假设、研究目标、内容与方法等方面展开，运用了大量实例，尤其是反例，指导我们分析纠错、讨论补正，使大家对教育研究有了新的认识和理解。吴老师也指出学校的心理健康教育可以通过课题研究的方式来推动具体工作，课题研究可以用来检视学校心理健康教育的效果。工作室成员进行了多次课题交流和分享，课题来自于工作实际，思路清晰，方法有迹可循，让大家了解了课题研究原来离我们这么近，增加了大家练就发现课题的慧眼和做好课题的信心。

优秀的心理教师不是学出来的，而是做出来的。这是导师吴老师经常告诫我们的一句话。工作室的学习即将结束，但是学习之路可以继续延伸，实践之路需要继续探索。

三、学会反思，明确努力方向

回顾加入名师工作室以来参加的各项活动，我学习了教学理念，探索了教学实践，专业能力得到了提升。在这个大家庭里，我找到了自己前进的方向，体会到了互助共进的热情，更领略到了名师的风采。在名师工作室学习期间，我的一个课题结题并获得区科研论文评比三等奖，目前另一个区级课题正在研究中。

"师傅引进门，修行靠个人"，内化于心，外化于行，这是一个长久的、潜移默化的过程。在今后的教育教学工作中，我将继续勤学上进，精修所长，在争做一名智慧的、有特点的、有专长的专家型心理教师之路上不断前行。工作室的培训终有结束日，但是希望自己能拥有不灭的学习热情，更希望自己能让学习成为一种习惯，发展出自我成长、自我培养的能力。希望自己在以后的生活中，不停地阅读，不停地写作，不停地思考，不停地实践，寻找到存在的价值和乐趣，因"我"的存在而幸福。

我希望，我并不领先，但我在前行；我并不优秀，但我在进步。

我希望，让学习成为一种习惯，让学习真正发生，让生命获得成长。

沈慧老师是我们工作室学员中年龄最大的，她和张晓冬老师一样，也是团队里的领跑者。她的学习与实践经验分享常常使伙伴们颇受启发。智慧的学习要融入自己的独立思考，而不是仅仅获得些专业概念，正如沈慧所说，"原来一样的阅读可以有不一样的思考，也就有不一样的收获"。智慧的学习要把学术的概念转化为实践的行动，她在学校心理健康教育实践中寻找课题，并且付诸实践，取得成果。工作室的三年研修活动让她感悟到，让学习成为一种习惯，是一个专家型心理老师不断成长的动力。

给心理老师的建议

◎ 精读经典专业著作。专业书籍浩如烟海,要向专家请教,在专家的指导下选重点书籍仔细阅读。用张珏老师的话说,"跟牛人学"可以少走弯路,提高有限时间的学习效率。

◎ 在团体学习中积极表达、分享、争论。表达、分享就是知识的应用,这一过程又是加深理解的过程,亦是心理老师专业知识建构的过程。要敞开心怀,聆听同伴的观点,让自己听到更多元的信息,使自己的思维更有张力。学术观点的争论可以擦出思想的火花,可以达到相互学习、相互启迪的效果。

◎ 学以致用,知行合一。学得再多,不在实践中运用等于白学,就如同学驾驶的"本本族"。张珏老师的成长之路为我们提供了范例和启示。

◎ 惜时如金,学会时间管理。心理老师平时的空余时间不多,要在碎片化的时间中,学会系统的学习。有人曾经问我:"你工作那么忙,怎么写了那么多著作?"我的回答很简单:"挤出时间写。"我经常利用早晨上班前的时间、晚上和双休日写作。

◎ 让学习、读书成为一种习惯,久而久之就会成为你的一种生活方式。在如今信息化、数字化时代,人们的时间往往被手机所吞食,请留点时间,把手机轻轻放下,多看一些自己喜欢的书,充实一下自己的精神世界。如沈慧所说,"与书为伴,让读书融入生活,成为一种生活方式,让读书就像呼吸一样自然,在读书中品味生活的酸甜苦辣,因读书而充实、宁静、幸福。"

第四章　心理课设计与教学

心理课是学校开展心理健康教育的重要途径，其目的是为了落实面向全体学生的发展性心理辅导，多年的实践表明，它是很受学生欢迎的一种人性化活动课程。国内中小学的心理课起始于 90 年代初，经过近 30 年的发展，从目标、内容和形式上已经发生了很大的变化。如前所说，心理课不是传统意义上的学科课程，而是帮助学生认识自我内心世界的经验课程。因为是一门新兴课程，所以有许多发展和探讨的空间。在工作室里，心理课教学研讨也是最为热门的议题。

一堂优质心理课的前提

如何设计受学生欢迎的、有吸引力的心理课，我认为有以下三个前提。

一、了解学生

了解学生是教育好学生的前提，是有效进行教学组织的基础。优秀教师常说"备课不仅要备教材，更要备学生"，只有充分了解学生，才能有的放矢地设计教学活动和得心应手地驾驭教学过程，为提高教学效果提供依据。从心理辅导课的特点和要求来说，首先，要了解学生的年龄特点、心理特点和该年龄段学生易产生的心理矛盾和心理期待；其次，要了解学生近阶段关注的热点和需求，以及已经产生或可能产生的困惑；再次，要了解学生对心理辅导课的要求，学生在这方面有哪些需要，有什么具体问题，有什么期待，迫切程度如何，以及喜欢的活动形式，有什么建议等；最后，要了解发生在学生身边和周围的引起大家关注的、或可讨论和引导的典型案例。以上这些要了解和收集的素材都能为提高教学效果提供依据。了解的方法可以有观察、访谈、聊天、小型座谈和简单的书面调查等。

二、建立关系

师生之间融洽的关系是心理辅导活动取得良好效果的基础。教师要在课前利用一切可能的条件与机会，与学生接触和熟悉，让学生喜欢你、信赖你，愿意与你接近、聊天，这将有助于教学活动的开展和把握。由于心理辅导是一个问题讨论、心灵沟通的过程，师生之间的彼此尊重、相互理解是沟通的前提和条件，因此，师生关系应该是平等的、民主的和尊重的。从某种意义来说，这种关系甚至比找资料、做选题、设计活动等更重要，更需要贯穿和体现在与学生的一切接触当中，包括语言和非语言的，因而建立关系并不仅仅在课堂上，而更应该在课堂以外的一切时空当中。罗杰斯认为，教师对学生抱有真诚（表里如一）、尊重（无条件的积极的关心）和理解（移情地理解学生）三种情感和态度，是让学生感受到自尊、自信，从而增强其行为责任感的重要条件。教师的任务是创设一种真诚、坦率、赞扬、鼓励和主动投入的课堂气氛，以引导学生从课程中获取个人成长的知识与经验。

三、制定规范

要上好一节心理课，必须要在班级制定团体规范。规范是团体共同达成的期待、想法和行为；规范是团体成员行为的准则，由团体成员共同建立，以维持行为的一致。规范指明了团体中"应该做的"或"不应该做的"，团体有了规范，心理老师就可以降低其个人权力及控制的使用力度，就可以运用规范协助团体建立有效的、适当的行为，以达到团体活动的目标。心理课是一个团体辅导活动的过程，必须要有一个大家认同的团体规范。[1]

---

[1] 蒋薇美.怎样上好心理课[M].上海：上海科技教育出版社，2016.

心理课内容设计

心理课内容设计，主题与目标很关键，它是一堂优质心理课的基础。俗话说，"秧好一半谷，题好一半文"，一堂成功的课首先就要体现在课的标题上。标题是一节课的中心或"灵魂"，好的标题不但能起到"画龙点睛"的作用，突出主题，吸引学生，还能发人深省，引发相关的思维活动。题目这一生动简洁的思想表达本身也显示出教师的思维能力和文学素养。处于成长中的儿童、青少年，对于各种与自身发展有关的知识、现象都有着极大的好奇心和探求欲望，而且，这种探求兴趣往往是由某个新奇的名称引起的，这样就可以有效调动学生的参与积极性。话题选择要符合学生的年龄特点与心理需求，既生动富有情趣，又有丰富的内涵、引人咀嚼，并富有兴趣性、时代性和启迪性。标题要清晰、简洁、生动、贴切，并尽可能采用学生的语言和口气，让学生一看到标题出现，就有一种要参与的欲望。

一、怎样确立主题与目标

在第一章已经介绍了宋美霞老师，她的课曾获得市心理课一等奖，主题是"考试压力那些事"，在工作室专门进行了一次讨论分享，之后她又撰写了《叙事中的"看见"——〈考试压力那些事〉课后思考》，讲述了她是怎么确立主题和目标的（教案附在本章之后）。

现代社会的快速发展给我们的生活带来很多改变，我们享受着发展带来的便捷，同样也必须面对快节奏带来的压力。对于孩子来说也是一样，只不过他们相对简单的生活经历让他们的压力源也相对单一：大部分是学习、考试所带来的压力。我们作为教育者，特别是学校心理工作者，也常常会在新学期开始时关注"入学适应期"的话题，目的是帮助学生尽快进入学习状态，找到"打开学习的正确方式"；我们也常常会在学期末和升学关键期，包括小升初、中高考之前的那段时间，格外关注"考前压力"的话题。

本课之所以关注"考试压力"这个话题，其一，源于学生的需要——在我们日常和学生的交流沟通以及个案咨询中，会遇到学生由于"考试压力"过大而延伸出的各种问题和困惑，包括情绪问题（焦虑）、亲子沟通问题甚至是拒学的问题，给学生和家长带来很多的困扰。其二，"考试压力"作为学习心理辅导的重要内容之一，与学生的学习动机、学习策略、学习过程中的人际沟通（师生、同伴、亲子）等相互影响。通过调整学生看待考试压力的视角，促进学生在正确看待压力的基础上，激发内在的学习动机、调动有效的学习策略、促进积极的人际沟通，最终对于促进学生心理品质的健康发展有着长远的意义。其三，前沿的脑科学研究已经表明，持续性、弥散过大的压力会损害我们的神经系统，影响我们的健康。对正处于青春期的初中生而言，大脑正处于快速发育的阶段，对此，不好的消息是——压力所带来的应激激素会影响到学生的注意力、记忆力和情绪掌控力；但好消息是——青春期孩子的大脑具有极强的可塑性，这个阶段认知和行为的改变更加容易，也更能够帮助大脑形成有效的神经连接以应对压力。因此本课会延伸心理资本的建设，包括心理韧性、复原力、灵活度等，这些应对压力的技能，其实就是我们最初所谈到的现代人在快节奏生活中必备的技能之一。

这堂课设计的教学目标有两个：一是帮助学生正视并接纳考试压力的存在；二是引导学生发现自身资源，思考应对考试压力的方法。前者是基础，后者是延伸；从我个人的设想来看，也可以说前者是必修，后者是选修——通过这堂课，每个学生都能够对考试压力有一个理性的认识，看到自己是可以和考试压力共存甚至"和平共处"的；对于自身资源的发掘，可能更多的是一个引子，给予学生一些可能的视角，在今后的学习和生活中不断去发现发展适合自己的方式方法。

对于目标中隐含的教学思想，两个目标也是各有侧重的。前者的基本理念是：压力是客观存在的；应对压力不等于消灭、逃避压力；压力和业绩之间存在"倒U型"，适度的压力可以激发学习的动力，过度的压力带来不利的影响；改变看待压力的视角，接受并能够和压力共处等。后者源于罗杰斯人本主义理论和后现代疗法的一些理念，包括人本主义提出的每个人都是值得信赖的个体，每个人内在都有一种寻求自我实现的潜能，每个人都具有独特性，都有能力作出积极的、建设性的选择等；包括焦点解决短期疗法的潜在假设——每个人都有能力为自己的问题找出解决方法从而提高自己的生活质量，虽然我们可能时不时会失去方向，失去对自己能力的认识，但我们有能力解决生活带给我们的挑战；包括叙事治疗中提出的每个人都是解决自己问题的专家等。从这些理论和理念出发，我相信每个学生都具有应对考试压力的自身资源，可能是内在的（个人特质、心理资源等），可能是外在的（教师、同伴、家人的支持等），可能是显而易见的，可能是需要慢慢去寻找发现的，但不管怎样，相信每个人都有应对考试压力的独特能力和方法。

考试压力虽是心理课"老生常谈"的主题，但的确是学生成长中的烦恼。要在这个主题上出新意，设计创新很重要。宋老师的心理课设计得颇有新意，新在哪里？新在发挥了她的专业优势，运用脑科学知识，从正反两方面分析学生的压力。

对于心理课目标设计的思考决定了心理课内涵的深度，这堂课的目标有两个，一是让学生正视并接纳考试压力的存在，二是思考应对考试压力的方法，两个目标有主次，前者是基础，后者是延伸，体现了目标的层次性。那怎么看待压力，压力可以消除吗？一般人会有类似的误解。与压力共处是一个非常好的理念，宋老师基于对人本治疗和叙事治疗的理解，为这堂课的设计提供了先进理念的支持。

二、生成性主题

心理课的主题一般来自心理课教材，而由于地域的差异、学校的差异和学生的差异，真正落实心理课要以学生成长发展为宗旨，心理老师就应该根据实际情况创造性地设计满足学生需求的生成性主题。李文君老师有如下的心得体会：

在以前的课程设计中，我总是以一个个专题为主，但有时会发现与学生当下所开展的热门活动"擦肩而过"，因此我结合学校的活动将一些内容作了调整。比如，"师生面对面"的内容不再与人际关系放在一起，而在开学初的教师节之际就与学生分享，并且作为最初的心理课，也借着这个内容建立起师生之间的关系。心理辅导活动课程其实与学校的德育教育殊途同归，因此配合学生当下所亲身经历的去与他们分享、讨论，或许更会让学生体会深刻。

对我而言，每一次的心理辅导活动课都是一次有益的经验积累，留给我很多思考和提高的空间。至今为止，我觉得自己整堂课的设计，依旧还有很多地方尚不成熟，细节之处还需要不断改进。对于心理课的一些要素，我还需要更深入的学习，弥补自己在课堂引导与处理学生差异化时的一些缺陷。心理活动课的主体是学生，作为教师的我需要跳出传统意义上的固有思维模式，将课堂更多地留给学生，去强调他们的主观体验与感悟，这样做才是真实而有效的。心理辅导的功效不在于某一节课，而是在点滴中显现。

对于心理辅导活动课程的总体设计，是以现在所使用的《心理健康自助手册》的内容为大纲，再根据我校的实际活动进行了安排，如下表所示：

表 4-1 心理辅导活动课程的设计

课　题	基本问题	备　注
第一学期		
1. 走进"心理"世界	了解心理健康标准，了解心理课	
2. 师生面对面	实际生活中的老师，换位思考与沟通	教师节
3. 变幻的世界	发现变化，感受变化，接纳变化	入学适应
4. 你变我也变	适应变化的信心，自我调整	
5. 人际财富	人际支持系统，积极的言语和行为	支持系统建立
6. "人"字的支撑	感悟生命对于周围人的意义和价值	
7. 友情魔方	倾听的重要性，表达安慰、不满、道歉、拒绝	

续 表

课 题	基本问题	备 注
8. 学习这件事	学习动机	期中考试阶段
9. 待挖掘的"宝藏"	多元智能与我的优势智能	
10. 兴趣温度计	兴趣倾向，培养兴趣，广泛发展兴趣	学校语言文化节
11. 寻找记忆面包	记忆规律，记忆方法，体会记忆效果	
12. 红丝带的咏叹	了解艾滋，防护与善待自己与他人生命	12.1 预防艾滋日
13. 无言的爱	关爱别人，尊重他人，利他行为	生命教育
14. 青春保护伞	自我保护意识	
15. 男生女生变	性别差异，性别角色，两性优势品质	
16. 注意你的"注意"	了解自己的注意力品质与特点	期末考试阶段
17. 轻松应考策略	以积极心态应对考试	
第二学期		
18. 风景在路上	接纳生活中所经历的事情，思考积极应对方法	
19. 情绪早知道	了解情绪产生的过程，认识自己常有的情绪	
20. 愤怒的暴风雨	梳理自己的情绪表达方式	
21. 乌云翻滚的日子	接纳情绪的存在，寻找积极行为应对消极情绪	
22. 走过梅雨季	知道抑郁的表现，学习认知调节情绪的方法	
23. 幸福阳光	感悟影响幸福感的因素，培养积极情感	
24. 独一无二的"我"	欣赏自己的独特	
25. 破解我的密码	了解认识自己的方法和途径	期中考试阶段
26. 我的升级版	不断发展自我的目标	
27. 突破思维定势	了解思维定势的积极和消极面	学校科技节活动
28. 开启创造之门	了解创造的意义，激发对创造的兴趣	
29. 不断"刷新"的我	探索有利于自我成长的积极品质	
30. 亲亲一家人	学习换位思考，理解父母	母亲节感恩教育

续 表

课 题	基本问题	备 注
31. 好奇进行曲	接纳青春期萌发的好奇与关注	青春期教育
32. 静心听花开	建立异性交往的观念，鼓励自然、广泛的交往	
33. 时间银行	学习时间管理的技巧	期末考试阶段
补充课程（视每学期教学情况机动调整）		
超级追追追	能较理智、完整地看待追星现象	
走进网络空间	网络带来的积极和消极影响，对自我的影响	

我们强调心理课以学生的成长需求为出发点，以学生的经验为载体。李老师把这个宗旨落实到了课堂，给学生思考的时间、倾听学生的课后反馈。把心理课上得活起来，不仅仅是形式上的活，更重要的是体现学生当下真实的生活状态。所以，有活力的心理课主题、内容设计，应该是动态生成的。这就是我前面所说的，心理课程指导大纲是系统的、相对稳定的，而课程内容应该是具有地域性的、校本性的和生本性的。

心理课教学过程

一、心理课中的提问与反馈

心理辅导课强调让学生在参与活动中体验和感悟，活动后的感受分享与教师的引导是必不可少的，心理课的互动性和开放性特点要在此得到充分的体现；心理课的"参与、体验、分享、感悟、行动"的境界也要在此得到切实的贯彻，这就需要掌握提问和反馈的技巧。

1. 关于提问

一般来说，心理辅导课有如下几种情况的提问：导入主题的提问；创设情景后的提问；游戏活动后的提问；角色扮演后的提问；引导学生讨论或思考的提问；出现"冷场"的提问；教学结束的提问（归纳与延伸）等。

教师的提问在心理辅导课中的作用很重要，教师不能是为了提问而提问，而是要围绕教学目标来设问。通过提问，可以引发学生的思考和讨论，从而提高教学目标的达标度。因而，教师的提问要注意以下要求：

第一，要重视情感，慎用"为什么"。教师提问的着眼点在于引导学生感受情感，表达情感，并充分考虑和尊重学生的感受，避免伤害情感和触及隐私。心理课要"让学生向你倾诉衷肠"，"明白感受要比明白真相更重要"，这就要求教师在提问时慎用甚至不用"为什么"，因为当老师提出"为什么"后，学生的回答就远离情感，而转向了认知。

第二，要有针对性、挑战性。问题涉及的内容应该符合"最近发展区"的要求。苏联心理学家维果茨基认为，教学提出任务的要求只有落在最近发展区内，才能有效地推动人的发展。也就是说，教师提出的问题不是学生一下子就能回答的，但又是经过思考讨论以后能够回答的，这就是最近发展区的问题；要避免或尽可能少的问"好不好""要不要""有没有"之类的简单的封闭式的问题。同时也要注意提问要符合学生的基础，充分考虑学生的感受程度、接受程度与认知水平；提问内容要来自学生生活中的体验、感受或困惑。

第三，内容要具体、明确、有效。提问的内容要避免空洞说教，一般可选择开放式的提问方法，并且可在问题的前面加上一定的范围，如"通过这个活动，你想到了什么？"和"这个活动，对我们与父母的沟通技巧方面有何启示？"，后者的问题就比前者要来得具体，表面上看起来这给同学们的感悟加上了限制，而实际上是给了他们引导，使他们找到了方向，又让这种感受分享促进了教学目标的实现。提问要有效，是指所提的问题是同学们能看到、听到或悟到的，是能够引起他们兴趣的。比如，在上"面对异性交往中的困惑……"的专题，老师要提前对同学们的困惑进行收集和整理，总结出几个颇具代表性的问题——"高中生不谈恋爱是不是落伍？""我觉得我喜欢上了一位女生，我是否要向她表白？"这些来自同学中的问题才可以引起他们的共鸣，使他们更积极地参与讨论，这样的提问才是有效的。

第四，要注意语言的言简意赅，语气的亲切婉转。心理辅导课的引导更多的是通过提问和归纳来完成，教师提问的语言不要啰嗦，不要"兜圈子"，一般情况下，要尽可能做到"直截了当""一针见血"（有时也可有例外），让人"恍然大悟"，而要做到这些不仅要求老师有精深的专业知识，还要求有深厚的语言功底和严谨、敏锐的思维能力，需要教师学习、再学习，实践、再实践。提问的时候，要让学生感到教师对他们的信任和期待、关爱和理解，这就特别要注意讲话的神态、语气、表情和肢体语言。

第五，要尊重学生的感受。教师要用尊重、平等、理解来营造心理课的氛围，进而强化师生之间的尊重、平等和理解，这将有助于学生的心理健康和教学目标的良好实现。心理活动课上，学生的发言以自愿为主，老师的提问也不是传统教学中的提问，不是一定要学生回答出来、有是非对错的提问，心理活动课上的提问仅仅是为了提出话题，引发学生自由讨论，所以提问要充分考虑学生的感受，要能带给学生平等交流的感觉。教师的提问不要有对立性，也不要咄咄逼人，让学生感到有一种压力而难以回答，或不愿回答。请看如下的提问："你认为是否有必要向他人表达你对他的欣赏，即赞美他人？为什么？"当同学站起来回答了第一个问题之后，又紧接着追问为什么。这第二个问题就有了一些强加的意味，也很可能让学生因为感到意外而不快。有些同学这时就会回答："没有理由。"这样既无法达到提问的目的，又破坏了课堂的氛围。所以在课堂上，要注意把这种先问"是否"，再问"为什么"的问法转变为"你对……怎么看"，这种提问就让学生感到教师对他的尊重，并能引导学生充分发表自己的见解。

第六，要根据班级、学生的情况而选择不同的提问方式。不同的班级有不同的班风，不同的学生有不同的性格，比如有的班级氛围活跃，很容易引起讨论，那么可以直接给他们一些开放性的问题，让他们自由发言、讨论。而有的班级比较沉闷，就可以先扔出封闭式的问题让同学选择，然后再找到学生之间观念上的分歧，"刺激"他们展开讨论。比如在讨论中学生恋爱现象时，可以先请比较赞成中学生恋爱的同学举手，再请不太赞成中学生恋爱的同学举手，最后让双方分别阐述理由，引起争论。

心理课上提问的技巧还有很多，许多技巧与其他学科是有共通之处的，无法归纳周全，但还想要提醒的是，心理课的主要目的是要促进学生的心理健康、人格完善，所以，要注意提问面的广泛性，给予每一个学生，尤其是性格较内向的、不善言谈的学生更多的鼓励、认可和机会，使他们在参与中完善自我。

以下是李文君老师对心理课提问的体会：

提问的设计。心理课上，心理老师常常会用不同的活动来吸引学生参加，带领学生进行体验。不同的老师会有不同的风格。在心理课中，常常同一个内容可以变化出许多不同的形式，对于学生而言，多姿多彩的活动固然能加深体验，但有动，亦需有静，而要在愉快的活动后引导学生来思考，如何提问十分讲究。我上课的对象是预初的学生，他们个体间的差异大，活动之后的反馈也十分不同，有的学生只能说说活动的过程，有的学生能说说一些现象，有的学生却一上来就进行高度的"总结"，学生之间的看法也会十分不同，有时候相互之间还会有一些争论。所以，要引领学生进行一次内心的探索，在问题的设计上要由浅入深，对于低年级的学生，指向性要明确一些，否则他们的发散性思维很多时候让老师都不知道怎么接话。提问的目的是为了引起学生的思考，我在上心理辅导课的初期，总是和学生"抢话"，总想把自己想的都告诉他们，到后来，我发现可惜这只是我的"总结"，而不是学生所能感悟到的。随着经验的不断积累，对于问题的设计，我发现是需要在课前对学生们有深入的了解，预设他们对活动可能会有的反应。就像《学校心理辅导实用规划》一书中提到的，课前准备可以加深对学生的了解，建立良好的师生关系是课堂展开充分讨论的前提。

我们常说心理课不要追求表面的热闹，而要真正让学生有所体验、感悟。李老师注意到"对于学生而言，多姿多彩的活动固然能加深体验，但有动，亦需有静，而要在愉快的活动后引导学生来思考，如何提问十分讲究"。怎么提问能够引起同学们的呼应？问题要和学生的认知水平相符，她发现预初班（即小学六年级，上海中小学是五四学制）学生的理解力还是有差异的，提问的指向性要更明确，她把了解每个学生的想法作为问题设计的前提，这是一条很好的教学策略。她反思了自己初上心理课时与学生"抢话"的行为，悟到了心理课不是"教导"而重在"引导"的教学原则。

2. 关于反馈

一般来说，心理辅导课有如下几种情况的反馈：学生分享交流后的反馈；游戏活动之间的反馈连接；"突发情况"的反馈；教学结束的反馈（归纳小结）等。

教师的反馈同样也在心理辅导课中有重要的作用。反馈就像一面镜子，可以清楚、真实地把学生的情感和想法反映出来。这面镜子也给学生提供了自觉、自动修改自己意见、观点的机会。因而，教师的反馈要注意以下要求：

第一，要注意及时效应。教师要及时正确把握学生所表达的思想情感，并将其反馈给学生，使学生知道教师和同学是在关注他的、接纳他的、理解他的。同时，也使学生能更好地了解和澄清自己的思想。

第二，要用询问、征求意见的语气。反馈是一种认可，更是一种引导，通过教师询问式的反馈，让学生可以进一步去思考、分析、比较、判断、选择。比如，在学生交流分享了自己的感受后，教师可以问"×××，你是说……，对不对？"，也可以请另一位同学来概括前一个同学的想法，等等。

第三，适当运用教师的"自我表露"。在学生交流分享的过程中，有些感受与领悟可能与教师自身的经历有相似之处，但学生的思考又不够深入，比较肤浅，教师可以用反馈的方式向学生分享自己的亲身经历与感悟，既体现了师生之间真诚平等的交流，又可以启发学生进行深层次的思考和领悟。教师运用"自我表露"要做到确实是真有其事，不要虚假编造；要适当、适度，不要喧宾夺主。

第四，要注意情感投入的"三情"：真情、激情、煽情。心理课非常注重的是师生之间的心灵沟通和情感交流，非常强调的是师生之间的真情表露和浓浓分享，这些都集中在一个"真"字和一个"情"字上，因而对于教师来讲，特别要注意真情实感的投入：教师要有真情，而不要虚假；要有激情，而不要无情；要善于煽情，而不要无动于衷。而这些，就要体现在教师对学生的反馈之中，只有这样，心理辅导课才有感染力，才有吸引力，才会真正受到学生的欢迎和喜爱。

如何对心理课上提出问题的学生作出适度反馈，宋美霞老师在"考试压力那些事"这节课的课后反思里这样写道：

最大的挑战就是现场根据学生的回答给予回应，如何适度地反馈，如何应对课堂生成对于老师来说并不容易。比如我不知道学生笔下的考试压力会是什么形象，他们自己又是什么形象，我也无法控制学生在自己和考试压力战队中会写出哪些队友，而在课堂上看到一幅全新的作品后，需要实时和学生进行互动，这部分挑战比较大。

应对这个挑战我从三个方面准备，一是看大不看小，即尽量把视野扩大，时刻关注每一个环节和总体教学目标的关系，不是盯着学生画了什么、写了什么，而是去看学生作品背后传递的是什么：他怎么看待压力？他怎么看待自己？他怎么看待压力和自己的关系？想到每一个互动都应指向总目标，就会更加笃定。二是教师要把引导尽量做足做细，要尽量贴近学生生活，这样学生才会进入预设的情景，才会沉浸其中去感受。比如，我在第一个活动之前，让学生观看了考试压力视频的前半段，里面呈现了很多备考、复习、压力大的场景，这些场景容易引起学生的共鸣，让他们回忆自己曾经或者正在经历的备考经历；在第二个活动前，学生观看了考试压力视频的后半段，其中主人公在压力之下找到了应对方法，在无数双手的托举下绽放笑脸，这样引导学生去思考，自己的身后是不是也有这样的支持或资源，也就是找到自己的战队，找到自己应对压力的方法。三是允许学生自由思考，并跟随之！在上课的时候，我经常有种感觉——学生是我的老师！他们的创造性和开放性超乎我的想象，他们的智慧也超出我的预设，所以我告诉自己，当自己没有读懂孩子的作品时，接受自己的局限，带着"好奇"去听听学生的解释。比如有的学生把考试压力画成一只小鸟，这是我之前没有看到过的，所以我会好奇：为什么是一只小鸟？小鸟和考试压力有什么关系？学生解释说：考试压力对她而言，没有具体的形象，但她认为考试压力会随着考试的结束而变小，就像小鸟从天空中飞过一样。多么美好的场景！它（考试压力）会飞来，也会飞走。这正是我们希望看到的：学生看到考试压力的存在，但不急于消灭或逃避它，而是允许它的存在，同时用一份坚持掌控自己。

生动的课堂应该是心理老师与同学们心与心的交流、碰撞。这样的课堂需要调动同学们的思维和情感，课堂气氛活跃了，同学们的观点也会趋于丰富多元，有些观点会出乎老师的意外，如何回应同学们在课堂上的提问，这对心理老师既是挑战又是契机。宋老师的教育机智体现在：一是"看大不看小……想到每一个互动都应指向总目标，就会更加笃定"；二是为同学们如何应对压力提供支持性信息；三是基于"学生是我的老师"的理念，鼓励学生自由思考，会有许多精彩的发现，那位同学把考试压力画成小鸟的作品太妙了。所以，心理老师不能低估同学们的创造性和想象力。

二、心理课咨询技术的运用

心理课的理论基础是团体辅导理论，许多咨询技术可以用于心理课。近年来，除了传统的咨询技术——认知行为治疗技术、人本治疗技术、精神动力技术之外，叙事治疗技术、表达性艺术治疗技术、校园心理剧技术开始运用于心理课堂。宋美霞老师在"考试压力那些事"这节课运用了叙事治疗技术，以下是她的体会：

在第一个活动中，我请学生画出"考试压力"和自己的样子，可以用任意线条，也可以用具体的形象。这个活动背后其实是叙事治疗中"外化"技术的运用。叙事治疗认为人们本身并不是问题，问题本身才是问题。"外化"就是将个体和问题进行分离。如果个体把自己看作问题，他们解决问题的方式就会受到限制，如果认为问题并不存在于自身的话，他们就更容易理解自己与问题的关系，摆脱自我责备，从而向更加积极的方向发展。例如，当学生认为考试压力太大，自己无力承受是自己这个人有问题，那么他可能会被这种重压压倒，但如果学生能够把考试压力和自己分开，就会看到压力是压力，自己是自己，压力是独立于自己存在的一个外在对象，这样学生才能进一步思考：考试压力对于自己的生活有什么影响？自己对考试压力又能有什么应对方法？

通过"外化"练习把问题和个体分离后，探讨那些问题并未完全控制个体的例外情况（焦点解决）；发掘独特意义事件，也就是个体对抗问题成功的经历（叙事）也很重要，哪怕这个例外或独特意义事件非常微不足道，却能够帮助个体看到改变的希望和拥有新的视角。因此，在这一环节中，我请学生在外化考试压力和自己的形象之后，思考并交流：考试压力和自己看起来，谁的力量更大一些？有没有某些情况，考试压力变得特别大？某些情况，考试压力会变小？比如，有的学生会反馈说"如果没有复习好、准备好时，压力特别大"。此时可以追问学生，"那么有没有在某一次考试中，准备得比较充分？当时作了哪些准备？感受怎么样？"再比如，有的学生说随着考试结束，考试压力就变小了。可以进一步追问学生："在这个过程中，你做了什么？"学生说："坚持、看书和复习。"再次追问："在这种情况下，你的感受怎么样？"学生说："松了一口气。"当然，如果时间允许，可以请学生更加具体地回忆、描述当时的场景和感受，这样在下次考试压力卷土重来的时候，曾经的例外（充分复习）和特殊事件（坚持后的轻松）会给予学生应对压力的力量。

如前所说，叙事治疗外化技术的焦点，是把个人与问题分开，让同学们从积极的角度正视考试压力，找到一个应对考试压力的方法。这个理念如何在心理课堂上实现？这就需要心理老师精心而巧妙地设计教学活动的环节和问题。宋老师先请学生画出"考试压力"和自己的样子，可以用任意线条，也可以用具体的形象，让同学们把考试压力和自己分开，这就是外化问题。然后请同学们思考，什么情况下考试压力变大了，什么情况下考试压力变小了，在这两个情境中做了什么？不露声色地引导学生自己找到应对考试压力的方法和力量。

三、心理课教学小结

心理辅导课的结束通常不必如学科教学那样对所讲所学的知识进行归纳与总结，但它也要有一个结束的表达。一般可采用以下方法：

1. 回顾与反省

师生共同回顾刚才进行的讨论和活动，引出学生感受最深的内容，并提出自己的看法和建议；也可以检讨一下刚才活动的过程中，有些什么需要改进的地方。这不但可以培养学生的责任感，也可以加强学生对心理课的参与感，提高学习的积极性。

2. 计划与展望

教师可引导学生对自己的学业及未来进行规划和展望，激发其改变和实践的积极性；也可以让学生对以后的课程内容和方法提出希望和建议。这样做，有助于促进学生对学习的个人意义的发现，让学生在一定程度上参与选择有关的学习活动内容，这更是体现了心理辅导的"以人为本"的基本指导思想。

3. 祝福与激励

师生之间、同学之间，可以自制些小卡片、小礼物互相赠送，也可以通过教师对学生、学生对学生讲一些祝福语等互相祝福、鼓励。

以上三种方法是为了巩固教学效果，留下美好回忆；是为了启发思考发现，促进健康成长。教学结束时，教师可以运用提问式、期盼式、阅读式（发放一些阅读资料给学生）、活动式、强化式、点题式、暗示式和归纳式的方法进行总结。[1]

宋美霞老师对"考试压力那些事"一课的教学小结体会如下：

---

[1] 吴增强. 学校心理辅导实用规划 [M]. 北京：中国轻工出版社，2012.

对于这堂课,或者说从准备这堂课到最终呈现,我本人从学生那里获得很多收获和感动。首先,学生的作品总能震撼到我、惊艳到我。我想是因为这个话题真的是每个学生的生活中都存在的,所以每个人都有自己的故事和感受。其次,教学多媒体、投屏技术这些辅助手段的运用,以及刮画纸的绘画表达形式,起到了帮助理解、融入场景、易于参与等作用。最后,我在本课的总结阶段再次回到想要传达的关键理念上:压力不可消灭,压力的存在也提醒我们要强大自我。这一点落在考试压力形象和自我形象之间变化的关系上,如果说在前面的活动中,外化出的形象是彼此孤立的,在这里我希望学生能看到二者的能量也是会互相流动的:如学生提到的那些资源,利用得当就会强大自我,不得当就会增大考试压力;希望学生看到我们和考试压力彼此之间是可以共存的,但重要的是,通过对自身资源的挖掘,我们成为了坐在驾驶座上掌控局势的一方,而考试压力,它可能时而变大,时而变小,我们允许它的存在,但前提是为它系好安全带,在驾驶员的掌控下,考试压力无法过度影响我们。这个画面留到最后,希望学生在今后面对压力,甚至是其他负面情绪的时候,能够想到这样一幅画面:我允许它存在,但要为它系好安全带!我想这个目标达到了。

这节课是一节学习心理辅导主题的课，前面说过，"挖掘自身资源"还需要作为长期目标去和学生探讨。所以在后续我会尝试把学生所提到的"考试压力战队"和"自我战队"的成员作进一步分析，特别是分析哪些队员和自身内在的素养有关（比如复原力、抗逆力、灵活性、性格等）？哪些队员和外在资源有关（比如同学和老师的帮助、亲子的沟通等）？哪些队员是可控的，即通过自己的努力可以去改变（比如时间管理策略、良好学习习惯养成等）？哪些队员是不可控的，需要尝试去接受（比如中高考制度、考试难度等）？希望每个学生能够根据自己的实际情况，形成让自己的"自我战队"走向强大的个性化锦囊，去更加详细具体地探讨这些做法。在后续的设计中，我也希望能更多发挥同伴评价的积极作用，让学生相互评价他们在备考和应对考试压力过程中的出色之处，让同伴补充发生在某位同学身上的闪光之处，这些同伴眼中的"独特意义事件"对于青春期的孩子而言可能意义非凡。最后，希望学生再次拿出最初自己描绘"考试压力"和"自我"形象的那幅作品，看看彼此的力量是否发生了变化？看看彼此的关系又有哪些可能性，把这些变化记录下来，作为自己成长的见证。

这堂课最后的结束语，回应了活动目标，一切水到渠成。我欣赏宋老师最后呈现的这幅图，它体现了设计者的目标："我允许它（压力）存在，但要为它系好安全带！"我们与压力共存，压力再大，但自己更强大，因为掌握方向盘的是自己。帮助同学们用积极的态度和方法应对考试压力。

一堂心理课的结束并不是这个辅导专题的结束，从心理课的参与、体验、感悟及行动的流程来说，还有行动实践与再分享。宋老师后续的教学设计，意在帮助学生对挖掘自身资源应对考试压力这个话题作进一步的展开，来发现和发扬自己成长的内在力量。

心理课媒材技术的运用

心理课媒材是活动内容设计不可或缺的部分，媒材运用能否引起学生的兴趣和共鸣，要充分了解学生在这个问题上知道了多少，在移动互联网时代，学生拥有的信息量远远超出了在课堂上所获得的。有时心理老师与学生在相关问题的信息上不匹配、有差距，这常常是心理课失败的原因。与活动内容相关的媒材收集，虽说是个教学细节，但细节往往决定成败。

一、心理课要有好的媒材

李文君老师意识到媒材的重要性，她写道：

寻找与创造媒材是上好心理课的过程中最有难度的，不过也是最有趣的。俗话说，巧妇难为无米之炊。心理课与其他课程很大的不同点就是每个学生在上课之前已经有自己独特的风格和思想，如何将不同的个体在课堂上组合起来，媒材就是老师与学生、学生与学生交流的媒介，好的材料是能够引起共鸣的材料，一段音乐、一个视频、一段文字、一册画本、一个案例……所以在上心理课的过程中，我一直在积累不同的媒材，找到的媒材也在不断地调试中。有时，我看着挺好的材料，可能对于学生而言，并不能达到预期的效果。现在的学生接受的信息多，由于年龄的原因，对于媒材的新鲜感也无法持久。很多时候，有的材料学生在之前已经看到过，上课的时候，就常常摆出一副"我已经知道了"的样子，这个时候就很难让这样的学生就材料和大家进行深入共感。所以一个主题活动课的材料或许不是一个两个，可能是一套"组合拳"。材料也需要根据时间的推移做一些更新，那些新的、热门的话题常常能引起学生的共鸣。

二、让媒材走进心理辅导活动课堂

蔡素文老师在将媒材运用于心理课方面作了不少有益的尝试，颇有心得：

心理辅导活动课关注学生的自我探索，其根本取向是学生经过自我探索，促进自我成长。同时，心理辅导活动课强调学生对于活动历程的经验是课程成功的关键，通过活动有效地调动学生的主体参与性，有利于他们体验角色情感，选择行为模仿标准。对于中小学生来说，在心理辅导活动课上运用一种或多种媒介材料，将所谈话题客观化，让学生站在话题外面看待话题，降低自我防御，以达到真实表达的可能。

一、媒材介入协助话题引入

这是一堂关于亲子沟通的小学四年级心理辅导活动课，对于亲子沟通这样的话题，很多时候很难得到真的答案，没有真的答案，就看不见真的困惑，也就很难有真的辅导了，所以我借助两根不同颜色的丝带，通过"结绳记事"的方法自然导入话题。

课堂实录：

1. 谈话导入

教师：今天我们一起来上一堂关于如何和父母沟通的心理辅导活动课，大家看一下，在小组的工具箱里，每位小组成员都有一根黄色的丝带和一根灰色的丝带，请大家仔细回忆一下，最近这两周里，如果你和爸爸妈妈之间发生了不愉快的事，请在灰色的丝带上打结，有几件就打几个结；最近这两周里，如果你和爸爸妈妈之间发生了愉快的事，请在黄色的丝带上打结，有几件就打几个结。（学生活动。）

2. 分享小结

教师：好，活动结束了，接下来请大家一起来看一看，只有愉快的事情的小朋友，请挥挥黄色的丝带；愉快和不愉快的事情并存的小朋友，请挥挥你的黄色和灰色丝带；只有不愉快的事情的小朋友，请挥挥灰色的丝带。谁愿意来分享自己的丝带故事吗？

学生活动谈的是亲子沟通的话题，用的方法是给丝带打结，这样不仅给了学生一个缓冲，重要的是给了学生思考的余地，通过外化的形式，让学生对于和父母间的沟通，看见更多，看得更深，这样的开场活动，为心理课的深入开展作了很好的铺垫。对于一些敏感话题，学生更愿意借助媒材进行一种间接的表达，这样的表达更安全、也更真实。

二、媒材介入协同深度推进

这是一堂关于自我意识培养的心理辅导活动课，自我意识是对自己身心活动的觉察,是自己对自己的认识。在小学阶段让学生认识自己、接纳自己、喜欢自己,已经有很多心理老师作了有意义的探索。本堂课我依旧采用媒材引入的方式,将动物卡片引入心理辅导活动课,借助动物卡片,层层深入,让学生拥有正确的自我认知、客观的自我评价、积极的自我提升。

课堂实录:
1. **活动一:说说我的心灵属相**

教师: 看一看我们自己的外貌、性格等特点;选一选最能代表你自己的一个小动物;说一说你和这个小动物五个共同的特质。

2. **活动二:说说你的心灵属相**

教师: 小组内小伙伴间,看一看身边小伙伴的外貌、性格等特点;选一选最能代表他/她的一个小动物;说一说他/她和这个小动物五个共同的特质。

3. **活动三:再说我的心灵属相**

教师: 把自己选的小动物及特质和别人送给你的小动物及特质,合起来看一看,再来想一想属于自己的特质,并且写在心灵属相的心语卡上。

小学阶段自我意识的培养往往是一个比较空泛的话题,本堂心理辅导活动课,借助动物卡片,让学生有了更加直观的感受,同时看见了"我眼中的我"和"他人眼中的我",更重要的是借助动物卡上的一个个小动物,还多维度地看见自己的优势和特质。借助媒材尝试让小学生初步意识到,对于自己的评价要整合自我与他人的评价,让一个比较容易说得空泛的话题很好地落地,同时有效推进课堂活动的深入。

三、媒材介入辅助即时评估

这是一堂关于探讨积极心理品质中"爱与被爱的能力"这一特质的心理辅导活动课,最后的落脚点是让学生意识到,当我们拥有"爱与被爱的能力"的时候,会让我们感受到幸福。那如何去看见课堂推进过程中学生的心理变化?一套情绪卡片可以帮助我们,既能带动课堂气氛,又可以作出即时评估。

课堂实录：

1. 活动一：我收到的爱

教师：想想看平时在生活中，你收到了哪些人的爱，他们给你的爱是什么颜色的呢？画一画第一张爱的图谱。

（学生活动，分享交流。）

教师：你收到了这么多五颜六色的别人的爱，这时候，你的心情是怎样的呢？请在情绪卡中找出一张可以代表你此时心情的卡片。

2. 活动二：我送出的爱

教师：相信你们在平时的生活中，不仅仅收到了别人的爱，你也会给身边的师长、同学、小伙伴送出你的爱，那你又会送给了谁，你送出的爱是什么颜色的呢？画一画第二张爱的图谱。

（学生活动，分享交流。）

教师：你送给那么多人那么多五颜六色的爱，这时候你的心情又是怎样的呢？请在情绪卡中找出一张代表你此时心情的卡片。

3. 活动三：我的爱的图谱

教师：请把你送出的爱和你收到的爱合成一幅图画，你会怎样装扮你的爱的图谱呢？

（学生活动，分享交流。）

教师：看着你的爱的图谱，来说说你的心情又是怎样的呢？请在情绪卡中找出一张可以代表你此时心情的卡片。

人的情绪是一个非常庞大的系统，对于小学生来说，真实觉察、表达自己的情绪，是一个难点。本堂课使用的这一套情绪卡，设计了50个常见的积极情绪和消极情绪，借助情绪卡片，不仅可以帮助学生表达情绪，还可以帮助老师作出即时的评估。这样的即时评估，可以让心理老师比较直观地看到活动过程中学生的情绪反馈，对于活动的推进与调整富有积极意义。

小学心理课要体现儿童化，蔡素文老师巧妙运用媒材，形象生动地帮助孩子们在愉快的活动中学习亲子沟通、认识自我和情绪表达，充满了童心童趣。因此，蔡老师的心理课深受孩子们的喜欢。

心理课教研活动的开展

心理课教研活动是一种合作学习，是提高心理老师教学能力的重要平台，也是地区心理教研员的主要工作之一。我们工作室里有好几位心理教研员，吴俊琳老师就是其中的一位，她所在的浦东地区，地域广大，学校众多（占全市五分之一）。以下是她开展心理课教研活动的体会：[1]

我区公办高中全部配备了专职心理老师，有心理学专业学位的占38.7%；教龄三年以内的新老师占12.73%，4—10年有一定经验的老师占40%，11年以上有较丰富经验的老师占47.27%。老师们的工作年限对心理活动课的实施有一定的影响：因为心理活动课的开展历史不长，无论是否有心理学背景，这部分的专业学习在职前培训中都是缺失的。所以，新老师们尚处在寻找"心理活动课是什么"的阶段，会出现把心理活动课等同于简化版的高校心理学专业学习、游戏课，或者寓教于乐的思品课等误区。有一定经验的老师，已经在自己的实践中完成了对心理活动课的认识，多数老师意识到心理活动课是以活动作为载体，注重学生的参与、体验与感悟。所以，他们开始寻找"怎么做得更好"，思考心理活动课的构架与内容体系，加深对心理活动课的理解。随着工作年龄的增加，教学经验越来越丰富，部分老师形成了自己的教学风格，他们能够准确把握心理活动课的目标和内容，不再拘泥于教材、课堂，而是放眼到更大的人生舞台。所以，这个阶段的老师更多的挑战在于如何创造性地提供各种活动，用自己的人生经历、生命感悟去启蒙、

---

[1] 吴俊琳.像造房子一样打造心理活动课——上海市浦东新区提升高中心理活动课教学技能的探索[J].中小学心理健康教育，2019（27）.

引导和激励学生。

老师们的实际需求为我们开展高中心理活动课教学技能提升的实践研究指明了方向。如果说房子是建筑师的作品，那么心理活动课就是心理老师的作品。一栋好的房子能够满足人们的安居需求，能够传达建筑师对于这个世界的认知与感悟，能够打动人的内心，甚至能够影响人对世界的认知与感悟。一堂好的心理活动课不也是这样吗？所以，我们大胆地提出，我们要像建筑师建造房子那样，用心打造我们的心理活动课。

一、打地基——明确定位与要求

造房子的第一步是打地基，因为有了坚实的基础，才能保证房子的坚固耐久。提升教学技能，也要打好地基——即明确心理课的定位，掌握上课的规范要求。

其一，明确定位。我们明确了学校心理活动课有别于传统意义上的学科课程，它是一种活动课程。学生通过参与活动、体验和感悟，认识自己，探索自我，激发潜能。它的学习方式是个体的自觉接纳，它没有强制性接受的要求，更没有系统地传授心理学知识的要求。[1]

其二，明确规范要求。只要是教学，就有一定的课堂规范，心理活动课也不例外。在日常教学中，我们强调要以学生的活动体验为主，但很可能会出现两种极端的现象：一种是学生们对活动很感兴趣，但是因为自控能力有限，会出现"一活动就激动"的情况，学生们难以安静下来好好地思考与分享，这样的课只有活动没有思考，教学效果大打折扣。另一种是学生们对活动不感兴趣，在活动过程中表现得漫不经心甚至出现冷场。这样的课因为缺少了真正的体验，所以不可能有收获，教学效果令人担忧。为了提升心理活动课的教学效果，我们强烈建议心理老师组织学生们制定课堂规范，从而保障活动在平和的氛围内并然有序地开展，学生们能积极地投入、民主地分享。

此外，心理活动课还要有规范的教学设计，包含课题命名、教学主题、教材分析、学情分析、教学目标、教学重点和难点、教学方法、教学准备、

---

[1] 蒋薇美.怎样上好心理课［M］.上海：上海科技教育出版社，2016.

教学过程。作为心理老师，这些都是最基本的教学技能，需要不断练习和打磨。

二、搭框架——梳理理论与方法

有了地基之后，就可以在上面建构主体了，也就是砌承重墙。心理活动课通常分为学习辅导、人格辅导、生活辅导和生涯辅导四大专题。虽然心理活动课不以讲授知识为主要任务，但是作为一门课程，它所讨论的内容必须有科学依据，有理论，有方法。此外，高中生的生理和心理基本发展成熟，他们的抽象逻辑思维已经从经验型向理论型转化，出现辩证思维，所以高中的心理活动课在以体验感悟为主的同时，可以适当地增加一些心理学的知识，有助于高中生对问题更理性地分析、判断和选择。为此，我们对高中心理活动课的专题进行了理论与方法的梳理。

以《高中生心理健康自助手册》中的"健康生活"专题为例，该专题围绕"幸福"展开讨论。幸福作为一个话题历史悠久。20世纪中叶，"幸福"经历了哲学、伦理学、经济学和社会学家们的研究后进入心理学科研究的领域。有关"幸福感"的研究历经了40多年，我们对它的认识也在不断地完善。主观幸福感是研究幸福感的第一个概念，强调幸福是快乐的主观心理体验，它依赖于评价者本人的标准而不是他人的标准。积极心理学的首倡者塞利格曼在此基础上提出了幸福感的三个黄金要素：积极的情绪、投入和意义。然而这一研究范式存在两个缺陷：一是它过多的将关注点与快乐的情绪联系起来；二是对幸福的测量太偏重于生活满意度。心理幸福感是基于实现论提出的，认为幸福应该是个人潜能和本质的实现，而不是单纯的快乐体验，包含了个人成长、生活目的、自主、控制、良好友谊和自我接受六个维度。虽然主观幸福感和心理幸福感的模型都强调了幸福感的个人特征，但是个体是根植于社会结构和社会集体的个体，需要面对大量难以回避的社会责任和社会挑战。20世纪末期，对于幸福感的研究有了第三种思路，即社会幸福感，从社会整合、社会认同、社会贡献、社会实现、社会和谐这五个维度探索人的良好存在状态。不同取向的研究增进了对幸福感的实质理解，构建了全方位的测量平台，有机结合成了塞利格曼的"幸福2.0理论"，即"真正有用的公共政策衡量标准应该是既有主观成分，也有客观成分，包括积极情绪、投入、意义、良好的人际关系和积极的成就，积极心理学的目标是发展丰盈蓬勃的人生。"[1]

了解有关幸福的理论发展，我们就可以针对不同年龄段学生的身心发展特点与需求，进行有针对性的有的放矢的引导：小学阶段，学生能够观察和表达自己的情绪，可以从感性层面引导学生寻找快乐的主观体验。初中阶段，学生对于情感开始由浅显向深刻，由外露向内控发展，具备了初步的情绪调控意识，所以讨论幸福时除了感性层面，可以适当增加理性层面的探讨，聚焦情绪变化的原因分析，注重积极情绪的培养。高中阶段，个体观察、分析事物的深度和广度有了较大的发展，心智逐渐成熟，他们的自我意识越来越强，为体验因自我发展或潜能实现所带来的幸福感提供了可能。所以，在讨论幸福时，我们可以选择的方向更多，不仅是主观体验，还可以进行理性层面的深入讨论，甚至可以从个体的社会存在角度考察人的存在状态，引导学生发现幸福是快乐与愉悦、享受与发展、主观与客观、个人与社会的统一。

三、建墙体——分析逻辑与结构

有了地基和承重墙之后，房子的基本构架就确定了，接下来就是房型设计，即专题中的主题选定。从课程分类来看，学科课程的主题选择有自身比较固定的逻辑和结构。活动课程的主题则以学生的兴趣和实际需求出发，不强调系统性、完整性地呈现学科知识。所以，在心理活动课中，同一个专题，涉及的主题可能是系统性的，也可能是局部的；主题之间可能是递进的，也可能是平行的，还可能是因果或者其他逻辑关系。所以，心理老师需要厘清主题之间的关系，才能准确地把握教学要求，并根据学校和学生的实际需求选择、调整相关主题，最终有效地实现教学目标。

---

[1] 曹瑞，李芳，张海霞. 从主观幸福感到心理幸福感、社会幸福感——积极心理学研究的新视角[J]. 天津市教科院学报，2013（05）.

以《高中生心理健康自助手册》中的"健康生活"专题为例，生活辅导的主题有很多，此教材聚焦了"幸福"这一主题。心理学的终极目的是促进人类幸福，个体的诸多心理问题最终可能都会追溯到什么是幸福。作为教育者，我们更关心青少年的状态。有调查表明，青少年的幸福感并未随着学段的升高而提高，甚至有下降趋势，其中乐学感（即对学习感到乐趣）和自信感的下降幅度达到了统计学上的显著水平。[1]这是因为个体从少年向青年或成年发展的过程中，幸福感逐渐从单纯地追求情绪快乐发展为包含追求自我发展、自我成就、自我实现的内容，即随着年龄的增长，个体生命的意义感在幸福感中占据主导地位。相对而言，高中学习任务最重，压力最大，高中生没有更多的时间对自己进行良好的审视，忽视了对生活的体验和对于生命意义的思考。可以说繁重的学习任务大大降低了高中生的生活满意度，直接影响了他们的幸福感。所以，该教材将"幸福"作为生活辅导的主题，引导学生们带着思考在学习生活中去实践和检验。

在具体探索幸福时，该教材用三个内容从宏观到微观进行了深入的讨论。"幸福的理解"是从宏观的角度和学生们讨论什么是幸福。正如幸福理论中所说的，从个体到社会，从个人的感性到理性，再到社会功能，幸福涉及生活的方方面面。通过学习，引导学生理解幸福，关注生活的目的、意义和方向性，保持积极向上的生活态度。"适度快乐"讨论的范围聚焦在了"投入的自主性"这个点上。自控力包括对自身的行为、情绪和认知活动等进行约束、管理。高中生的自我意识在不断加强，包括对自我的控制力也在加强。目前高中生沉迷网络、游戏、动漫等案例有所增加，学生美其名曰：这是我的爱好，它可以带给我幸福感。针对这样的现象，教材通过"软瘾"这个概念对自身兴趣的"投入"程度和方式进行利弊分析，引导学生意识到幸福不是单纯的快乐体验，还应该包括对自我的掌握和实现自我成长。最后，"唤醒生命的能量"进一步聚焦什么是投入，怎样才能投入。通过介绍不同感官的放松，拓展学生的视野，进而增加他们对自己未知的力量及本质的探索和释放。

---

[1] 卢家楣，刘伟，贺雯，等.我国当代青少年情感素质现状调查［J］.心理学报，2009（12）.

四、内装修——设计内容与活动

房子造好后,在入住前还需要进行内部的装修,即使是同一房型,不同的房主装修还是各有千秋。心理活动课的教学是创造性的教学过程,其效果取决于师生双方的创造性的活动,就像房子的内装修,同一个主题,不同的老师会有不一样的课堂呈现。对于理论的梳理、结构的分析,都是为了帮助老师们更好地理解教学内容,根据学校和学生的实际需求,选取更贴切的媒材,实现教材的再创作和拓展。

例如,有学生抱怨高中生活除了学习还是学习,特别苦,没有一点幸福感。很明显,学生们把幸福过多地等同于快乐的主观感受。为此,老师在设计这堂课时特地选用了电影《当幸福来敲门》这一媒材,通过讨论主人公的奋斗过程,启发学生从投入、意义和成就的角度去发现幸福。

还有一位老师,在课上发现有些学生把自己的不幸福归咎于学校、父母、社会,觉得自己无力改变。为此,老师把对幸福的讨论拓展到课外,让学生通过研究性课题的实践,对学生幸福感进行调查分析。通过查阅文献、编写问卷和分析数据,同学们发现了一个有趣的现象,不同类型的高中学生幸福感存在较大的差异,而引发这个差异的关键因素竟然是自身的成就动机。这样的拓展,让学生对于幸福感的理解不再浮于表面,而是通过实践有了真正的领悟和应用。

经过上述四个步骤的学习和研究,大大激发了老师们的实践积极性,我们先后完成了《浦东新区高中优秀心理活动课教案汇编》《浦东新区高中学校优秀团体辅导活动方案汇编》《浦东新区高中学校优秀学生心理社团活动方案汇编》《浦东新区高中学生优秀心理小论文汇编》和《浦东新区高中优秀心理剧汇编》。老师们对心理活动课有了更全面的认识,在教学中有了更多的主动性和创造性,切实提升了教学技能。以下是部分老师的反馈:

研讨让我们打开一扇窗,让我们了解作为心理老师,尤其是高中心理老师,在备课时,理论探讨还是非常有必要的。特别是了解了最新的研究成果,在设计教学时才会更科学合理,也更有条理。培训老师对学情分析、理论依据、专题的结构分析、教学建议、媒材分享和效果评估一整套流程的介绍，让我们对高中心理教学的框架以及如何设计教学都有了更明确的认识。

——建平中学张晓冬

由于我们的教材是跨学段的模块组合，培训老师特别强调了对应理论的进阶丰富和现实操作答疑。我感觉这样的研讨是本色的，大家就自己教学操作中出现的一些"问题"进行讨论，更容易打开我们使用教材的"心结"。也可以变通一下，就某个"问题"的表达发散"举证"，激发大家的参与欲望，很多时候教学"散打"可以高效增加一线老师的经验。

——上海市实验学校王文革

吴俊琳老师的上述心得为心理教研员如何有效开展心理课教研活动，提供了有价值的参考与范例。有以下几点值得学习：

一是了解学校心理老师的专业需求，是教研员设计教研活动的基础。吴俊琳老师调查了新手教师、适应型教师和成熟型教师的比例，可以使教研活动安排得更有针对性，可以制定不同阶段心理老师的分类指导目标，提高教研活动的有效性。作为教研员能够认识到"老师们的实际需求为我们开展高中心理活动课教学技能提升的实践研究指明了方向"，是有成效教研活动的前提。

二是把心理课比喻成造房子，即打地基、搭框架、建墙体、内装修四个步骤，形象生动，意在帮助心理老师系统把握心理课设计与教学的思路。打地基重在心理课的基本要求与规范，对于新手心理老师来说更加需要心理课教学基本功的训练；搭框架重在心理课理论、方法的梳理，不少心理老师比较重视活动形式的设计，而忽视其活动内容的意义，容易停留在形式上的热闹，而缺乏内容的深度，即缺乏启迪学生思考的力量；建墙体重在厘清专题和主题的逻辑关系；内装修重在活动过程的创造性呈现。

三是把儿童、青少年心理发展特点作为心理课教学研讨的出发点，体现了发展性心理辅导的理念。不同学段学生的认知发展水平不同，同样的主题要有不一样的设计，这是一个螺旋式上升的过程。对幸福感的讨论，吴俊琳老师从积极心理学的视野分析儿童、青少年对幸福的理解，只有对心理课的理论基础有深入的认识，才能显现心理课活动中内涵的力量。

四是精读教材，吃透教材精神是一堂优质心理课的保证。吴老师的分享中，特别分析了高中心理课教材"健康生活"中幸福感的三个主题，即"幸福的理解"是从宏观的角度和学生们讨论什么是幸福，"适度快乐"讨论的范围聚焦在了"投入的自主性"这个点上，"唤醒生命的能量"进一步聚焦什么是投入，怎样才能投入，怎么把静止的、躺着的书本通过教学活动让它流动起来，打动学生、感染学生，需要教研员带领心理老师们在理解的基础上，群策群力发挥大家的创造性。

给心理老师的建议

◎ 从学生成长的需求中寻找心理课主题。心理课的主题一般来自心理课教材，而由于地域的差异、学校的差异和学生的差异，要真正落实心理课，以学生成长发展为宗旨，心理老师就应该根据实际情况创造性地设计满足学生需求的生成性主题。

◎ 从积极心理学视角与学生探讨成长的课题。传统心理学的观点往往是从消极意义上来讨论焦虑、抑郁、压力等心理状态；而积极心理学倡导要从积极意义上认识这些问题。本章引入"考试压力那些事"的课例，其目标旨在引导学生与压力共存，这会增强学生应对考试压力的正能量。

◎ 要善于面对动态课堂的挑战。生动的课堂应该是心理老师与同学们心与心的交流、碰撞。这样的课堂需要调动同学们的思维和情感，课堂气氛活跃了，同学们的观点也会趋于丰富多元，有些观点会出乎老师的意外，如何回应同学们在课堂上的提问，这对心理老师既是挑战又是契机。

◎ 拓展多样化技术手段，更要注意内涵的深入。心理课的理论基础是团体辅导理论，许多咨询技术可以用于心理课。近年来，除了传统的咨询技术，如认知行为治疗技术、人本治疗技术、精神动力技术之外，叙事治疗技术、表达性艺术治疗技术、校园心理剧技术开始运用于心理课堂。这对于活跃课堂、深化活动有帮助。但是注意要服从于内容，技术为实效服务，不要为技术而技术，不要喧宾夺主。再如，媒材是活动内容设计不可或缺的部分，媒材运用能否引起学生的兴趣和共鸣，要充分了解学生在这个问题上知道了多少。在移动互联网时代，学生拥有的信息量远远超出了在课堂上所获得的，有时心理老师与学生在相关问题的信息上不匹配、有差距，这常常是心理课失败的原因。与活动内容相关的媒材收集，虽说是个教学细节，但细节决定成败。

◎ 提高心理课教研活动的质量。心理课教研活动是一种合作学习，是提高心理老师教学能力的重要平台，也是地区心理教研员的主要工作之一。教研员要深入课堂，积极开展课例研究，总结心理老师的优秀课例与经验。

附录：

考试压力那些事

教学目标：1. 帮助学生正视并接纳考试压力的存在。

     2. 引导学生发现自身资源，思考应对考试压力的方法。

教学对象：八年级

一、热身活动：Yes or No

通过关键词"寝食难安""担心结果不好""紧张焦虑"等，让学生猜出引发这些情绪的事件——考试。

【意图】导入"考试压力"主题，引发共鸣。

二、观看视频前半段

过渡：观看一个视频，视频里的主人公也面临巨大的考试压力。

讨论：对视频中印象深刻的场景是什么？有什么感受？

【意图】以视频为桥梁，引发对自身相似经历的回忆。

三、外化形象

（1）在刮画纸的一侧，用任意线条画出想象中"考试压力"的样子。

要求：回忆一次让你印象深刻的考试，在纸的左边，用任意线条来画出想象中的"考试压力"的形象，它可以是具体的形象，也可以是抽象的线条。

（2）在刮画纸另一侧，用任意线条描绘自己的样子。

（3）边画边想：

a.考试压力和自己相比，谁比较大？

b.考试压力是否在特定的时候会变大？在特定的时候会变小？

（4）分享交流：

a.分享学生现场作品。

b.分享更多的作品并作出总结。

有的时候，考试压力像一团乱麻，搞得我们心律都不正常了，它似乎有些特别的魔力，在它的影响下，我们的天空一片阴霾，雨一直下，泪一直流，压力山大，筋疲力尽。但对于这种迫害，有的同学表示不服，还有的同学选择用笑脸应对它，用乐观的心态蔑视锤头和大棒的威胁，用知识武装自己，让自己不断强大起来。

【意图】通过问题外化，把人和问题分离，理性看待"考试压力"的存在。

四、观看后半段视频

问题：主人公的命运走向如何？

哪些因素帮助她强大自我、战胜考试压力？

【意图】借助视频中他人的经历，积极从内外因角度，增加自我的力量。

五、寻找队友，知己知彼

（1）寻找队友。我们不是一个人在战斗！有很多双手在背后支撑着我们，或许是一些人、一些事、一些做法，他们就像我们的队友一样支持我们去对抗、战胜压力，他们一起组成了我们的团队。当然，考试压力也不简单，它也有它的团队，时刻企图卷土重来，对我们施加影响。

请梳理自己和考试压力双方团队中的队员。

（2）知己知彼。全班分享：

a. 请在两队中任意挑选一个队员，说明 ta 是如何影响你的？

b. 你和你的队友有什么计策可以打败考试压力战队？

【意图】引导学生发现自身资源，思考应对考试压力的方法。

六、总结

压力不会被消灭，强大的对手提醒我们需要不断强大自我。

【意图】正视考试压力带来的影响，接纳压力，积极调整，掌控自我。

（松江区教育学院　宋美霞）

第五章　个别辅导与案例督导

个别辅导是学校心理服务基本任务之一。学生的心理问题有共性的一面，但更多的则表现为个性化的一面。面向全体学生的心理教育和针对个别学生的个别辅导，是学校心理辅导不可或缺的两个方面。相比之下，个别辅导所需要的专业知识和技能要求更高，它是衡量心理辅导老师专业水平高低的重要标志。个别辅导的理论、方法和技能，应该是每一位从事学校心理辅导工作的教师必须掌握的。因此，心理老师个别辅导能力的提升也是工作室的重要目标，个案督导是工作室的重要内容。

个别辅导的困惑

一个合格的心理老师，应该掌握个别辅导的方法与技术，然而目前的心理专业人员职前和职后训练和督导体系不够成熟，中小学心理老师个别辅导的能力和经验不足是一个比较突出的现象。像李文君老师这样的骨干心理老师，也有这样的感觉，她说：

关于个案处理的能力，是我对自己挺失望的一部分。我曾经和一个与我年龄相仿的心理老师谈过有关在学校做心理咨询的问题，聊完后我们只能用"收效甚微"来做一个总结。原因有这样几个：其一，来访者的低动机。初中学生中有很大一部分是班主任转介过来的，咨询就像是挤牙膏一样，是一个让彼此都很痛苦的过程。其二，来访者的高期待。尤其是面对家长时，他们总希望与老师沟通一次，他们孩子的问题就会解决。可是我好像还没有这样的水平，让他们在极短的时间内就看到事情按照他们所希望的方向发展。其三，来访者的时间冲突。约好的时间，却因为一场突如其来的英语默写不得不取消，诸如这类的事情经常发生，于是再一次的咨询可能是很久之后的事情。我总觉得，在学校里做心理咨询的工作，与自己当初所学截然不同，总有一些无奈。

关于咨询的经验。看完《熙珺叙语——一个咨询师的成长历程》之后，我做了一个简单的计算，如果每天做两个小时严格意义上的咨询，有记录、有反思，700个小时意味着需要约一年的时间，才能够积累足够经验来辨识个案的情况。1500个小时意味着需要约两年的时间，才知道如何处理会对来访者有帮助。而通常需要五至七年，持续做大量的个案，才有可能接触各式各样的个案议题。在看完这段文字后，我知道了自己应对个案咨询时的无力来自于何处——从量上而言，我现在的咨询量是远远不足的，似乎还处在那个"新手"的阶段。

虽然现在面对的个案对象以学生为主，但是学生所接触到的东西越来越多，社会的环境越来越复杂，因此即使看了再多的理论，参加了再多的培训，没有大量实践经验的积累，做好个案辅导谈何容易。我想"纸上谈兵"才是我心虚的真正原因，"收效甚微"只是因为量变还没有带来质变。

关于自我督导——相比较心理咨询技术类的书籍，我更喜欢熙珺老师的书，我觉得这是一本关于咨询师成长反思的书。书里有提到咨询师如何处理与他人、与自己的关系，也有提到咨询师要建立自己的哲学观，然而对我最有启示的是有关于自我督导的话题。一直以来，在做咨询的过程中，我常觉得自己在单打独斗，最缺少的是咨询后的督导。我还是希望自己就像个学生一样，有个老师来给我批批作业，或者能和同伴进行一些讨论，总是好的。

但其实，整理、反思也可以让自己成长。之所以觉得读这本书就像在接受咨询一样，就是感觉熙珺老师在书里经常用到后现代的叙事疗法——自我对话。不妨我也进行一次自我对话，我在先阶段咨询的过程中，有两点比较困惑的地方：第一个困惑是关于倾听的有效性。所有的心理咨询技术都强调倾听，因为这是一个信息搜集的过程，但是当来访者滔滔不绝（这种情况发生在家长身上颇多，很多时候就像多米诺骨牌一样，能牵扯出一大堆往事），我是否要打断呢？我想来访者的叙事如果是类似的状况，或者更多的是一种负面情绪的宣泄，那我在打断的时候如果做好共情的工作，那是对咨询的一种帮助。但如果通过我所做的一些引导，来访者在自己的叙述里产生了新的可能性，不妨让这样的陈述继续吧。而第二个困惑是在咨询中使用什么技术解决问题。参加了很多培训后，我觉得专家们的方法都很好，无论是家庭治疗、精神分析还是认知行为疗法，但对于我这样的"新手"而言，常常在咨询的过程中不得其技术的精髓。不过我这样宽慰我自己，技术可以慢慢训练，而我当下可以不断去尝试用不同的理论分析个案，理论来自于实践又高于实践。将自己所做的咨询都进行录音、做成逐字稿，这是一件大工程，但是在反思个案的时候，多从一些角度去思考，或许也可以给我打开一种新的思路。

个别辅导为什么收效甚微？李老师的看法有一定的代表性和现实性。究其原因有三：

一是学生求助动机低。中小学生的个别辅导与成人咨询有很大的不同是，成年人做心理咨询是主动上门，有求助动机；而儿童、青少年做心理辅导有主动求助的，也有许多被动的来访者，正如李老师所说，不少学生是班主任带来的，求助动机低。

二是接个案的机会比较少（特别是小学）。心理辅导是一个临床实务性的工作，就像医生一样，没有大量的临床实践去积累经验，就难以提高自己的个别辅导能力。

三是接受督导的机会更少。目前，即便是北京、上海这些大城市，专业资源很强，但是中小学心理老师督导制度依然没有完全建立，许多心理老师接受督导的机会很少，特别是接受资深专家的督导机会更少。

因此，对心理老师进行个别辅导规范的训练和督导制度的建立是目前迫切需要解决的问题。

个别辅导规范

个别辅导的规范可以从个别辅导的范围、程序等方面来讨论。

一、个别辅导的涵义

个别辅导是指辅导者与来访者建立开放、协调的辅导关系，运用心理辅导的原理和技术，帮助来访者解决其个别心理困惑，以促进其心理健康的辅导活动。

具体地说：第一，建立良好的辅导关系（咨访关系）是基础。心理辅导老师能否与来访学生建立信任、安全的关系，是咨询能否取得成效的关键，只有建立了这样良好的关系，来访者才会倾诉心里的烦恼。第二，个别辅导的主要技术是指临床心理鉴别、诊断和干预。个别辅导需要专业技术，这些专业技术又需要经过严格训练，并在案例实践中积累经验。第三，学生心理问题是高度异质性和个别化的，心理辅导老师学习别人的个案经验，不能照搬硬套，而要取其精华，结合自己的能力和个案的特点进行咨询服务，即用"一把钥匙开一把锁"。第四，临床咨询专业性强，辅导效果具有两面性，方法得当可以解决来访者的心理困惑，方法不当也可能加重来访者的心理问题，因此加强个案督导是非常重要的一项专业支持工作。

二、个别辅导的目标

其一，帮助学生更有效地处理自己面临的问题，使之获得更好的适应能力。每个学生都会遇到生活、学习、人际交往、社会适应和应激事件的困扰。个别辅导就是帮助学生解决自己成长中的烦恼，提高其心理自助能力。

其二，帮助学生开发自身潜能，使生活更有意义。每个学生内心都有积极的力量，关键在于心理辅导老师引导其发现自己的优长和禀赋，在生活实践中积累积极的经验，这些经验包括积极的信念、情感和行为方式。

三、个别辅导的范围

为了明确学校心理辅导老师的服务边界，必须界定个别辅导的范围。按照学校心理健康三级预防的概念，个别辅导的服务范围重点包含三个层次：第一，帮助每个学生解决成长中的困惑；第二，对高危学生的重点预防性辅导，高危学生包括学习困难的、人际关系紧张的、性格有缺陷的、行为有问题的、家庭环境不利的、面临突发危机事件的等；第三，对少数有心理障碍的学生的转介和后续辅导。值得注意的是对于具有心理障碍症状的学生要予以转介，由精神卫生医疗机构来处理，但是转出的学生病情稳定后回到学校，心理老师还要进行辅导跟进的工作。近几年，我们在二级预防和三级预防的"医教协同"心理服务模式上作了许多探索。[1]

高危学生是个别辅导的重点所在，对上述不同类型的学生稍作补充说明：

学习困难的学生。由于这些学生经常遭遇学业失败，自尊心受到打击，有时会一蹶不振，使得他们的精力向另外方面发展，成为问题学生。

有行为问题的学生。行为问题包括品行不良、攻击性行为、退避行为、多动行为和强迫行为等。

身体有缺陷的学生。身体缺陷不仅影响学习效能，同时也影响其人格发展。一个生理有缺陷的学生，无形中在社会适应方面会增加很多困难。他们往往会受到别人的歧视和嘲笑，以致加剧自卑、退缩、孤独等人格特征。

有情绪困扰的学生。情绪困扰是影响学生学习的重要因素。儿童若早期遇到过多的困难或挫折而无法克服，很容易产生焦虑和不安全感，影响学习的动机、热情和效率。有的学生由于受情绪困扰，容易冲动、过度紧张、孤僻冷漠、喜怒无常，会严重影响他们人格的发展。

家庭环境不利的学生。急剧的社会变迁导致离异家庭、寄养家庭、贫困家庭逐渐增多，处于这些不利家庭环境的孩子一方面缺乏情感上的关爱，另

---

[1] 吴增强. 医教协同：构建中小学生心理健康服务体系［M］. 上海：上海科技教育出版社，2020.

一方面面临经济上贫困的压力。这双重压力又会引起情绪和行为问题。

被重大生活应激事件困扰的学生。儿童、青少年的生活中充满许多不确定因素，俗话说，"天有不测风云，人有旦夕祸福"，儿童、青少年遇到的重大生活应激事件主要是亲人、同学和同伴的亡故，这些丧失与悲伤事件会引起孩子巨大的心理悲痛和创伤，不仅影响他们当下的生活与学习，甚至会留下终身的阴影。

另外，对于人际适应不良的学生，以及有着各种成长烦恼的学生都应该是个案辅导的对象。

四、个别辅导的步骤

个别辅导步骤可以分为两大阶段六个步骤：

第一阶段：评估问题。

评估问题对于个案辅导是非常关键的阶段，这就如同我们到医院去看病，如果诊断错误，将会耽误病情。评估问题包括收集和加工信息的各种程序，而信息则是从整个辅导过程中不断产生出来的。评估的目的有以下几项：获得相关信息，提供干预依据；鉴别与问题相关联的控制及影响因素；确定当事人对辅导的预期；确定基础数据与信息。

评估问题阶段具体分为三个步骤：

（1）确定对象的问题与症状。解决问题的第一步就是发现问题，明确学生的问题是属于学习问题、品行问题、情绪问题，还是人际适应不良问题等。

（2）收集资料。要详尽地了解个案辅导对象需要三方面资料，即个人的历史资料、现状资料与背景资料，以便对当事人进行比较全面、深入的了解。精神分析理论认为，过去的创伤性经历对人的心理和行为会有很大的影响。

（3）评估分析。通过对需要个案辅导的学生的具体问题和有关个人资料的分析和综合，判断其心理或行为问题的特征、性质和原因，其关键是个案概念化。准确、科学的评估是有效干预的前提。

第二阶段：进行干预。

干预阶段具体也分为三个步骤：

（4）制订干预方案。干预方案包括干预目标和干预措施。干预目标要注意适切性、针对性和可操作性。干预措施要具体，并且要与当事人和其家长共同商议，形成"契约"。因为在干预过程中，当事人和他们的家长都是可以调动的辅导资源。

（5）实施干预。在干预方案实施的过程中，需要运用多种干预技术。一般来说，学校个案辅导主要可以应用人本主义的"当事人中心"疗法、行为干预法、认知干预法和家庭治疗技术等，近年来焦点解决短程治疗、叙事治疗和表达性艺术治疗等咨询技术也得到了运用。当然，这些干预技术都需要经过一定的专业培训才能掌握。

（6）效果评估和后续辅导。干预过程往往会几经反复，不会一次轻易成功，对于这一点，干预人员要有足够的思想准备。因此，要及时对干预效果进行评估，以便反馈调整，使干预更有针对性。

个案评估与分析

个案评估与分析是个别辅导的第一阶段。面对带有各种心理困扰的学生，有时候心理老师常常不知道来访学生求助的问题是什么，所以细心倾听来访者的主诉很重要，心理老师要切忌先入为主。但是来访者的主诉也常常是含糊不清的，这又需要心理老师在与来访学生会谈互动中不断澄清问题。确定问题后，通过对来访者的背景情况、个人相关情况的分析，找出问题形成的原因，为后续的辅导提供基础。曹冬梅[1]老师是中职学校的心理老师，入职27年，任心理老师23年，她勤于学习和钻研，注重学以致用。工作室专门进行认知行为治疗技术（简称CBT）的训练，她就在自己的个案辅导中边学边做，以下的案例就是她运用CBT技术进行的评估分析：

---

[1] 曹冬梅，上海海事大学附属职业学校心理老师，浦东新区第一期吴增强心理名师工作室学员。

人际交往困惑的女生

中职高一女生小郑自己找到心理咨询室要求咨询,希望解决她和同学的人际关系问题。小郑是班长和学生会委员,在她看来,班级和学生会中大多数的同学都在针对她,不能正常地对待她,为此她感到非常痛苦。

一、个案基本情况(当事人主诉)

1. 童年经历

我从小生活在安徽农村,七岁时父母生了妹妹,然后去了上海。我住在爷爷奶奶家。我不能接受父母的离开,所以每天无理取闹,闹得动静很大。关键是我很想妈妈,有种抗拒的心理,怪爸爸妈妈离开我。

父母在家时,妈妈爱收拾家里,很爱干净,哥哥姐姐来我们家玩儿都对我很好,很多人都很疼我,有糖会给我吃。父母离开后,反差很大,所有的人都讨厌我,邻居都不来玩了,最好的朋友的奶奶都不许她跟我玩儿。当时有很多小孩都说我爸在外面找小三。有一次我在那里摘草玩,听到两个小男孩在那里说我父亲很难听的话,我就生气地把草扔过去,当时两个小男孩踩住我的脖子并且打我,我反抗不了。在这里有很多委屈,一直被别人欺负。

2. 家庭情况

爸爸是个脾气暴躁的人。我小时候爸爸比较宠我,我骑在他肩膀上到处玩儿,长大以后他就不跟我沟通了,我也不怎么喜欢他。记得初二的时候因为什么事情爸爸就一巴掌呼了过来,还拖着我打,用脚踢我,狠狠打我,很厉害啊,妈妈在旁边劝阻。爸爸把妈妈推开,妈妈腰不太好。我很心疼我妈,我受不了,怕他把妈妈推坏了。爸爸不是一次两次打我,就算跟他开玩笑他都会这样。每次打我,妈妈拦着,自己很委屈就哭起来了。爸爸也打我妈妈,打起来很狠,很多亲戚包括大伯大伯母都过来劝。爸爸这个人很窝囊,我没见过还有这样的男人,他怎么会这样子?我觉得我爸爸一辈子对不起我妈,这人太让人伤心,妈妈活得很累。我恨我爸爸,态度越来越强烈。

妈妈对爸爸很关心。爸爸是个不务正业的人,像个孩子。以前经常喝醉酒,瘫倒在大街上,妈妈只好出去找他带他回来。以前爸爸经常赌博,每次赌输，妈妈就会挨罚。但妈妈说要忍耐，要用爱去解决问题。她用这种方法教育我，不过我不太相信。

3. 初中人际关系

我现在最大的困扰就是初中人际关系问题，感觉大家不是特别理解我，不是特别喜欢我。如果朋友之间有误解，我解释的话，他们也不会听，反而觉得我在掩饰。

我有一个好朋友，在五年级的时候有人叫她不要再跟我玩了，她就不跟我玩了。后来她交了男朋友，她没有男朋友的时候过来找我，有了男朋友就把我甩了。她特别没有把我当朋友，我现在想清楚了。以前每次吵架都是我先主动找她，我觉得太累了，五六年了，好没意思。

我对每段感情都很投入，很真心地付出。但别人可能没有，认为朋友只是在一起玩儿，并没有那种真诚的感情。她们经常只把我当佣人，比如有个东西就让我提着，我在后面走着她们看也不看，就一直让我把东西提着。我不会这样做，我觉得朋友有困难我会帮助你，甚至会为你得罪一些别的同学。我特别重情义。

4. 当前人际状况

我这个班长当得不太容易，自己不对的地方也在改正，但他们不觉得我在改正，他们看不到我在改正。上学期，我当班长以身作则，班里很多同学上课玩手机得处分，我会提醒他们把手机交给我，我是为他们好。但他们不听，也不理解我的良苦用心。我会跟大家解释，如果解释没有用，我就忍耐了。对我有恶意的人，故意攻击我，作为班长我不会去计较，忍耐过去就好了，或者说用自己的行动去证明自己并不是这个样子，但效果他们看不见。

我只想解决人际关系的问题，希望和大家相处得比较好，我希望大家不要针对我、不讨厌我，很正常地对待我。

二、评估与分析

小郑的问题属于高中生的一般人际交往问题。

小郑本人是一个学习努力并且很优秀的学生,是校学生会的干部和班长。她喜欢读书、朗诵、做主持人、参加学校各类活动,各方面工作都不错,受到老师器重,是一个努力向上的人。她之所以来咨询,是因为她发现,自己在班长和学生会工作中,经常遭到别人不公平对待,甚至经常会有同学群起共同反对她、损她,她感到很痛苦,她希望改变自己人际交往的状况。

针对当事人的情况,我认为造成她人际交往问题的主要原因在于:

其一,从小父母离家,爷爷奶奶疏于照顾她,当事人不能接受父母离开自己的事实。在受到小伙伴们欺负时,得不到关爱和保护,感到自己不受人欢迎。尤其是曾经有一次奶奶要把她推到坝下的水库中,幸亏她死死抓住才没有被推下去,惊恐于奶奶为什么要这样做,觉得自己是被抛弃的人,内心无助和痛苦,这导致了她人际交往的不安全感。

其二,从小父母争吵,父亲粗暴,母亲懦弱且委曲求全。当父亲家暴母亲时,她母亲的处理方式是忍耐,以及用更多的爱去解决问题,并且用这样的方式教育当事人。当事人在同情母亲、憎恨父亲的同时,学会了忍耐和委曲求全的人际处理方式。

其三,当事人从小形成的害怕被抛弃的信念,以及对人际关系的忍耐和迁就的行为方式,强化了她自我挫败的思维模式,加深了她人际交往的困境。

曹老师倾听了案主小郑的主诉,作出以上的初步分析应该说是符合逻辑的,但还不够深入。案主童年的经历、学校的人际交往事件与她现在的心理状态之间的连接还不够清晰。个案评估分析中的关键技术是个案概念化。

一、怎样进行个案概念化

个案概念化是个别辅导评估阶段的核心技术,是有效帮助来访者解决心理问题的保证。

什么叫个案概念化?即对来访者心理问题的形成原因及其认知、情绪、

行为的相互影响作比较系统的解释。具体有以下说明:

其一,个案概念化有助于咨询师客观厘清来访者问题的来龙去脉。

其二,不同的咨询理论流派,个案概念化的形式有所不同。如,认知行为治疗中的个案概念化,是用认知模式来表达;

其三,个案概念化不是一步到位的,而是在咨询过程中不断清晰的。

曹老师是怎么理解个案概念化的,她写道:

认知行为疗法个案概念化,在很大程度上关注的是适应不良的思维与行为是如何维持的,他们是怎样引发来访者的痛苦和功能损伤的,治疗师会形成一个工作假设,来解释来访者的心理问题是如何形成并维持的。下图是我对本案例的个案概念化的图式:

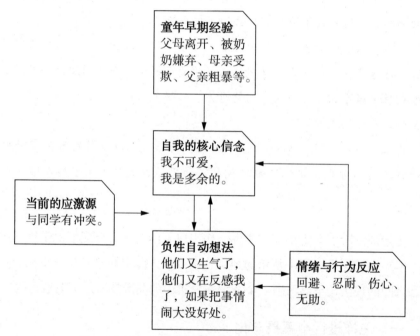

图 5-1 "人际交往困惑的女生"案例的个案概念化

当事人早期的生活经历(父母离开、被奶奶嫌弃),对当事人消极的自我核心信念形成造成影响。当事人通过这种消极的图式选择性地获取消极信息，特别是面临当前的应激事件（同学针对她）这个压力时，这个图式也被激活，从而产生负性自动想法（他们又生气了，他们又在反感我等），进一步形成不良的情绪和行为反应（回避、忍耐等），而这些更强化了当事人的自我核心信念（我不可爱，我是多余的），从而使当事人处在漩涡中无法自拔。

以上可见，曹老师运用了个案概念化技术，就把案主成长中的重要生活事件有机地联系在一起，对案主目前心理问题的来龙去脉有了一个比较清晰的解释。

二、评估要素

一般来说，对来访者的评估要抓住 4+1。所谓 4，即案主的认知、情绪、行为和躯体状况；所谓 1，即案主近期遇到的生活应激事件。应激事件犹如一个开关，人的不良情绪与行为问题的发生，往往是应激事件刺激引起的，真可谓"事出有因"。曹老师上述的个案报告中，我们没有看到心理老师对案主这四个方面的评估信息，而只交代了小郑主诉的事件，缺少咨询师对来访者的临床观察，这是需要改进之处。

三、聚焦问题

我们面临的个案往往有许多问题，在这些众多的问题中，有些是表面问题，有些是深层问题，聚焦问题就是透过表面现象发现深层问题。请看图5-2的心理老师咨询手记，倪老师处理的某个案例，原先认为案主有强迫症，而后才发现是人际适应不良。[1]

---

[1] 吴增强：野百合也有春天——学生心理辅导案例精选［M］.上海：上海教育出版社，2003.

她得了强迫症吗

从表现上看,小J的问题很容易被评估为拥有强迫意向,因为她有遇到所见物品都要归类的念头,甚至一旦进入物品归类状态时,非得要做完为止。即便是耗时过多、身心疲惫却还是欲罢不能。但是当我们由表及里地去认识和了解小J的问题时,就会发现,其实在其强迫归类现象背后却隐藏着实质性的问题——自我评价上的认知曲解(顺境中成长起来的小J,一直认为自己是最优秀的,同样也是一直要求自己做到最优秀。可进入重点中学后,一切发生了变化,由此产生了自我同一性混乱),反应在人际交往上就是压力感和焦虑感(进入高中的人际适应期)的自我投射(以强迫归类的形式出现)。其问题的实质是由于受非理性认知支配,导致人际交往不适。

(倪京凤)

图 5-2 心理老师咨询手记

在个别辅导实务中,一般来访者往往自己的求助目标是比较模糊的,辅导目标不是一下子可以确立的,需要多次的会谈,逐步清晰,如图 5-2 中倪老师所处理的个案。即便是在前文所提的"人际交往困惑的女生"案例中,小郑明确希望解决人际相处问题,但还是比较抽象,不够具体,需要心理老师与来访者进一步沟通、澄清。曹老师继续写道:

小郑在咨询刚开始提出的目标是,"希望和大家相处得比较好,我希望大家不要针对我、不讨厌我,很正常地对待我"。根据和她进一步的沟通,我们共同商定的咨询目标是:在和同学的交往中,妥善处理误解和摩擦,能和大家形成良好的人际互动。

可见,辅导目标确立如同咨访关系的建立,往往不是靠一两次会谈就能解决,而是需要多次的互动交流,在对案主比较充分了解的基础上确立。

辅导技术的运用

个别辅导的第二阶段是在初步评估的基础上，对案主进行辅导，包括辅导目标、辅导计划制定，其中辅导技术是其重要环节。个别辅导的方法、技术有许多，这里介绍认知行为治疗技术和媒材技术的运用。

一、认知行为治疗技术的运用

以下继续曹冬梅老师的案例报告：

三、咨询计划

咨询目标：根据当事人的实际情况，运用认知行为疗法，主要聚焦于导致其情绪和行为问题的核心信念和负性自动想法的识别、挑战和调整，用应对性的想法代替负性自动想法，帮助她在与同学的交往中，妥善处理误解和摩擦，能和大家形成良好的人际互动。

咨询分三个阶段共九次：

第一阶段分两次咨询：建立关系，了解基本情况，进行心理教育。

第一次咨询：主要是建立关系，加深对基本情况的了解，运用具体化技术，不断澄清问题，进行诊断和评估，共同商定咨询目标。

第二次咨询：进行心理教育，向当事人解释想法、行为和情绪及其相互关系，介绍认知行为疗法的背后的原理，告诉当事人咨询重点在于识别和改变适应不良的想法，并共同确定咨询进程。

第二阶段分四次咨询：认知重建，引导当事人认识到自己思维过程中的歪曲，并帮助她形成更具适应性的思考方式。

第三次咨询：识别负性自动想法，进行自我对话及预期。

第四次咨询：在识别负性自动想法基础上探寻核心信念。

第五次咨询：挑战负性自动想法，使用应对性想法来修正焦虑的自我对话，进行认知重建。

第六次咨询：探寻问题解决方式，学会使用问题解决的应对方法。

第三阶段分三次：指导当事人进行实际演练并结束咨询。

第七、八次咨询：和当事人一起创造两个现实的人际交往情境，进行角色扮演，帮助当事人练习应对性的想法和做法，并通过回家做作业完成挑战。

第九次：结束咨询。

认知行为治疗技术是一种结构式的咨询模式，与来访者制定一个系统的计划，有助于来访者了解辅导的过程，是一个重要的疗效因子，也是咨询师与来访者之间对治疗过程作出承诺的基础，这是另一个重要的疗效因子。

四、咨询过程

1. 心理教育

在第二次咨询中，我直接告诉小郑我们将采用认知行为治疗的方式进行咨询。

我首先向小郑简单介绍了认知治疗理论，解释了想法、行为情绪及其相互关系。在第一次咨询中，我布置了当事人情绪监测的家庭作业，于是结合当事人的家庭作业举例分析，帮助当事人理解一个人心理问题产生的原因并非事件，而在于自己对这件事的看法和信念，我们一般把它称为负性自动想法。所以，我告诉当事人，在接下来的咨询中，我们着重要找到她的负性自动想法，看看这种想法对她的人际交往产生了怎样不良的影响，并思考能否用其他更适合的想法去看待发生的事情，从而改变自己的情绪和行为。我们会学习相应的技术。

接着我告诉小郑，认知行为疗法主要关注当前的问题，尽管她小时候的经历和家庭的环境也对她产生了很大的影响。在咨询中，我和她会通过互相合作的方式进行咨询过程，但她的主动性却是最重要的，她还必须认真完成每次的家庭作业。

随后我跟她确定了本次咨询一共分为三个阶段共包括九次咨询，每星期一次，并进一步确认当事人没有疑问。

最后，我提供了"收集自动想法的家庭作业"表单（表5-1），学习如何寻找自动想法和自我对话,作为本次咨询的家庭作业。

2. 寻找负性自动想法

首先回顾上周的家庭作业,小郑拿出了她做的家庭作业。

表 5-1 收集自动想法的家庭作业

情境	自动想法和自我对话	情绪	行为
A. 周三早上,学生会执勤,每次国商班的人迟到,他们都在包庇,不记录同班的人违纪。	1. 对其他的班级很不公平; 2. 其实也是小事,工作中会再遇到的; 3. 他们确实都很优秀,但他们在学生会中多次撒谎,欺骗老师,有点伪装的成分。	因多次出现这种情况,所以有点生气,觉得不公。	憋在心里,也不好直接讲出来,装作没看见。
B. 周二中午去团委对合唱比赛的主持稿,别的同学提出让老师再选一个男主持,老师让我们推荐,我推荐了。当时那两个女生脸都绿了,用一种反感的表情看着我,之后我无意中听见她们在背后议论我。那个男生定了之后,女生就在社交网上怼我。	1. 我并没有做错什么,不管那个男生好不好,合不合适。 2. 一群不明是非、观念不正常的人,什么事都只怪别人。	同时有那么一点点小生气。	换做以前我就装作什么都没发生,什么都没听见,忍忍就过去了,但最近我有点失常,不走以前的路子,给她发了QQ,说明了我的想法。
C. 初中预备班,每天都受到一个男生的欺负,每次上完厕所回到教室里,书包、笔、本子都被扔到地上,我很宝贵的圆规,那是妈妈给我买的,都被他弄坏了。我不理他的时候,他也经常到我座位上欺负我,老师也不太想管。	1. 每天都被欺负,提心吊胆地生活,随时就会陷入别人的恶作剧中,真的很累。 2. 我也是很讨厌他,但是他为人很幽默,也使我忍不住想笑。	情绪很低落,当时很痛苦,有种快要死的感觉。	一开始他把我惹急了,我也会和他理论,之后就一直忍耐。

结合家庭作业,我介绍了自动想法和负性自动想法的区别。小郑逐一给我讲述了她所经历的三个情境、她当时的想法以及她的情绪和行为。但从她

的介绍和家庭作业单上很难清晰地看出她的负性自动想法。于是我进一步提问，帮助她思考。

在情境 A 中。

我：你生气了，为什么还选择憋在心里，觉得不好直接讲出来，装作没看见？你背后的思维是什么？

小郑：讲出来也没什么意思，不想把事情弄大，没好处，以后她们会针对我。

在情境 B 中。

我：当时那两个女生脸都绿了，用一种反感的表情看着你，之后你无意中听见她们在背后议论你，你脑中冒出什么想法？

小郑停顿了好一会儿说：她们肯定生气了，她们在反感我。

我：对这两个想法的确信程度有多大？（她说前者为80%，后者为98%。）

我：当你发现他们在网上怼你，你又是怎么想的？

小郑：她们肯定在炫耀、示威。

我：对这些情况换作以前你就装作什么都没发生，忍忍就过去了，这次为什么给她发了QQ信息，你为什么跟以前不一样了？你说了什么？

小郑：我觉得忍不住快崩溃了。

小郑：我在QQ上解释"这件我没有做错什么，是老师讲……"。

我：然后呢？

小郑：没有了，这就过去了。

在情境 C 中。

我：男生如此欺负你，你想着这样的生活很累，难道你没想过改变？告诉老师或者警告男生，甚至打回去？

小郑：告诉过老师，但老师不大想管。

我：那你没想过别的办法吗？或是多次跟老师说，或是跟别的老师说，又或是跟父母说来进行救助？

小郑：那样也没啥意思，不想把事情闹大，希望大家都和睦相处。

在和她交流中,多次听到她说:"他们肯定生气了""他们又在反感我""他们在向我炫耀、向我示威""如果把事情闹大,就没好处,无法收拾,希望大家都和睦相处"。她每说到这些,我就把它们写下来,整理成问题清单。小郑逐渐发现这些想法几乎在每个交往情境中都会出现,意识到这些想法就是她不经思考快速反复出现的负性自动想法,反映了她在与同学的人际互动中的选择性关注和绝对化的非理性思维方式。

为了让她更清晰地识别自己的负性自动想法,我又一次布置这项家庭作业。她做得很认真,也更清楚地看到了自己的这些负性自动想法对她人际交往行为产生的影响。

3. 探索核心信念

在共同讨论负性自动想法,了解了它和情绪行为的关系后,我给小郑一份"关于自我的核心信念"练习表单(表5-2),请她选择和自己符合的核心信念,并按程度进行排序,以探索当事人的核心信念。

表 5-2 关于自我的核心信念

我无能	我不可爱	我没有价值
我无能,我无力 我软弱,我受欺 我贫困,我艰难 我被动,我退缩 我被控,我尴尬 我窝囊,我绝望	我不可爱,我被嫌弃 我没有魅力,我被忽视 我是多余的,我真差劲 我很倒霉,我很丑	我没有价值 我没用 我一无是处 我是个废物 我浑身晦气 我被人拒绝 我不值得活下去

表格中下划线部分为小郑所勾选的与自己相符合的核心信念。在排序时,她把"我被嫌弃""我是多余的"放在第一位,把"我没用"放在第二位,其余都放在第三位。我跟小郑介绍了她负性自动想法的来源(见前文图5-1):

小时候的家庭经历让她产生了被嫌弃、自己是多余的、自己没有用的信念,所以在人际交往中缺少安全感,生怕被再一次抛弃、背叛。所以在与人交往中，选择性地关注他人对自己的不满意，绝对化地认为别人肯定又在生自己的气，反感自己。同时，由于认为没有能力处理冲突，所以处处退缩、忍让，不敢表达自己的真实想法和愤怒，就算表达一下也了不了之，导致同学都欺负她、针对她，群起反对她。而这些反过来又进一步印证了她自己的想法，从而形成恶性循环。

4. 挑战负性自动想法，使用应对性想法来修正焦虑的自我对话，进行认知重建

我告诉小郑，接下来的任务是挑战负性自动想法的合理性，尝试用新的适应性的想法替代，从而走出人际交往的怪圈。我给当事人讲述了如何对消极自动想法寻找支持与反对的证据，并以此作为她的家庭作业。

表 5-3 识别并挑战焦虑性自我对话

痛苦情境	与情境相关的负性自动思维	由情境引起的身体感受、情绪反应及行为	支持与反对该想法的证据，发生的可能性（百分比）	应对性想法
情境B：当时那两个女生脸都绿了，用一种反感的表情看着我，之后我无意中听见她们在背后议论我。那个男生走了之后，女生就在社交网上怼我。	1.他们肯定生气了。 2.他们又在反感我。	有那么一点点小生气，装作什么都没发生，什么都没听见，忍忍就过去了。	支持的证据：她们板着脸，低头玩手机，不说一句话；她们对我说话的语气不好。她们在皱眉。 反对的证据：我没有听到她们议论的内容；我可能有点敏感。	1.她们误解了我的意思。 2.我做得没错。

从表 5-3 中可以看出，小郑整理了支持的证据和反对的证据，写出应对性的想法。我提出下列问题请她进一步思考她的想法的合理性：

- 我确定它会发生吗？
- 除了我首先想到的结果，还可能发生什么？
- 过去发生过什么？

- 曾经在别人身上发生过吗？
- 之前它发生过多少次？
- 在收集了这些证据之后，我认为它有多大的可能会发生？
- 在这个情景中我有什么应对性的想法？
- 如果发生了这件事之后，最坏的结果是什么？

通过对以上问题的回答，小郑慢慢意识到自己认为"他们肯定生气了""他们又在反感我"的想法比较片面，是以自己主观经验判断的，不够客观。比如，这两个女生经常喜欢在一起议论事情，自己提出不同意见她们议论一下也是正常的，不一定是针对我……

接着，我请小郑思考还可能有哪些其他想法，我用以下问题提示她：

- 去尝试是最重要的。
- 人无完人。
- 每个人都有犯错误的时候。
- 我将竭尽全力。
- 我可以做到。
- 我会为我的努力感到骄傲。
- 可能发生的最糟糕的结果会是什么？
- 它可能没有我想象中那么可怕。
- 以前我可以做到，现在我也能做到。

最终她觉得在情境 B 中，还可以有这些想法，比如：

- 出现这种情况，我去解释一下是最重要的。
- 人无完人，我做法不当他们生气是正常的。
- 就算她们对我不满意，那也没什么大不了，我做好自己的工作就可以了。
- 我去解释了，她们还不理解，那是她们的事情，我不可能使所有人都满意。

……

小郑慢慢理解了怎样用应对性想法替代负性自动想法，最终让自己的情绪和行为得以改变。

最后，我们再次回顾了认知重建的过程：通过情绪和身体的反应觉察自己的负性自动想法——用支持和反对的证据进行驳斥——尝试用应对性的想法进行替代。同时，再次布置家庭作业，巩固使用应对性想法来修正焦虑的自我对话，进行认知重建。

5. 寻找问题解决策略

寻找问题解决策略就是通过识别问题是什么，找出不同的解决方法，并评估各种方法的结果，训练来访者学会问题解决方法。

以情境B为例，小郑的主要问题是当她和同学意见相左，同学表示出不满时，由于内在认知的因素，她选择退缩、回避、忍让的解决方式，结果导致同学得寸进尺，不重视她甚至欺负她。

所以针对情境B，我请小郑用头脑风暴的方法说出除了她惯用的方法外，还有哪些方式应对（甚至你看到过别人是怎样做的），然后一起评估每种方法的优劣。通过评估和比较，小郑觉得当同学有不同意见或针对她时，她可以选择进行沟通的方式表达自己的想法，甚至可以怼回去。如果沟通以后别人还不理解，那是他们的事，自己没法做到让每一个人满意，这样自己就可以轻松很多。

最后，我们讨论了沟通的方式并进行了演练。我告诉小郑，在接下来的两次咨询中，我们将学到的这些方法进行实际练习，才能真正掌握。

我布置的家庭作业是：选择两个有同学针对你的情境，思考你可以怎样行动。

6. 指导当事人的行为实践

小郑挑选的两个情境，其中一个是她与某男生的交往。

和小郑一起在学生会工作的高年级男生小林一直是她喜欢的对象，两人在工作中相处得很愉快，男生也喜欢她，但两人从未互相表达过。不久，小林有了自己的女友，小郑伤感退出，没多久，小林和女友分手，又来找小郑。但两人对往事只字不提。半年后，小林外出实习，现在他们很少联系。尽管已经不在一个学校，小郑现在特别想知道他是否喜欢过自己，两人能否继续？

我问小郑既然喜欢这男生，当时为什么不表白，错过一次又一次机会？小郑说当时不表白，是觉得对方家庭条件好，和自己是两个世界的人，自己很自卑，自认为他对自己没感觉，表白了肯定被拒绝，最后朋友都做不成，很尴尬。现在小郑明白了，原因是根植于自己"我是多余的""我不可爱"的信念，怕被拒绝。小郑说就算他不再喜欢我，我也不伤心，我只想知道他是怎么想的，关键还可以挑战一下自己。

于是我和小郑讨论了表达的方式，是见面还是其他方式，准备说些什么，怎么说，如果又想要退缩怎么办等问题。最后进行角色扮演进行演练。在演练时，我扮演小林，她对于"我以前很喜欢你"说不出口，然后她告诉自己，就算对方很惊异也没什么大不了，别的女孩都是这样说的。演练好后，她带着任务回去实践。

期间她用QQ告诉我，好几个晚上都放弃了，特别困难，我鼓励她进行积极的自我对话。在最后一次咨询中，她带着欣喜告诉我，她终于说了。这是她的描述：

在做咨询的时候老师说过要勇于尝试，这样才会有突破、有进步，咨询才能达到目的和效果。之前看到身边的同学谈恋爱，感觉别的女孩太随便，到后来才发现自己连表达都有问题。我不想以后回想起来后悔，我想勇敢点，突破自己，迈出第一步，以后再遇到事情我就会勇敢很多。

首先就是像我们咨询时所预计的一样，我好几次都放弃了，这太难了。最后我下定决心告诉他，我要求打电话，他一直拒绝我打电话，我态度强硬坚持要求打电话。后来他说："组织语言，我还有半个小时睡觉，睡觉前说。"纠结了两分钟我表达了我的心意，他问了我很多问题：怎么就突然喜欢他了？他没想现在谈恋爱，我要追他？之前就喜欢他？怎么就想着现在说了？不在乎被拒绝？……我个人认为我的回答很大方，态度很明确，真诚地表达了"我就是喜欢你"。

出乎意料的是，他问了我很多问题，可以说从来没问过这么多问题。还是非常意外和开心的，当然他也非常委婉地拒绝了我，让我好好读书。

……

她说当表达了自己喜欢他后，她立即把电话扔在一边，但是最后的感受是兴奋和意外，兴奋的是这是以前想都不敢想的事居然去做了，还发现对方居然还问了她很多问题。我鼓励了她的进步，让她记住这种成功的感觉和经历，这对她很重要。

然后我们一起讨论了下一个演练项目。布置家庭作业时，我还要求她回顾练习过程和感受，遇到什么困难？怎么解决的？感受是什么？

她后来告诉我，学生会那个女生又一次针对她时，她怼回去了，甚至还骂了一句，这在以前是难以想象的。她说："我需要看到自己的进步，看到突破性的东西，在做心理咨询之前就想改变自己，所以只有去咨询去实践才有进展。"

在工作室我对学员进行 CBT 技术的训练，主要不是讲原理，因为基本原理书上都有，而是要大家操练，不仅是在工作室里操练，更重要是在自己的个别辅导实践中操练。曹老师辅导过程的六步措施基本按照 CBT 的规范程序在进行，做得很用心。

心理教育是 CBT 实施过程的第一步，心理辅导的宗旨是通过咨询师与来访者在信任的关系中互动，引导来访者找到解决自己心理问题的方法，提高心理自助能力。因此，要将 CBT 的原理向来访者作简要介绍，便于来访者认识到自己的许多情绪与行为问题是由不合理想法引起的，了解认知重建、心境监测等一系列方法可以帮助自己改变不合理想法进而改进情绪与行为。

第二步是收集负性自动想法。帮助来访者找到自己的负性自动想法，表示 CBT 已进入到实质性阶段。对于初次接受认知行为治疗的来访者来说，"自动想法"是一个从未接触过的概念，心理老师可以通过讲解、演练和家庭作业等方法来帮助来访者了解和收集负性自动想法。本案中曹老师根据案主的家庭作业，通过讨论、提问帮助她找到自己与同学交往中的负性自动想法，意识到这些选择性关注和绝对化的不合理想法造成了自己在人际交往中的情绪困扰。

第三步是探索核心信念。这个环节一般是放在矫正负性自动想法之后，曹老师把这一步提前，主要目的还是为了进一步挑战案主的负性自动想法，为认知重建作铺垫。一般来说，来访者对于自己的核心信念也难以归纳总结，可以采用表 5-2 的形式让来访者选择和排序。

第四步是认知重建的环节。这个环节可以运用多种技术，本案中曹老师运用了 DTR 技术，即运用功能性失调记录表进行合理想法替代。她让案主针对在第三步收集到的三种情境下的负性自动想法，进行挑战和合理想法替代，通过让案主对一系列问题的回答，进行认知重建。

第五步是问题解决策略。这是 CBT 的一个重要技术，意在通过案主对实际问题的解决，进一步巩固认知重建。案例中以情境 B 为训练问题，帮助案主提高人际沟通能力。

第六步是行为演练。这是 CBT 中的行为干预技术。CBT 是认知治疗技术与行为治疗技术的整合，它可以通过改变人的不合理认知进而调节情绪和行为，也可以通过改变行为进而改变认知和情绪。后者往往是许多 CBT 技术初学者所忽视的。本案中针对小郑与喜欢男生相处中的纠结，运用角色扮演进行行为演练，增强人际交往中的积极应对能力。

五、个案小结

从咨询效果看，整个咨询应该是比较成功的。小郑说她很清楚地看到了自己的问题出在哪里，当她和同学相处的时候，她已经能够捕捉到自己的自我对话和消极思考，然后她会努力地用另外一种声音告诉自己，并且用新的方式和别人互动。她说感到最难的和男生小林的问题都能解决，其他的相信自己都是可以解决的。

对这个案例我的反思有以下几点：

其一，第一次严格按照认知行为疗法进行咨询，出现了很多问题。比如，心理教育要包括哪些内容？心理教育说什么，怎么说？获得的经验是：首先介绍 CBT 理论，向当事人解释想法、行为和情绪及其相互关系。其次说明咨询的重点在于识别和改变不良的想法，然后介绍认知行为疗法的一些基本原则，比如共同合作、家庭作业等。最后介绍整个咨询的流程和安排。当然要用当事人听得懂的话讲，要举例。现在在做另一个关于焦虑的案例，心理教育就顺利多了。我觉得心理教育对当事人明白咨询重点和整个流程很重要，能激发当事人的主动性。

其二，寻找负性自动想法和认知重建需要有一个反复教和学的过程。比如，由于教得不透彻，当事人收集自动想法的作业质量不高，很难看出当事人共性的反复出现的自动思维，所以在咨询中有很大的困扰。通过反复看当事人的作业和听咨询实录，终于看出了端倪。得出的结论是，一定要在咨询中充分学习举例，家庭作业质量高了，咨询聚焦问题就简单了，当事人也能更直观地看到自己的非理性想法。

其三，对实践演练中出现的困难和可能情况要有充分预估和讨论，便于当事人实践成功。在第一次演练中，当事人没有勇气，最终放弃，通过讨论存在什么困难及如何解决后，她最后才实践成功。由此也可以看出，要突破心理障碍对于当事人来讲确实很不容易。

其四，尽管这个案例做得时间比较长，但基本严格按照 CBT 的流程做，而且结合教材内容我设计了一套家庭作业表格。咨询中如果在某一环节不到位，就在下一次咨询时补课。最后咨询了九次。认知重建比较成功，当事人多次表达她已经很清楚自己的问题所在，知道应该怎么做，而且现在也有勇气去这么做。我跟她说其实这是个长期的过程，不是做几次咨询能一劳永逸的，她说会坚持，如果自己不改变，将来的人生很有可能和自己的母亲一样糟糕。

其五，家庭作业是重要一环，每次都布置家庭作业，做得质量到位的话，对咨询进展促进很大。在 CBT 中，家庭作业是很重要的一个环节。当事人较高质量地完成家庭作业，能够明显促进咨询的进程。为了提高家庭作业的质量，可以利用预先设计的家庭作业表单。我在咨询中，给当事人使用了"收集自动想法的家庭作业"和"识别并挑战焦虑性自我对话"表单，获得了大量真实的信息，效果不错。

个案小结包括辅导效果与反思，辅导效果检验咨询师的个案工作能力，对个案辅导的成功与不足之处的反思，是心理老师专业能力提高的重要环节。由曹冬梅老师的案例小结可见，通过这个案例的实践，她对认知行为治疗技术的掌握有了更深的体会。

二、媒材技术的运用

蔡素文老师长期从事小学生心理辅导工作，她发现小学生由于认知发展和语言表达的特点，单纯使用会谈往往比较困难，而借助媒材可以有效地进行沟通。[1] 以下是她的经验之谈：

"媒材"的"媒"字指介于两者之间使双方发生关系的人或事物，"媒材"顾名思义就是媒介材料的意思，多指一些物件和材料。咨询中的媒材就是指介于咨询师与来访者之间促进沟通咨询的媒介材料。

小学生的心理与行为问题往往没有那么严重，困扰他们的大多数是一些生活事件和生活问题，心理老师通过各种咨询技术，鼓励他们自己去找到问题的解决办法。由于小学生的表述能力都还有所欠缺，这个时候咨询师需要借助一些媒材，假以这些外在的媒介材料去帮助小学生发现问题、厘清问题，进而以便于后续更好地探讨、分享与成长。

一、案主简介

志伟，小学五年级学生，被班主任"请"到咨询室里来，因为班主任觉得志伟最近做了太多糟糕的事情，让人太失望，上网、不写作业，最严重的是在校门口众目睽睽之下与自己的母亲对打，班主任希望心理老师能够与他沟通一下。

初步聊下来心理老师发现志伟是一个十分腼腆的男孩子，很老实，比较胖，衣着不是很新潮，五年级的他已经开始变声了，脸上有许多青春痘。整个会谈前半段他几乎没有表述，除了"嗯——嗯——嗯——"没有任何其他

---

[1] 蔡素文.媒材在小学生心理咨询中的有效运用[J].江苏教育，2018（88）.

言语，但是看得出，志伟面对自己的众多困境毫无头绪。

对于这样不善于表达的孩子，我们的访谈需要一种媒材帮助其发现问题。

二、咨询片段

我拿出三根绳子和他一起做了一个"结绳记事"的游戏。

指导语：现在这里有三根绳子，分别是红色、黄色、黑色。它代表在最近这段日子里在我们身上发生的事情，黑色的是指不愉快的事，红色的是指特别愉快的事，黄色介于两者之间。接下来请根据你真实的生活事件来打结，结的大小表示程度，如：红色大结表示生活中比较大的快乐事件。

打结结果：红色没有结、黄色有三个小结、黑色有五个结，其中两个特别大（见图5-2）。有了媒材，我和志伟的沟通顺畅好多。

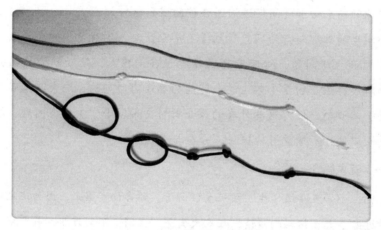

图 5-2　小男孩的结绳记事

师：志伟，我们来看看你的结绳记事，红色没有结，你觉得没有开心的事？

生：是的。

师：真的一件也没有吗？（看到志伟点头）好的，这个问题我们以后探讨。

生：嗯。

师：黄色有三个结，你来说说。

生：我随便打的，我想每天总会有事情发生的，三个也是随便打的。

师：我看见打黑色的结的时候你花了很长时间，而且有大有小，这不是随便打的吧。

生：不是。

师：你是否愿意我们一起来整理一下最近发生的不太愉快的事情。

生：嗯。

师：黑结有五个，是不是说明最近发生了五件不开心的事情。

生：其实也不止，打五个表示不开心的事情很多很多。

师：好的，感谢你对我的信任，那你愿意把那几个结代表的事件跟我说一下吗？

生：嗯。

师：我们先说大的可以吗？

生：嗯。

师：你能说说这个黑黑的大结代表什么事情吗？

生：钢笔字、铅笔字等级考试。

师：哦！具体一些呢，它怎么让你觉得不开心了？没有合格吗？

生：合格了。

师：那怎么说？

生：我的字不算太好，在等级考试之前，我们开始练习，我们的语文老师，一直盯着我，担心我不能通过。

师：怎么叫一直盯着你？

生：她一直过来看我写字，甚至考级那天，她还跑到我的考场里看我，还和监考老师说最担心我了。

师：哦，你是如此敏感，老师这样做，你有什么想法？

生：就是我觉得自己很糟糕，是班里拖后腿的人。

师：哦！这件事情对你影响很深。

生：嗯！

师：这个问题我记下来了，等把另一个问题表达清楚以后我们再回过头来看，这件事情好不好。

生：嗯！

师：那我们再来看看另外一件很不开心的事情。

生：那是，我和妈妈在校门口对打的事情。

师：我听说你平时还是很和善的，怎么会如此表现？

生：因为我怕丢人。

师：怎么讲？

生：妈妈一出校门就骂我，说我不写作业、上网、让老师很失望之类的话，校门口这么多家长看见了，他们都在指指点点呢！

师：这时候你怎么想？

生：反正我是最差的，我就豁出去了，冲了上去推妈妈的电动车，妈妈也没有防备，差点摔跤。她回头骂了我，好像说"最最差、搞不好了"什么的，我就什么都不管了对打起来。

师：好的，我们一起来回顾一下这两件让你最不开心的事情（教师简单复述），看看在这两件事情中，让你最恼火，或者最生气的真正原因是什么？

生：嗯？（思考。）

师：语文老师让你生气的是，她对你没有信心？

生：好像是的，应该说我觉得我自己很糟糕呀。

师：那和妈妈冲突的那件事情，让你恼火的是什么？

生：妈妈把我很差的表现，在很多人面前说。

师：这是你对妈妈生气的地方。你有没有对自己也有很生气的地方？

生：嗯。我真的……不太好。（声音很轻很轻。）

师：感谢你对我的信任，对于你这样评价自己是不是正确的，这才是我们真正要探讨的话题。

（生抬头望着我，他似乎没有想到自己对于自己这样的评价还有被推翻的可能。）

师：希望你打起精神来，我们才有力气探讨你的想法是不是合理呢。

生：嗯！

三、咨询感悟

小学生，特别是那些本身能力较弱的孩子，表达的能力、思考的能力有所欠缺，有时候有困扰但是说不清楚，很难过但是又表达不出，想改变又梳理不出头绪。本案例通过"结绳记事"的办法帮助其发现问题、梳理问题，其实就是找出他的一个核心信念——我不好！找到问题症结我们就可以对症下药了。

面对不同的咨询对象，作为咨询师要因人而异，因事而异，因时而异，针对不同的来访者制定适合、适切、适宜的咨询方案，方能事半功倍。

对小学生的辅导会谈与中学生乃至成年人的咨询很大的不同点是，由于他们的语言表达能力有限，不能很顺畅地把自己内心的想法表达给心理老师。因此，对儿童的辅导往往要借助一些媒材来进行。蔡老师巧妙地利用"结绳记事"让他把内心的愤怒表达了出来，进而通过对话让孩子发现自己的问题。其中蔡老师的循循善诱让会谈能够顺畅地进行。除了上述"结绳记事"的方法，绘画、沙盘等都可以作为儿童辅导会谈的媒材。

案例督导

案例督导是工作室的一项重要任务。工作室的案例督导模式是导师督导与小组案例讨论的结合。案例督导集中在两个方面，一是受督者对个案处理的情况，这是督导的重点，包括咨访关系、个案评估、辅导目标确立、咨询技术运用等；二是个案辅导伦理问题，包括咨询师对专业伦理的遵守、处理个案过程中的情绪反应、移情与反移情等。对曹老师的案例督导侧重前者。

曹冬梅老师初步按照CBT的规范程序处理了个案，导师对她的处理过程予以了充分的肯定，同时也指出了可以改进之处。比如，在对案主的评估方面还做得不够，尤其是案主情绪、躯体方面的信息不够，以致辅导目标确立不够完整，缺少情绪改进目标。帮助来访者寻找负性自动想法是一个难点，需要临床经验的积累。对"人际交往困惑的女生"案例的处理曹老师基本按照CBT的规范程序执行，但是在对儿童、青少年的临床辅导中，往往是多种技术的综合运用。短期焦点解决、叙事治疗、表达性治疗、家庭治疗技术等，都是可以帮助儿童、青少年解决心理困惑的辅导方法和技术。以下是曹冬梅老师通过督导后的体会：

近日，吴老师在工作室对我运用CBT技术进行的个案咨询进行了督导，收获特别大。以前我做过不少心理个案，也学过不少咨询理论和方法，但总觉得自己做的咨询不够规范，又苦于缺乏专业督导，只能自己摸索，咨询技术和水平没有得到实质性的长进。而通过此次督导，我切实感受到了咨询能力得到提升，感觉特别欣喜和感动。

通过督导，我对CBT理论有了更深入的理解。我理解了CBT的结构化、咨询原则、个案概念化等核心概念，理解了CBT的主要咨询技术和咨询流程……这理解不是指我读懂了理论，也不是我能跟大家讲述学习体会，而是在应用CBT的过程中，要反复思考我该如何运用CBT理论设计咨询方案、如何找到当事人的负性自动思维、厘清当事人的问题清单，以及如何进行个案概念化……这种思考、实践和再思考的过程让我受益匪浅，而这一切都是在本次督导过程中悄悄发生的。

通过督导，我发现了自己在咨询中存在的问题和不足。尽管在咨询过程中我尽量考虑周全，但在督导中，同伴们的讨论和吴老师的提问指导，就像一面镜子一样立即让我看到了咨询中存在的问题，如咨询目标过于模糊应该如何聚焦、没能从CBT的角度较全面地进行个案评估等。同时，围绕对怎样更好地进行个案概念化以及如何从另一个角度进行切入咨询等问题的讨论，使我对个案有了更深层的思考。

通过督导，我领悟到了作为心理老师，应该如何提升自己的咨询能力。我参加过各类咨询技术培训班，但培训班一结束，对这种治疗理论的探索也就差不多结束了，没有认真实践反复推敲，更没有像样的督导。最后，留在脑子里的东西是模糊的，哪种理论方法都未真正掌握。通过这次督导我体会到，作为一名学校心理老师，关键不是学了多少咨询技术，而是首先要在理论学习的基础上，通过不断实践精通一种技术（比如说CBT），然后再和其他的方法融会贯通，这样的学习才比较扎实。

我觉得自己非常有幸能参加吴老师的名师工作室，我喜欢吴老师平和亲切的督导风格和毫无保留的经验传授。吴老师常说，心理咨询需要实践经验的积累，优秀的心理教师不是学出来的，而是做出来的，所以要学以致用。对此我深有体会，同时感到如果学以致用后再以督导跟进，那么进步会更快，而我们多数心理老师缺少这样的机会。

曹冬梅老师通过个案实践和案例督导，对CBT技术的理解和运用就有了切身体会，正如她所说，"关键不是学了多少咨询技术，而是首先要在理论学习的基础上，通过不断实践精通一种技术（比如说CBT），然后再和其他的方法融会贯通，这样的学习才比较扎实。"

从曹冬梅老师的个案报告及督导体会中，不仅看到了一个心理老师个别辅导技能的提高，同时也看到了良好的咨访关系是基于她对学生内心世界深入的理解，来访者能够完成九次咨询，每次的家庭作业都完成得很认真，表明了来访者对心理老师的信任。个别辅导是一项科学性、艺术性都很强的工作，它需要辅导人员具有相当的专业理论、方法和技术，需要高度的爱心、耐心和信心，需要对人心灵的洞察力与亲和力，需要不断反思和调整的能力；它不是高不可攀的，而是需要付出艰辛和努力来达到的。在这方面曹老师的个案工作和体会为大家提供了建设性启示。

给心理老师的建议

◎ 要明确心理老师个案辅导的范围，主要是帮助学生解决成长中的心理困惑。儿童、青少年的心智处于发展和变化之中，他们的人格还没有定型，具有可塑性。大多数学生的心理与行为问题是发展性的，对于极少数有心理障碍的学生，心理老师要会识别，并且建议家长转介到医疗机构。

◎ 学会规范地评估问题。在个案辅导中，心理老师要根据个案辅导的程序，规范地开展个别辅导工作。首先是了解和明确来访学生需要解决的问题，具体可以通过来访学生的主诉、临床观察与评估等方法，对案主的问题进行个案概念化，然后提出有针对性的辅导计划。对来访学生进行深入的了解和关系的建立是有效辅导的前提。

◎ 学会规范地处理个案。在对案主实施辅导计划时，辅导目标要具体化、可操作，避免大而空。运用自己掌握和擅长的辅导与咨询技术帮助来访的学生。对儿童的辅导可以更多采用表达性治疗的技术（如绘画、沙盘和游戏等）、行为干预技术，而对青少年则可以更多采用认知行为治疗技术、短期焦点解决技术和叙事治疗技术等。鉴于儿童、青少年的心理和行为问题与家庭教育环境密切相关，家庭治疗技术应该是心理老师需要学习和掌握的。

◎ 要在个案实务中提高自己的个别辅导能力。心理老师的个案工作经验是在实际辅导工作中积累的，个别辅导工作往往不是立竿见影、一帆风顺的，有时需要付出艰辛的努力，需要经受失败与挫折，需要学会争取专业的督导，使自己不断地提高和成长。

第六章 学生心理危机处置

当前儿童、青少年所处的外部世界变得日益复杂。例如，多元文化的冲击，给青少年价值观的形成带来的负面影响，互联网使学生的视野远远超出校园，拓展到世界的各个角落；急剧的社会转型带来社会阶层的分化、家庭的不断瓦解、下岗人员的增多，使得处境不利的学生增加；再加上升学主义的压力和课业负担日益加重，青少年自我意识、独立性的日益增长，处于心理动荡期的青少年面临的心理压力越来越大。由此而产生的心理问题和危机事件（诸如离家出走，暴力倾向，甚至自残、自杀等）也越来越多。因此，对儿童青少年进行危机预防和干预，已经成为学校心理服务的一项重要任务。

校园心理危机干预系统

一、校园心理危机干预的界定

校园心理危机干预是指学校对学生及学校教职员工面临的危机（丧失亲人的悲伤、灾难事件、校园暴力和其他恐怖事件而产生的创伤后应激障碍，以及自残与自杀等）进行有目的、有计划的心理辅导与干预，帮助其平衡严重失衡的心理状态，降低心理伤害，恢复其社会功能与心理健康。

危机有不同的类型。按照危机事件起源，从校外看有两大类：一类为灾害性天气危机，如地震、海啸、飓风等；一类为恶性社会事件危机，如恐怖袭击、绑架等。从校内看也有两大类：一类为校内伤害事故，如校园暴力引起的伤害，校园意外伤害，青少年自伤、自杀等；另一类为学生亲人和同伴突然亡故引发的心理创伤（又称之为丧失危机）。由于不同的危机性质、特点不同，其干预策略也有所不同，但是不论哪种危机都可能造成学生的创伤后应激障碍（简称PTSD）。因此，PTSD干预方法与技术是校园心理危机干预的主要选项。[1]

二、校园心理危机干预系统的构建

根据国内中小学实际情况，校园心理危机干预系统可以分为三个部分：预警系统、应急系统和维护系统。

1. 预警系统

校园危机干预的首要任务就是积极预防校内重大恶性事件的发生，即在尽可能早的时间内预防危机事件的发生。预警系统的建立具体有以下建议：

（1）建立学校危机管理领导小组。危机管理领导小组负责人应由校长担任，成员还应包括分管校长、德育主任、总务主任、年级组长、心理老师和校医等。危机管理小组的职责是制定学校可能面临的危机应对预案，及时关注和分析近期易发危机事件，防患于未然。危机管理小组在危机发生时负责指挥和协调各方力量应对危机，以及危机恢复阶段的善后工作。

（2）制定有效的危机应对预案。危机应对预案的内容应包括：所预测的危机类型及针对各类危机的应对措施；所有类型危机的通用处理程序；紧急电话号码（包括行政机构、能够提供救助职能的机构和家长的电话号码，危机发生时需要联系的关键人士的办公、家庭和移动电话等）；学校所有建筑物的详细地图；关闭、封锁学校和撤离人员的指导方案；与媒体、教育系统内部人员、社区公众进行有效沟通的指导大纲、电子文档模板（一旦危机爆发，可以根据危机类型对电子文档模板进行简单修改，并迅速向公众公布）

---

[1] 吴增强. 学校心理辅导实用规划［M］. 北京：中国轻工出版社，2012.

等。危机应对预案虽然主要由危机管理机构的管理人员负责制定,但是也应充分考虑教职员工、学生、家长及当地相关部门的意见和建议。危机应对预案的内容,既要符合相关法律法规的要求,也要随着社会环境和校园环境的变化不断进行相应的调整。

（3）强化管理人员和广大师生的危机意识和危机管理意识。一是教育行政部门和各级各类学校应通过专题讲座、讨论会、模拟训练、板报宣传等形式,不断增强师生的安全意识、危机意识和危机管理意识;二是要把制定好的危机应对预案材料分发到各个部门,按照职责对不同人员编印、分发不同内容的缩印本（比如:医务人员、消防人员、校长等可以拿到与自己或本部门职能职责密切相关的那部分内容的缩印本）;三是要专门就危机应对预案进行宣传、教育、培训,确保负责人和所有相关人员都能够掌握危机应对预案;四是要充分发挥全体教师和学生的积极性和主动性,让他们参与到危机管理中来。为了生动形象地展示某些危机的全员参与性,检查危机应对预案的全面性、有效性和可操作性,教育行政部门或学校还可以组织广大教职员工和学生进行模拟演习。

（4）建立有效的监督、检查机制。各种危机爆发前,都会有一定的征兆或预警信号。因此,学校应建立良好的监督、检查机制,及时发现并捕捉各种危机的征兆或预警信号,在危机爆发之前采取合理措施,并加强对类似薄弱环节的管理。一要定期检查学校的各种教育教学设施设备（如体育设施、体育器材、实验室、实验器材、教学楼、校门、栏杆等）,及时发现并努力排除各种潜在的隐患;二要密切关注、仔细观察教师和学生日常行为的显著变化（如对高危学生的关注和辅导）,努力查明原因并采取相应的对策;三要收集本校或其他学校以往发生危机的相关资料,认真分析引发危机的原因和善后措施,比照本校的具体情况,寻找危机管理的薄弱环节,并采取得力的措施。[1]

---

[1] 李永贤.危机管理:学校面临的新课题[J].内蒙古师范大学学报（教育科学版）,2006（07）.

2. 应急系统

应急系统的作用是在危机发生时，学校采取有效的应对措施，对相关人群进行心理援助与干预，把危机造成的损失降到最低限度。

（1）启动危机应对预案。在尽可能掌握比较准确的危机信息的同时，迅速启动危机应对预案。危机爆发后，学校危机管理机构的领导和管理人员应立即亲临现场了解具体情况或听取现场管理人员和工作人员的汇报，力求掌握准确、全面、客观的事实。在此基础上，迅速估量危机的发展趋势及其可能造成的后果，确定危机的类型，安排解决危机的主要负责人和工作人员，调配解决危机所需的物资、设备等。

（2）组成危机应对指挥系统。由危机管理机构的领导和管理人员迅速组成一个指挥中心，尽可能做好协调、沟通工作。处理任何类型的学校危机，都需要危机管理机构与各个相关方面进行沟通、协调，以便共同决策、统一行动。有专家建议危机应急系统应该包括三个小组：一是领导指挥组，由教育行政部门负责人和学校领导担任指挥小组负责人，负责在现场领导指挥和实施危机应对措施；二是专家小组，专家组成员一般是上级相关部门委派的校外专家，其主要责任是为现场相关人员提供心理危机干预的技术指导和监督，必要时，直接进行现场干预；三是工作小组，由学校心理辅导人员、医务人员，以及接受过专业培训的教师组成，主要职责是在现场为相关人群提供心理援助和危机干预。[1]

（3）沟通与协调。在学校内部做好与教师、员工和学生的沟通与协调工作非常重要，力求避免由于师生心理上过度恐慌而导致危机进一步扩展。在学校外部，既要迅速向当地政府和教育行政部门报告准确的危机信息，以便获取政府及教育行政机构的帮助和支持；也要向家长发出公开信，解释危机的性质和学校已经采取的措施及目前危机的状态，以求得学生家长的理解；与此同时，还要根据危机类型和解决危机的需要，积极与附近医院、执法机构、律师、消防机构、排爆机构等相关机构保持良好的联系与交流，以获得

---

[1] 周红五.学校心理危机干预系统的建构［J］.中小学心理健康教育 2005（04）

这些职能机构的援助。

（4）与媒体保持良好的合作关系。在危机爆发后，学校不要因为媒体的报道会影响学校的声誉而对媒体封锁消息、缄默不语。在目前的信息社会中，媒体、网络在几分钟之内就可以把新闻、图片传遍世界各地。如果学校拒绝与媒体合作，那么媒体就有可能报道一些不太准确的信息，这样学校将更加得不偿失。明智的做法应该是：在危机发生后，主动与当地部分媒体进行通气，客观描述真实发生的情况、采取的措施、现在事态的发展等，让媒体和公众了解实际情况，会更加有利于得到公众的理解和支持。

3. 维护系统

危机过后的维护是学校危机管理的最后一环。其目的在于通过危机恢复、总结与反思，学校既可以积累预防、应对危机事件的经验，同时也可以发现管理环节中有待改进之处，在不断改进的过程中提高学校预防、应对未来危机挑战的能力，完善学校危机管理系统。具体而言，学校危机结束后的恢复工作至少应该涵盖以下内容：

（1）做好后续咨询服务。危机结束后，学校应尽快恢复正常的教育教学秩序，这是消除危机不良影响和降低学校损失的有效途径。在经历危机的过程中，广大教职员工、学生和家长都遭受了一定程度上的心理创伤。特别对少数有创伤后应激障碍的学生和员工，要进行持续的心理咨询服务。

（2）做好工作总结。学校既要进行内部的自我调查和检查，也要配合教育行政部门或政府其他职能部门进行相关调查和检查，努力掌握客观的、准确的信息，通过认真分析，找到引发危机的真正原因，并建立或完善相关的规章制度。学校危机管理机构还应对危机管理在预防阶段制定的危机应对预案有关部分进行修订和更新，逐渐完善危机管理体系。

（3）建立危机管理的档案。每次危机结束后，学校危机管理机构都应把关于危机的资料、信息（如处理危机过程中的会议记录，与媒体的沟通情况，危机结束后的恢复措施，整改措施的验证等）汇总，根据一定的标准（如危机的类型严重程度、影响大小等）分门别类地整理归档。对广大师生进行日常危机管理培训时，可以查阅这些档案资料，既有利于增强他们的危机意识，也有利于提高他们的危机管理能力和水平。

心理老师该做什么

由上可知，心理老师是校园危机管理系统的一个重要成员。厘清心理老师在其中的定位和角色很重要，即心理老师的专业边界在哪里？

校园危机管理系统规定了校长、部门负责人、心理老师和医务人员不同的职责。校长是学校法人、责任主体，是校园心理危机管理的负责人。心理老师在学校三级预防体系中的职责如下[1]：

在一级预防中：

落实发展性心理健康教育，心理老师通过心理健康教育课程，培养、训练、发展学生积极的心理品质和健康的自我观念，提高其人际沟通能力、情绪管理能力和社会适应能力。

心理老师可针对特殊时点、特殊年级、特殊人群开展预防性减压活动。心理老师通过宣传卡告知全校学生学校心理辅导室（中心）的功能、地点、联系方式以及校外心理咨询专业机构的联系信息，让学生知晓心理援助的校内外途径和联系方式。心理老师与班主任教师定期会商，为班主任的谈心工作提供咨询与指导。

在二级预防中：

心理老师对心理问题高危学生提供初步评估，建立科学的心理档案。心理辅导老师要关注行为异常或近期情绪、行为变化较大的学生，有心理障碍而表现出明显的行为异常的学生，有暴力倾向或伤害他人倾向的学生，突发事件导致产生自伤企图或行为的学生等。学校心理老师对学生的危机进行风险评估，提出干预措施，制定干预方案，会同班主任给予危机学生及时的心理辅导，进行危机的预防与转化工作。

心理老师和相关老师密切关注学生的思想和行为动态，做好监护工作，

---

[1] 吴增强.发展性心理辅导：理论与实务［M］.上海：上海科技教育出版社，2019.

并注意保密，对有需要的心理问题高危学生的班主任、学科教师、家长提供咨询与指导。心理老师对有自杀或杀人倾向的学生进行风险评估，尽快提供危机介入，寻求医疗资源转介至受过专业训练的精神科医师处，必要时强制住院，以寻求进一步的协助。必要时通知校心理危机工作小组做好应对预案。

在三级预防中：

心理老师在确认学生的心理危机后，应立即向当事学生说明当前的心理危机状况，重申超越保密原则的原因和条件，告知可能执行的预警措施及目的。在保证学生人身安全的前提下，第一时间将学生的心理危机情况通报至学校心理危机干预领导小组，启动个体心理危机应对预案，提醒学生所在班级班主任协助做好学生在校的安全监护。

心理老师对有严重心理障碍或心理疾病的学生，在学校心理咨询室能力不足以应对的情况下要及时转介。学校心理咨询室通过转诊表，为医生提供学生在校表现，供诊断、治疗参考。

在条件允许的情况下，了解医生在治疗期间是否需要学校协同，并根据医嘱，为有需要的障碍学生提供辅助性或康复性的心理辅导。学校心理咨询室要做好后续跟踪服务，及时了解危机学生的心理状态，确定应对措施。

伤害性事件突发时，根据学校心理危机干预预案，配合做好当事人或涉及人群的心理疏导和干预，对情况严重者进行及时转介。伤害性事件发生后，学校心理咨询室可以同心圆原则对人群进行划分，提供相应的心理支持。当发现某些师生有特殊状况时，必须进行特殊的介入，如安排师生的支持、通报网络，或邀请个别咨询等。学校心理咨询室要对所有心理危机干预工作做好相应的档案记录，留存危机干预全过程的详细材料，并保密保存。

由上可见，心理老师的工作定位是在校长的领导下发挥心理专业支持的作用。

工作室把校园危机处置作为一项重要任务，通过对学员亲身经历和处理的危机事件的研讨总结，使得学员们的校园危机处置能力和经验得到提高。以下讨论几个案例。

危机应对的每一步都必须专业

章学云[1]老师是浦东新区教育发展研究院的心理教研员,入职13年。章老师毕业于北京师范大学,心理学硕士。她负责浦东新区小学心理教研员工作,2016年在处理了多起校园心理危机事件之后,深有体会地说,"危机应对的每一步都必须是专业的"。

2016年上半学期,我工作的第十年。从没有哪一年像今年这样让我连续经历这么多的危机事件。那天,我们正在举行心理辅导活动课大赛的现场评比,突然来了一个电话,我的直觉告诉我这个电话一定得接。接了之后,便是火急火燎,一位小学生已经站在了四楼的窗台上。实话说,我当时也懵了,这是我第一次接到"现场感"如此强烈的电话,我感觉到电话那头,我们的心理老师已经是满头大汗,气喘吁吁。虽然我知道现场赛课也很重要,但我觉得处理好这个情况更加重要。

说真的,我也很紧张,老师打来电话求助,一定是他们在处理时也遇到了瓶颈,不知如何应对。而其实这种情况在我工作的十年里也没有真正的处理过。所以我能做的是让教师先想办法把孩子救下来,离开危险的场地,确保孩子的安全,同时平复孩子的情绪,并尽快与家长通电话,让家长赶过来,然后学校与家长一起将孩子带到专业的精神卫生机构去就诊。做完所有这些,我也与我们中心的领导汇报了相关情况,如果需要专业支持,还得我们中心来提供。从早上十点左右到中午,孩子很快由家长和学校的心理老师、体育老师(体力比较好)、学校领导一起陪同到了上海市精神卫生中心儿少科就诊,经诊断患有严重的抑郁症和强迫症,采取的是住院治疗。

虽然章老师第一次遇到这样的突发事件,没有经验,但是她能够采取的几步措施建议体现了一个心理老师的专业素养,其中学校处置及时,转介的

---

[1] 章学云,浦东新区教育发展研究院心理教研员,浦东新区第一期吴增强心理名师工作室学员。

绿色通道畅通，得益于多年医教协同学生心理服务项目的合作。

时隔约一周的时间，某小学就发生了学生被公交车碾压致死的事故。当时我都要准备睡觉了，突然接到了学校心理老师打给我的电话，和我大概描述了一下情况，然后要我推荐一位比较有经验的心理老师去他们学校帮助做哀伤辅导。我又懵了，这还没隔几天呢，又是一起危机事件。因为我第二天有安排不能过去，就找了我们的兼职教研员张琪娜老师，让她第二天去该小学处理相关事宜。张老师非常负责，早上七点多就到了学校，我这边也是早早就起床，紧锣密鼓地联系上华东政法大学的张海燕老师，请教她如何处理。张老师让我录音，把如何做哀伤辅导的过程一步步说给我，我则把录音转发给了张琪娜老师，由她来一步步操作。虽然过程中意外事件不断，但一个上午过去了，这件事情也总算处理好了。

又是时隔一周之后，我再次接到该小学心理老师的电话，那天我们正在育童小学听吴增强老师的讲座，在中途接到了电话。电话那头又是火急火燎，有位孩子从图书馆坠楼，而真实情况也没能描述得很清楚，事情的经过是在后续的过程中才慢慢清晰起来。这次事故发生在校园里，情况复杂了很多，校长和班主任的情绪反应都非常大，整个学校笼罩在巨大的情绪阴影中。我们再次请了张琪娜老师过去，给坠楼孩子所在班级的学生做了哀伤辅导。而班主任、目击者的心理辅导，我们没有能力去做，还需要校长请更为专业的心理工作者去处理。

三件事情连着发生，张琪娜老师、该小学心理老师、我，都在这些事情中经历了很多，我们的压力也很大，因为不知道在整个过程中的处理是否专业，因而亟须专业督导。浦东心理中心的领导也意识到这一点，便邀请了上海精神卫生中心的杜亚松老师为我们做督导。督导中，杜医生让张老师和该小学心理老师分别描述了当时的情况以及辅导过程，肯定了我们对事件信息的及时了解，但还是觉得我们开展的哀伤辅导节奏偏快，也反映出我们自己内心的焦虑和恐惧。杜医生用他自己在汶川地震和安徽泗县疫苗事件中的经历告诉我们，有时候哀伤辅导都不需要说话，陪伴、拥抱、拍拍肩膀、递一张纸巾等都是很好的支持。在信息公开化方面，要告知家长、教师和学生发生了这样一件事，要管理好家长微信群，因为有些信息容易以讹传讹，而且传播速度太快。同时，在公布信息的时候不需要关注细节，关注细节只会带来更多的猜测和恐慌。在我们询问杜医生给班级进行哀伤辅导的时候，是不是需要将大家折好的千纸鹤放在逝去孩子的座位上，放多久，是不是要将空座位尽快调换等细节问题时，杜医生也非常专业耐心地告诉我们，一切以尽快恢复日常节奏为主，千纸鹤现场就可以收掉，把空出来的位置调掉，帮助班级的孩子们尽快恢复平时的节奏，其他班级的学生如果不知道的也不需要特别告知。而且，杜医生提出来，班主任、逝去学生同年级的学生、校长都是后期应该重点关注的对象，而不能做一次哀伤辅导就结束了。

作为区心理中心的人员，我特别提到，在这样的事件中，我们区心理中心需要担当什么样的角色，承担什么样的职责？杜医生借着这个话题提出建议，每个区心理中心都应该安排一位精神科医生坐班，遇到这些事情时，就可以第一时间打精神科医生的电话寻求援助。他还将浦东新区精神卫生中心儿少科医生的联系方式留给我们，方便我们寻求更为专业的援助。

整个事情的发生，让我们看到，危机事件虽然在日常生活中并不多见，但一旦发生，真的需要非常专业的处理，而且有些事件非常紧急，所以需要相关人员不仅要具备专业基础，更需要有临场应变的能力，不急不躁，责权分明，这是处理的关键。而我，在连着三次的考验中也逐渐成长起来，以前只是在考国家二级心理咨询师的时候模拟演练过，现在已经经过现场锻炼了，希望在今后的工作中会越来越成熟和专业。

章老师和其他两位老师面对接连而来的危机事件，身心能量消耗很大，这时的专家督导很及时，一方面复盘危机事件处理是否得当，另一方面促进三位心理老师自身的情绪调节和压力缓解。杜亚松教授是上海精神卫生中心儿少科主任、资深的儿童精神科医生，曾经参加过汶川地震的心理援助，有丰富的心理危机干预的经验。诸如，哀伤辅导怎么做？杜医生建议的陪伴、支持，不需要多说话，尽快让孩子恢复正常学习状态，以及对重点关注对象的后期心理辅导等，都是专业到位的指导。章老师的叙述告诉我们，校园心理危机干预需要校外多方专业力量的支持，尤其是需要医学专业力量的介入。这就是我们多年强调并且坚持实践的"医教协同"学生心理服务模式。章老师在校园心理危机干预的实战中积累了经验，特别值得一提的是，对于超越自己专业能力的工作，转介给专家来做。章老师说，对"班主任、目击者的心理辅导，我们没有能力去做，还需要校长请更为专业的心理工作者去处理。"这说明章老师能够厘清心理老师的专业边界，也是一种专业的成长。

校外心理援助力量怎么介入

上述案例可以看到，校园心理危机事件需要校外专业力量的介入，那么学校危机干预系统怎么发挥作用？两者怎么协调？吴俊琳老师作为区心理教研员，参与了区内多起校园危机事件的心理援助工作，她对于这些问题有如下的思考：

2013年担任心理教研员之后，参与了区内多起危机事件的支援工作。在这些案例中我有以下几点体会：

一、学校危机干预的实施主体到底是谁

首先区分的是，实施主体是学校人员还是外来的支援团队？作为教研员，我会带队前往学校支援，有时候会遇到这样的情况：学校觉得自己是受害方，所以没有能力去干预，既然有专业的团队来了，那干预的事情就全权交给他们吧。当我们的团队赶到学校后，学校的校级领导就"消失"了，留下德育主任与我们进行沟通，从公示、评估到后续的辅导，寄希望于我们的团队全部完成。自然而然地，这样的操作方式也在传递一种信号：一旦干预工作出现了什么问题，那么学校不再负责任，应该是这个专业团队负责任。

学校危机事件的亲历者一般就是学校的师生：学生在校的监护人是学校；教师虽然是成年人，但是从工伤鉴定的角度看，教师的人身安全在校的时候学校也是负有责任的。所以，我个人的观点是，学校危机事件中承担责任的应该是学校，而不是援助的团队。在制定、实施干预方案的过程中，援助团队的作用是提供专业的知识和建议，但是学校才是法人，校长是法人代表，最后的决定权和承担的义务还是学校的。

当然，学校是一个抽象的概念，落实到具体的人，应该是谁呢？

今年的感恩节，我接到一位心理老师的电话，她是9月才入职的，但是电话中她告诉我当天已向学校递交了辞职信。在她工作的这三个月里，我们因为他们学校频繁出现的学生危机事件多次联系商议对策。学校之前没有专职的心理老师，在遇到学生极端事件的时候，学校的校长、分管校长和德育主任非常焦虑，但是所幸在大家的努力下都化险为夷。也因为这样的经历，学校越来越重视心理教育，特别招聘了专职的心理老师。终于心理老师到位了，领导们松了一口气，觉得到了功成身退的时候。接下来，班主任遇到的学生极端事件，一律转到专职的心理老师那里，由她全权处理。失去了团队的协作，心理老师一个人承担了所有的工作，为学生评估，找家长商谈转介事宜，协调任课教师与学生的关系，向上级部门寻求帮助……仅仅三个月，心理老师就不堪重负，提出了辞职。

这样的情况并不在少数，学校发现危机个案以后，会直接交给心理老师，觉得专业的人做专业的事情，美其名曰我们不应该越俎代庖。一旦危机事件没有成功处理，就会归咎于心理老师能力不够，其实这是对心理危机干预的一种误解。

心理危机干预是一个专业的工作，但是这个专业不仅仅包括心理评估、心理辅导，它还包含了校园安全的建设、维护，师生、生生、亲子关系的协调等，这些不是心理老师的专业和工作范畴，或者不仅仅是心理老师的专业和工作范畴。所以我认为学校心理危机的实施主体是机构法人，即学校，而且是以机构法人为代表，即校长为组长的学校危机干预小组。小组成员根据危机干预事件中的具体工作，各司其职，通力合作。

二、学校心理危机干预的对象到底是谁

比较统一的观点，在校的学生一定是干预的对象。那么在校的教师算不

算？我参与的危机干预事件中，常常会遇到这样的情况：老师们作为学校的教育组织者和实施者，在发生危机事件时，总是第一时间冲在第一线，安抚学生、家长的情绪，处理他们提出的各种问题，还要维持学校正常的教学工作。曾经接触过一个案例，学生从教学楼坠落，班主任、德育主任和校长第一时间赶到现场，捡拾摔得支离破碎的躯体，陪同学生家长前往医院太平间，整理死者最后的仪容。然后赶回学校，通宵处理后续的一系列事情，第二天还要完成学校正常的教育教学活动。在这个案例中我们可以看到，老师们也是危机事件中的经历者，心理肯定也会受到影响；另外，因为角色定位，他们一边是危机事件的受影响者，一边还是危机事件的处理者，在心理有可能失衡的情况下还需要保持理智工作，这是多大的挑战？所以，危机干预的对象除了学生，还要包括在校的教师，特别是学校危机干预小组的成员。由此可见，危机干预小组的成员在危机干预中既是实施者，又是被干预者。当然，关于教师的心理评估和干预，可以经过危机干预小组的商议，委托给第三方操作。

比较有争议的是学生家长算不算学校危机干预的对象。在前往学校进行支援的案例中，有学校要求我们直接面对死亡学生的家长，或者其他学生的家长，安抚他们的情绪，解决他们的心理问题。一般来说，我是拒绝直接评估和干预死亡学生家长的情绪或者心理问题的。因为我觉得危机干预的目的是维护学校的正常教育教学工作，工作对象是参与学校教育教学的学生和教师，但是死亡学生的家长不在此范围内。至于其他学生的家长，如果他的情况会影响学生、教师的心理状态，那么可以从维护师生心理平衡的角度对家长进行对应的干预，而家长自身的问题应该建议他们寻求社会机构解决。

三、学校心理危机干预中的信息沟通

学校心理危机干预的内容一般都是从学校师生利益出发，对他们的心理状态进行评估，给予心理失衡的师生相应的心理辅导或者转介，保障校园的安全，恢复校园正常的教育教学工作等。除了这些以外，我觉得还应该包括学校危机公关的工作。当前社会一方面信息传递渠道多，传播速度快；另一

方面信息的真实性低，情绪煽动性强。危机事件本身具有一定传染性，如果学校不重视危机公关，很可能引发更多不可控的危害。曾经有一个学生，因为自身原因在校园内死亡，相关信息迅速在网络上传播。一时之间，关于该生死亡的原因众说纷纭，学生和家长对于指向学校责任的传闻特别敏感，认为都是因为学校管理的问题，导致校园存在危险隐患，学生人身安全无法保证。学校一开始专注处理危机事件本身，面对突然之间扑面而来的家长和学生的质疑措手不及。所以，在校园危机预防工作中，学校应该与媒体、公安建立联系，当危机发生时，可以第一时间获得媒体和公安的支持，避免不实或者过多的信息传播，造成不良后果。

危机事件对于学生、家长、学校都是敏感的，而且在多数情况下，对于学校而言都是首次面对的，缺少经验。在巨大的压力之下，学校的处理难免有疏漏，我会提醒学校聘请律师咨询相关法律条款，确保处理的合情合法。

四、区域支援团队开展工作的注意点

近些年来，我主要参与的都是区域支援学校处理危机事件。在与学校的接触中，我对于支援团队自身的定位也有一些体会。

首先，支援团队不能居高临下，我们不是去问责的，而是去答疑解惑、协助学校更好地开展工作。印象比较深刻的一次经历是，当时我们的支援团队因为出发地不同，分了两批前往学校。第一批人员到校后，与学校领导沟通时一直在追问事发的原因，咄咄逼人的口吻让学校产生了戒备和抵触心理。于是，学校的领导借机离开，把老师们留在了接待室。当第二批人员赶到后，学校领导迟迟不出现，导致我们无法开展工作。好在后来我们调整了方法，向学校说明支援的原则和内容，打消了学校的顾虑，之后的工作才得以顺利开展。

其次，支援团队不能自作主张。危机干预的主体是学校，所以我们的工作更多的是解答学校在处理过程中的困惑，提供多种解决的方案供学校选择，但是切忌代替学校作决定，更不能做未经学校授权的事情。在我们曾经参与的一个危机个案中，关于学生的死亡原因，学校出于自身的考虑，不愿

意对师生公开。按照通常的危机干预操作，学校公布事件真相可以避免不实传闻引发的恐慌和麻烦。虽然学校的做法与我们通常的专业做法不一样，但是我们的工作是协助学校处理危机事件，而非代替学校处理，所以还是要尊重学校的选择。当然，我们可以提出自己的担心，提醒学校做好预防措施和后备方案。

校外心理援助怎么介入？吴俊琳老师对实践中出现的问题的思考值得大家关注。

其一，明确学校心理危机干预的责任主体。我同意吴俊琳老师的观点，这在前文的"校园心理危机干预系统"一节中表述得很清楚，校长是校园危机管理的第一责任人，不能把这个担子推给心理老师。正如吴老师说，"这样的情况并不在少数，学校发现危机个案以后，会直接交给心理老师，觉得专业的人做专业的事情，美其名曰我们不应该越俎代庖。"这说明学校领导者并没有意识到自己的职责所在，是一种渎职行为。

其二，要明确危机干预的对象，除了学生，相关的教师、家长等都应该是需要干预的对象。而对教师和家长的心理辅导工作就需要校外专业力量的介入。明确了这两点，校外心理援助的目标与任务也就清晰了。在实践中的确也有学校发生危机事件，校方出于各种各样的原因，把校外心理援助拒之门外的现象。这就需要上级教育行政部门的统筹、协调。首先，学校领导要及时向地区教育行政部门汇报发生的危机事件，瞒报、隐匿事件都是渎职行为。其次，学校需要校外专业力量的援助，要主动向所在地区教育行政部门提出，而后地区学生心理辅导中心需要在当地教育行政部门的授权之下，进入学校进行危机干预和辅导。按照这样的程序就不容易发生校外心理援助被拒之校门之外的情况。

其三，校外援助团队进入学校，如何与学校合作？吴俊琳老师的两点提示很重要。校外心理援助团队的目的是帮助学校处理危机事件，为学生和相关教师提供心理辅导与心理支持，使学校尽快恢复正常教育秩序。正如吴老师所说，"我们不是去问责的，而是去答疑解惑、协助学校更好地开展工作。"

明确了校外心理援助团队的职责定位，就不会角色错位。

危机面前敢担当

陈瑾瑜[1]毕业于华东师范大学心理系，入职19年，是徐汇区学生心理辅导中心主任。2018年，亲历"6·28"上海浦北路杀害小学生案心理救援组织工作。以下是她的体会：

从心理老师到学校行政管理再到区未成年人心理健康辅导中心的管理岗位，从事心理健康教育工作已近20年，从职初期为了如何把控课堂纪律苦恼不已、因为缺乏专业界限意识几乎被特殊个案耗尽能量，到现在能够比较从容地整合资源，专业地做好突发事件心理危机干预整体组织协调工作。"6·28"事件的心理危机干预工作于我而言像是一场阶段考核，回顾历程我感受到了心理辅导工作的价值和自我这些年在专业上的成长。

2018年6月28日，浦北路近桂林西街人行道附近一名男子持菜刀行凶，造成两名学生因伤势过重抢救无效死亡，一名学生和一名家长受伤……随着各种消息陆续传来，学期末本该充盈的欢欣期待气氛就这样被残忍打碎。确定事件的真实性后，意识到事件的严重性，我在震惊之余甚至来不及哀痛，第一时间启动区域突发事件心理危机干预工作。在中心原有的"医教结合"联动机制的基础上，获得由上海学生心理健康教育发展中心、上海市精神卫生中心、上海市疾控精卫分中心危机干预办公室、华东政法大学、上海知音心理咨询中心等相关专业机构的心理专家共同组成的专家团队的专业指导和帮助，与中心志愿小组共同做好相应心理辅导工作和专业支持。当天下午恰逢吴增强名师工作室集中学习，吴老师带领着工作室的同仁形成了有力的专业支撑，迅速拟定倡议书《不幸事件发生后，请为孩子这样做》，并及时在微信公众号上向公众发布，在危急时刻给予家长如何帮助孩子的专业建议。

---

[1] 陈瑾瑜，上海徐汇区学生心理辅导中心主任，上海市学校心理健康教育吴增强名师工作室成员。

现在想来，心中依然充满了敬佩和感恩，专家和志愿者们主动关心、积极响应、不辞辛劳、贡献智慧和各种资源，随时按需做好相应心理辅导工作，给予了宝贵的专业支持。

事发后不久，我带着吴老师和工作室伙伴们的有力支持，按照区教育局的统一部署赶到学校后，立刻着手相关工作。其间我一直努力克制着自己的情绪，因为参与工作，会更具体地了解遇害、受伤孩子和家人的情况，会近距离接触沉浸在哀伤中的当事人和教职员工。我们工作地点的不远处市民自发来到事发现场悼念，整个街区的空气中都弥漫着悲痛的情绪；巧合的是工作组的办公地点对我而言也有着特殊的意义，这里曾是我初踏工作岗位的校园，甚至我们心理工作组所用的教室就是我初为人师带班时所在的教室……我对自己说，当下的我必须跳出小我的情绪感受，力争沉着、全局、专业、高效，这才是目前最需要的。

回顾当时的工作，我们在学校拟订工作方案，从心理工作视角给予专业的建议和指导；建议学校及时摸排了解和汇总学生家长对学校的各类要求；梳理事件中各相关人群，拟定相应的危机干预方案，提供个别辅导和团体辅导，告之各项心理咨询途径；在工作组讨论商量时尽可能给予上级行政部门一些专业建议；协调好我们的志愿者队伍跟着工作组一一对应紧急支援；确保我们辅导中心 24 小时热线及面询的绿色通道的畅通；根据学校的实际情况拟定给教师和家长的普及宣传资料；对于暑期、开学，为班级及全体学生的相关工作提出建议……

工作中我们根据整体工作的部署，及时调整心理危机干预工作重点，及时关心参与第一线工作志愿者的状态，安排专家督导。并在上级行政部门的期望与我们心理辅导工作的权限、界限、专业操守间寻找平衡，做好协调与专业坚持。"6·28"是偶发事件，作为区级未成年人心理健康辅导中心，更重要的是扎实做好常态工作，所有平时的努力在关键时刻都会显现成效，这样才能做到平时起作用，急时能应对，战时拉得出。

危机面前敢担当，是因为身后有整个专家团队支持；危机面前从容应对，是因为这些年的学习、积累和实践增强了专业自信。一直记得吴增强老师曾经叮咛我"胆子再大一点",恰恰我现在所具有的专业工作勇气和自信很大一部分源于有幸参加吴老师工作室的学习,这一学习过程中有儒雅的吴老师、睿智的小伙伴、清晰的任务、丰富的材料、前沿的信息、多样的形式。三年工作室的学习推动了我的思考,也让我从大家那儿丰富了自己的思想。工作室的学习、思考能"释惑",同时对我意义更大的是,也让我能常常达到"生惑"的境界。作为一名心理教师,我对学校心理健康教育的某些方面或很多方面还心存疑惑,那是因为我需要加强学习和实践,并通过学习和实践来解惑释疑,让自己不断从"惑"到"不惑"。正是这样不断悟道前行,让我成长为今天的自己。和自己说,继续去学习、去实践、去前行吧。

上海浦北路小学生被害事件发生的当天下午,恰逢我们工作室举行研修活动。事发后,陈瑾瑜老师随即被区教育局召唤,赶到事发现场。当时她努力克制自己悲伤的情绪,在区教育局工作组指挥下,有条不紊地开展危机干预和辅导工作。这个案例的特殊性是发生在校外,尽管警方将其定性为偶发的街头暴力事件,但是事件对于人们的心理冲击是巨大的。事件发生后,广大市民的心理能够很快平复,社会秩序恢复稳定,以及受害孩子家长能够及时获得心理抚慰,取决于市区领导的有力支持,区教育局积极协调医疗、教育各方专业力量。陈瑾瑜老师说得好:"作为区级未成年人心理健康辅导中心,更重要的是扎实做好常态工作,所有平时的努力在关键时刻都会显现成效,这样才能做到平时起作用,急时能应对,战时拉得出。"我们工作室当天下午也受到市教委德育处领导的指示,为了引导广大家长理性面对突发危机事件,需要写一个简明的提示在"上海学校心理"的微信公众号发布。工作室的伙伴们花了短短一个多小时,写好了以下微信稿:

不幸事件发生后,请为孩子这样做

不幸事件的发生,对任何人来讲都是难以接受的。这个时候,我们希望,大家不要主观臆测,以讹传讹。我们成年人可以为孩子们这样做:

1. 首先觉察和处理好自己对不幸事件产生的情绪和压力反应。你的一举一动，孩子们都能感受到。

2. 尽量让孩子继续正常的生活学习，这种按部就班的生活会让他们有安全感。

3. 不要让孩子过多接触这方面的媒体信息和现场画面。

4. 用孩子理解的方式和语言，向孩子客观地叙说发生了什么。但是不必向孩子详细描述事件的情景。

5. 陪伴孩子，倾听和接纳孩子的恐惧、担心、哀伤等任何情绪。

6. 帮助孩子增强安全防范意识，掌握一定的安全防范知识和自救、互救技能。

7. 让孩子知道家庭是温暖的、学校是安全的、生活是美好的。

8. 如果你和你的孩子需要，可向专业心理机构寻求帮助和支持。

这八条建议在微信公众号发布不到两小时就达到 10 万 + 的阅读量。

当孩子说要"自杀"时

心理老师在对学生做辅导的过程中，有时会遇到来访者流露出轻生的念头，没有经验的心理老师马上会紧张起来。张晓冬老师是怎么处理这种情况的呢？请看以下张老师的案例报告：

在孩子成长历程中，会遇到很多挫折与挑战，在别人眼中的优等生也许内心充满了矛盾和冲突，家长以为孩子很乖、很好管教时，他们可能在内心慢慢孕育着"叛逆"的种子。当孩子找不到生活的方向或者感受不到父母的关心，"自杀"也许是解脱的途径，也是他发出的求救信号。

一、当事人基本情况

当事人李某，男，某重点中学高一理科班班长，从初中开始个性偏执，为人张狂，喜欢表现；存在较大情绪困扰，主要表现为狂躁易激怒，曾在考试时情绪失控将试卷撕得粉碎，吓坏其他同学；也曾因某老师批评而扬言要把这位老师杀掉；学习习惯差，作业不能及时完成；缺乏学习动力，曾因喜欢某女生而奋发图强努力学习，在遭到女生拒绝后，而变得颓废沮丧。

与心理老师主动谈起自杀念头，并称已经写好遗书了，引起心理老师关注，经心理评估后，发现存在抑郁情绪，存在自杀念头且有写遗书等实施行为，遂启动危机干预程序。

二、原因分析

1. 父亲教育方法简单粗暴

李某父亲脾气暴躁，经常采用武力的方式打骂李某，当李某疼痛哭泣时，会被责骂不像男子汉，所以李某解决困扰的方式，经常也是采用暴躁的方式，如撕试卷、扬言"杀了老师"等。他试图向父母反抗，但是却得到了更严重的打骂。父母之间关系疏离，妈妈在家中地位不高，一直试图保护孩子但是无效，在最近无故被父亲用凳子殴打时，妈妈安慰李某的话"你为什么这么让我难做，你表弟有时候被打的比你还厉害，他怎么没事？"让李某觉得很难逃脱，一方面心疼妈妈，另一方面又觉得妈妈根本不在乎自己；父母笑谈如果他不乖就要生二胎，更让李某觉得父母不在乎自己，对自己失望，想要遗弃自己；当李某在咨询师的建议下和父母说起"死亡"话题时，其父认为这是懦夫才采取的行为，并说他胆子小，怎么可能敢去死，更刺激了他想要"死给父母看看"的念头，想看看他们到底在不在乎自己。

2. 自律意识差是从小养成的

从李某初中心理老师、初中班主任、同学、高中班主任和家长那里了解到，李某自小情绪容易失控，学习习惯不良，但是人比较聪明，所以经常能取得好的成绩，因此，家人和老师会比较容易原谅他不做作业的坏习惯或者坏脾气，一步一步助长了李某的暴躁情绪，因为只要他发火了，别人都会满足他的一切要求。

3. 内心深处的不自信容易导致逃避等行为

李某要面子，这是很多青春期孩子常见的心理现状，所以喜欢在班级同学面前表现与炫耀，夸夸其谈，显得自己与众不同。但是进入重点中学，尤其是进入理科班后，同学成绩都很优秀，竞争意识也强，对李某来说，学习上有点力不从心，情绪上必然会失落。但是作为班长，又害怕同学们看出自己的不够好，所以只能强作欢颜，其实内心压力很大，越来越不自信，还不能为外人道，生怕别人看不起自己。所以这时候会很迷茫，甚至对未来充满恐惧，不知道未来该怎么办，萌生出"也许逃避也是一个办法"的念头。

4. 主动提到"自杀"其实也是在发出一种求救信号

李某能主动找到心理老师，并主动提到"自杀"的时候，其实内心也是在挣扎的，他也是在救自己，他内心也是希望得到关注，得到帮助的。当心理老师告诉他要启动危机干预程序的时候，他也是能接受的，当心理老师建议他和父母谈谈自己的想法的时候，他也真的去做了，只是在父母那里没有得到对这件事情的回应，所以更感到绝望。"父母不会有改变，而且就算改变了他也不在乎了，如果父母早一点改变也许还来得及，现在来不及了"，因此，他对爸爸充满了痛恨，对妈妈充满了厌烦和怜悯，如果自杀，也许会让爸爸感到内疚，也许会让妈妈得到解脱。

三、干预措施

1. 启动危机干预程序

向由校长、德育主任、年级组长、班主任、心理老师等人组成的危机干预小组汇报情况，制定干预方案，各司其职开展危机干预工作。如校长出面约见家长，在心理老师在场的情况下了解情况并给出具体的建议，签署家校联系单，以书面的形式说明问题的严重性，说明学校会做的工作并给出家长防范、监护、教育以及转介建议；德育主任负责收集更多建议；年级组长负责协调任课教师在课堂教学与日常言行方面的关注；班主任在班级中对李某进行工作方法上的指导，增强其自我效能感，并动员指导与李某要好的同学关爱李某并密切陪护；心理老师对李某进行个别心理咨询，聆听李某心声，给予李某情感上的支持，并协助其进行认知改变与行为调整。

2. 采用家庭治疗技术进行心理辅导

在李某心理问题与危机产生过程中，其父母的态度起到了重要作用，但是单独约谈家长，家长要么不愿意谈及家庭问题，要么站在自己的角度抱怨其他人的不良作用。为了看到李某家庭互动的方式以及对李某的可能动力，心理老师采用家庭治疗的方式，引导问题，发现了其家庭互动的模式，如李某和妈妈之间的粘连关系，父亲与李某之间的疏离对立关系。看起来家长都在用自己的方式承担责任，都在爱的前提下对孩子进行教育，但是这样的教育方式却更让李某产生不被认可的感受，他觉得自己让父母失望了，因此也对自己彻底失望了，这更加让李某觉得父母只是在乎自己的学习成绩，在乎自己能不能让他们有面子，而不是注重自己的感受。而现在自己越来越可能没有学业上的优势了，也就失去了存在的价值，也就没有存在的必要了。当父母亲耳听到自己的行为对孩子造成的影响的时候，当父母意识到孩子真正想要的是尊重、孩子内心出现了对自己可能不再优秀的恐惧的时候，他们慢慢对孩子有了了解，也开始理解。孩子的问题还折射出他对父母之间关系的担心，他认为都是因为自己才让父母不合，所以也许没有自己，他们也会过得很开心。这让父母开始反思自己的夫妻关系，也开始注重和儿子的情感交流。

3. 转介到精卫中心进行专业评估与治疗

根据李某的情况，心理老师意识到李某可能存在较大的情绪困扰。从初中起就不断出现情绪管理问题，事实上他在初中也多次提到会自杀，只是并没有引起足够的重视，而他很快可能因为一些快乐的事情而转移注意力，所以也存在抑郁的可能性。加上其父亲曾经在年轻时因抑郁症服药两年，所以属于抑郁症易感人群。心理老师建议家长带李某到上海市精卫中心进行专业评估，经医生评估后，发现患有中度抑郁症，后遵医嘱服用抗抑郁药物，效果显著。服药后他坚持来校读书，并且定期在学校心理咨询室进行个别咨询。

4. 营造关爱、宽松的学习和生活环境

如在心理课"自我意识"一课中邀请李某参与"优点轰炸"活动，全班同学真诚地表达了对李某的班级工作、兴趣、特长、为人处世的认可。李某很开心，他以为自己没有优点，想不到同学们都看到他为班级的努力，也认可他。这种积极的情绪一直延续很久，他回家后还一直与妈妈分享这样的感

受，心情很好。

学校大型活动中，他担任合唱队的键盘手，在音乐的旋律中，在伙伴的合作中，在观众的欢呼声中他觉得自己也是有特长的人，自己也很厉害，自信心大为提升。

在学科学习中，老师们更加因材施教，布置针对他的有效作业，进行个别指导，让他慢慢转变学习习惯，更注重学习的体验和过程，而不是眼高手低只注重学习结果以及成绩带给自己的感受。

张老师通过对这个案例的处理，对学生心理危机干预又有了新的思考，体现了一个成熟的心理老师的深入思考，案例报告最后的小结与反思如下：

在学校日常工作中，也会经常遇到危机事件，但是大多数家长都非常支持与配合，但是李某家长让我们的工作一开始推进得特别困难，虚假的家庭教育信息、不良的家庭教育方式、忽略危机的风险等，甚至一度指责学校大惊小怪，因为孩子初中也一直说要"自杀"，不是也没有发生事情吗？现在何必把事情闹大呢？这让我们压力巨大，回顾这一危机干预过程，对今后工作还是颇有启示的。

首先，防患于未然更加重要。根据我们的经验，很多学生在进入一所新学校时，更容易因为适应困难而出现危机事件，心理素质相对弱的学生就更容易产生困惑。通过心理普查，可以了解学生整体心理发展现状，方便学校制定心理健康教育方案，心理健康教育活动针对性强，心理辅导更有效。对特殊学生的关注和教育提醒也可以早一点让班主任和任课教师了解并配合。

其次，不要避讳与学生谈死亡话题，事实上在李某事件后，学校在心理辅导课程中专门增加了生命教育系列课程内容，从生命的起点、生命历程、生命曲线、幸福人生等方面协助学生以积极的眼光看待自己的生活，以乐观的视角看待人生的磨练，接受生命中的不完美。学生并不会因为你去谈及死亡而主动选择死亡，恰恰相反，避而不谈只会让他们觉得大人并不关心他的感受。这一阶段的学生大多开始思考人生的意义，如果产生迷茫，任何一件小的事件都可能成为压垮他的最后一根稻草。

再次，学校教育和家庭教育需要联合起来，学生生活在家庭与学校共同营造的场域中，评价方式、人性观、教养态度都会影响学生的人生观、价值观和世界观，也会影响学生的情绪感受，积极、有爱的良好环境更有利于学生健康成长，消极、缺爱、冷漠甚至是暴力的环境很可能会导致学生心理扭曲，甚至出现危机事件。

最后，有危机干预制度及流程，大家各司其职，才能最大限度发挥其作用。在出现危机事件时，学校还需要做好应对干预失败的预案，考虑如何应对媒体、如何安抚同学、如何应对家长、如何对教师进行辅导以及开展全校性的生命教育等。

张晓冬老师对这位学生的危机干预和辅导是比较成功的，有以下几点值得大家学习：

一是学校危机干预机制及时启动。面对学生李某主动表示有自杀想法时，张晓冬老师第一时间向学校危机干预小组汇报，启动危机干预程序，从校长、德育主任、年级组长、班主任到心理老师分工明确，各司其职。重点是做好对李某的陪伴和对家长的约谈。

二是着力做好家长辅导工作。本案中李某的轻生念头也与家庭亲子冲突有关，因此做好家长咨询工作是关键的一步。张老师运用家庭治疗技术让父母和孩子开始相互理解，让父母开始反思夫妻关系和与孩子情感交流的缺失，促进了家庭教育环境和亲子关系的改善。

三是转介工作及时。张老师对李某的心理评估工作做得细致，该生初中时也多次提出自杀，父亲年轻时有抑郁症病史，抑郁障碍的可能性很大，符合转介的条件。后经精卫生中心医学诊断，发现有中度抑郁症，服药后症状减轻。同时心理老师后续辅导跟进。

四是在学校里建立了良好的社会支持系统。学生在学校里最重要的人际关系是同学关系和师生关系，这是学生重要的社会支持系统。融洽的学校人际环境对抑郁的学生就是一副良药，鼓励他积极参加学校文娱活动，激活他对学校学习、生活的热爱，从认知行为治疗的角度，这就是一种行为激活技术的运用，对缓解学生的抑郁情绪很有效。

给心理老师的建议

◎ 要明确心理老师在校园危机干预中的角色定位，即在校长领导下发挥心理专业支持的作用。学校领导要明白自己是校园危机的第一责任人，心理老师要为学生危机预防和干预提出专业建议。

◎ 心理老师要学习和掌握有关学生心理危机预防和干预的专业技能，如哀伤辅导怎么做，有应激反应的学生情绪怎么平缓，有自杀风险的学生辅导怎么做等。张晓冬老师能够从容处理有自杀意念学生的辅导工作，就是她心里有底气，这需要不断地在实践中积累经验，不断地进行专业学习。

◎ 心理老师要学会善于调动资源，做好学生危机预防和干预工作。尽管校长是责任主体，但许多专业工作还是需要心理老师来处理，心理老师要与德育主任、班主任合作，有些与家长沟通的工作就需要德育主任和班主任来做。

◎ 心理老师要做好在危机干预工作中对自己的心理防护。如前文章学云老师的案例，心理老师接连处理学生危机事件，没有注意自己的应激反应。因此，心理老师要对自己的心理健康状况有所觉察，发现问题要及时进行专业求助和接受督导。

第七章　心理老师成为研究者

　　一个优秀的心理老师应该是能够读懂学生的内心世界的，这就需要了解学生、研究学生。2002年，美国教师专业标准委员会（NBPTS）以五项"核心建议"为依据，颁布了《学校心理咨询标准》（School Counseling Standards，以下简称《标准》），规定了学校心理学家专业标准的具体内容。其中第三条是"促进人的成长和发展：学校心理学家具备渊博而深厚的关于人的成长和发展的综合性、专业性知识，通过应用这方面的知识来促进学生学习，增进学生福祉"。[1]这表明优秀的心理老师应该是学生心理发展的研究者，因此，科研能力是其必备的专业能力之一。

怎么设计学校心理课题方案

　　学校教育研究主要不是做理论研究，而是理论应用于实践的研究；不是实验室研究，而更多的是现场的行动研究。尽管研究类型有不同，但是基本的研究步骤是相同的，即：

　　（1）选择课题与提出假设。

　　（2）设计课题研究方案。

　　（3）运用研究方法收集资料。

---

[1] 吴增强. 学校心理辅导实用规划[M]. 北京：中国轻工出版社，2012.

（4）整理与分析资料。

（5）解释结果以及检验假设。

一、课题的来源与表述

学校教育科研课题的来源来自教育实践，同样，心理老师的科研课题也是来自对学生进行心理辅导的实践。一般可以把当前学生心理健康教育中最为突出、紧迫的问题作为课题，能够体现课题选择的先进性。围绕儿童、青少年心理健康与发展，从辅导内容维度看，诸如青少年自我发展、情绪调节与辅导、学习心理辅导、儿童学习适应、青春期心理、人际交往、青少年危机预防与干预等；从辅导形式维度看，诸如心理辅导活动课程、团体辅导活动、校园心理活动、校园心理环境建设等，有许多课题可以研究，这些是心理老师研究课题的主要来源。

研究问题的表述要明确，不要空泛，如"点滴滋养，浸润心田"，不知道是研究什么问题。不要口语化，如"用真情实意对行为偏差学生进行矫治的探索"，这不像研究课题，更像是一篇新闻报道的题目。这后一个题目若改为"行为偏差学生辅导策略的研究"，便是一个明确的课题研究题目了。也不要文学化，如"情感教育：让汉字舞动起来"，前半句还行，后半句就煽情得离谱了。[1] 以下的课题题目表述比较明确：如"初中生心理弹性的追踪调查和团体干预的研究""积极心理视角下的学校生涯教育模式初探""表达性艺术辅导在小学心理辅导活动课中的运用"。[2]

二、课题的核心概念

有了明确的课题题目，就要确定围绕题目的核心概念是什么？什么是核心概念？核心概念就是课题研究的主要变量，是课题研究报告中的关键词。如，课题"核心素养视野下的心理校本课程实践研究"的核心概念就是核心

---

[1] 这些题目来自上海市某区学校申报的课题。

[2] 这些题目来自上海市中小学心理辅导协会第八届学校心理健康教育成果奖一等奖课题。

素养、校本课程、心理校本课程;"初中生命教育与生涯规划视野融合的实践研究"的核心概念就是生命教育、生涯规划、视野融合。核心概念是对课题题目最简洁的说明。研究目标和研究内容都要围绕核心概念来设计。

三、研究假设

假设是指在研究现象之间的各种关系的过程中,对有可能获得为检验所必需的证据的尝试性解释。具体地说:

假设应当是两个或多个变量之间的关系的陈述。

假设以一定的理论与经验事实为依据,同时带有一定推测的成分。

假设应当是可以检验的。

在学校教育研究课题中,有些假设是显性的,一目了然。如课题"初中生心理弹性的追踪调查和团体干预的研究"的假设是,通过团体干预可以提高初中生的心理弹性。而有些假设是隐性的。如,课题"核心素养视野下的心理校本课程实践研究"的假设是,通过心理校本课程实践可以促进学生心理素养的培养。

四、研究目标与内容

研究目标与内容是课题研究方案的主体。研究目标紧扣课题题目,即研究者想要解决什么问题,目标要简洁,不要与内容混淆(这是教师设计课题时往往容易犯的错误)。

刘丽秋[1]老师是上海建平实验中学的心理老师,入职19年,学校被评为全国心理健康教育特色校有她的一份贡献,她不仅学校心理健康教育工作做得出色,而且热心科研工作,下面以她设计的"初中生焦虑情绪高风险的预防性干预研究"课题为例,其研究目标表述为:本研究旨在通过对初一年级学生进行焦虑障碍筛查评估,梳理出焦虑情绪高风险因素,并探索有效的干预方法,促进学生心理健康发展。

---

[1] 刘丽秋,上海建平实验中学心理老师,浦东新区第一期吴增强心理名师工作室成员。

研究内容是研究目标的具体化，刘老师的课题研究内容可以表述如下：

（1）初中生焦虑情绪高风险者筛查和影响因素分析。

（2）初中生焦虑高风险预防性干预研究。拟采用认知行为疗法（CBT）和表达性艺术辅导两种方法进行预防性团体辅导，并与个别辅导相结合。

（3）初中生焦虑高风险预防性干预效果评估研究。通过前后测及半年后随访进行干预效果评估，比较 CBT 与表达性艺术治疗两种方法的效果。

五、研究方法

学校教育研究的方法一般可以采用文献研究法、调查法、自然实验法、行动研究法、经验总结法和案例研究法等。需要指出的是，文献研究是课题研究的第一步，学校教育研究中研究者往往忽视文献研究，不做文献研究，不了解别人已经做了什么工作，研究者就成了"井底之蛙"，重复别人的研究就失去了科研创新的价值。学校心理辅导的研究，除了文献研究，常用的有调查法、自然实验法和案例研究法。刘老师的课题研究方法设计如下：

一、问卷调查法

（1）基本人口学资料：采用自编人口学资料。

（2）长处与困难问卷（Strengths and Difficulties Questionnaire，SDQ）：是评估一般心理卫生问题的问卷，共 25 个条目，分为情绪症状、品行问题、注意缺陷/多动、同伴关系、亲社会行为五个维度。其中除亲社会行为维度之外，其他维度相加则为困难总分。该问卷包括父母版、学生自评版和教师版三个版本。本研究采用学生自评版，由学生独立完成。

（3）儿童焦虑性情绪障碍筛查表（Screen for Child Anxiety Related Emotional Disorders，SCARED）：评估 9—18 岁儿童、青少年的焦虑症状的自评问卷，共 41 个条目，分为躯体化惊恐发作、广泛性焦虑、分离性焦虑、社交恐怖、学校恐怖五个维度。该量表在 2002 年已制定中国常模，有较好的信效度。主要目的是筛查出具有焦虑症状的一部分学生。

二、访谈评估法

简明儿童少年国际神经精神访谈（Mini International Neuropsyehiatric Interview for Children and Adolescents，MINI KID）MINI KID 是基于 DSM-Ⅳ和 ICD-10 编制的定式诊断访谈问卷。该问卷分为父母版和儿童版两个版本，本研究采用儿童版。选取 SCARED 总分超过临界值的学生，在征求其家长和本人同意后，由经过培训的心理老师统一进行 MINI KID 访谈评估。根据 DSM-IV-TR 诊断标准，将 MINI KID 访谈中符合惊恐障碍、场所恐怖症、离别性焦虑障碍、社交恐惧症、特定恐怖症、强迫障碍及创伤后应激障碍表现的学生统一划分为焦虑障碍。将属于情绪障碍范畴的学生转介，这部分学生并不在本研究的干预范围之内。

三、心理干预法（自然实验法）

（1）根据干预对象来看，本研究主要采用选择性干预（selective interventions），干预对象为同时达到长处与困难问卷（SDQ）和儿童焦虑性情绪障碍筛查表（SCARED）临界值、但未达到简明儿童少年国际神经精神访谈（MINI KID）诊断标准的学生，我们将其确定为焦虑高风险学生。

（2）根据干预内容来看，本研究拟采用两种方法：

其一，主要采用基于认知行为疗法（CBT）的干预。具体体现在：承认焦虑情绪和焦虑的身体或躯体反应；澄清引发焦虑情境的思想或认知（例如不切实际的或负性的认知和期待）；制定应对策略（例如把焦虑的自我对话转化为自我应对的对话）以及评价结果。

其二，表达性艺术心理辅导。表达性艺术心理辅导借助音乐、绘画、舞动、戏剧、角色扮演等方式，舒缓、化解情绪。表达性艺术心理辅导的魅力在于其是一种心象思考，这种心象思考的历程常常能启发更多的想象及灵感，促进创造力及洞察力的产生，同时也可以减少防卫，让人在不知不觉、无预期的情境中把内心的真实状况表达出来。

这个课题方案在研究方法的环节，表述得比较规范、清晰。一是交代了用标准化的、规范的工具进行筛查，筛查之后再运用半结构的访谈工具。

MINI KID 是儿童精神科医生使用的标准化的访谈评估工具,具有良好的信度和效度,心理老师需要在心理医生的培训和指导下使用。二是对干预对象的选择表述得比较明确。干预对象的焦虑障碍具有高风险,所以要把符合焦虑障碍症状的学生排除(这部分学生应该转介到医院就诊)。

方案在研究方法环节有待改进的是:

既然是干预实验,要有干预组和对照组,否则难以解释干预效果。

干预的方法有认知行为治疗技术和表达性艺术治疗技术。这还需要在研究实施步骤里具体落实。例如,需要编制团体辅导活动计划,在计划里如何体现认知行为治疗技术和表达性艺术治疗技术。

有了课题方案,研究还停留在纸面上,接下来就是如何实施课题方案。以下是工作室几位老师开展课题研究的叙述,供大家参考。

教研员如何带领老师做课题

章学云老师作为区心理教研员,对研究工作情有独钟,非常重视通过课题研究带动区里小学心理老师成长,促进心理老师研究能力的提高,她这样叙述道:

2019 年 11 月 13 日,市中小学心理辅导协会第八届学校心理健康教育科研优秀成果奖评选结果公示,我们浦东小学心理教师团队开展的《表达性艺术辅导在小学心理健康教育中运用的实践研究》获得了一等奖,这一天是那样的值得纪念,因为三年多的艰辛与付出,终于被大家"看见"。

一、一切皆有缘

2005 年冬天,北京很冷,但毕业招聘却热度很高。我们身边的同学,有的想留在北京的大学里做学生工作,有的想去地方大学做大学老师,也有的想去中学、去公司……

就业,是我们职业生涯的起步,这个起步,关系到未来的发展,但最终决定走哪一条路,是基于自己对自己的了解、对职业的了解。在这个重要的交叉路口，我从来没有动摇过——我喜欢科研、也擅长科研，但如果让科研成为职业晋升的唯一出口，只会让我慢慢害怕和疲惫；我喜欢教育和心理工作，也喜欢规律的生活，所以我不愿去公司陷入繁忙，但去中小学，又怕忙于教学逐渐淡忘科研。与学校联系紧密的教育学院有丰厚的科研资源，且既能做科研，又不用唯科研是从，既可以自己去教学，又可以与一线老师们探讨教学，这基本成为我唯一瞄准的目标。2008年至今，在教发院待了十多年，今天的一切科研积累，皆有因缘。

二、好的开始，是进步的动力

2012年冬天，那是我第一次做妈妈。因为做妈妈，我深度接触了绘本，绘本给我们展示了宽广的视野和世界，在这个世界里，我与孩子徜徉、遨游，度过了美好的一天又一天。然后我想，这么好的东西，为什么不能与更多的孩子分享呢？或许像我这种学历稍高一点的母亲能够为孩子带去阅读绘本的欣喜与喜悦，但更多的孩子却不一定有这么幸运，尤其是浦东人口导入区的孩子们。于是，我找到了地处浦东新区三林镇的凌兆小学，与同是国家二级心理咨询师的凌玉芳书记一拍即合，我们仿佛是多年未见的老友，第一次见面就谈了很久很久，为绘本在小学心理工作中的运用筹谋、设计。我们俩还相约去报了"故事妈妈"的绘本培训，只为了更好地完成我们的课题。那年，天寒地冻，我穿着厚厚的羽绒服给课题组的老师们用课件的形式分享绘本，情景历历在目，而他们也听得非常入神，好几个同是做母亲的年轻老师们，也都想购入我介绍的这些优质精良的绘本。于是，边学边研究、边研究边改进、边改进边努力，成为我们课题组的真实写照。几乎每1—2周我都要去一趟学校，介绍spss数据录入的方法、和老师们商议课题每个阶段的安排、讨论每个主题单元绘本的选择并集体备课、讨论使用绘本开展个案辅导的思路……而我们每次的研讨都有详细的记录，今天，当我翻开这些研讨记录，课题组老师们的模样便一一跃入我眼帘。因为我们细致而勤奋地研究，2013年结题后，课题获得了当年上海市德尚课题研究评选一等奖。同时，一篇文章发表在核心期刊《上海教育科研》上，一篇发表在《思想理论教育》杂志上，课题组主要老师的名字全部出现在这些文章的作者里。更关键的是，学校的孩子们对绘本心心念念，课题结束后，他们还在不断地问，还有绘本心理课吗？我们还想上绘本心理课，而凌玉芳老师也在课题结束后一直坚持用绘本给孩子们上课。

  这次的课题研究，是我教研员生涯中以科研促进工作的良好开端。这个开端，不是说获奖了，发表文章了，而是打破了旧现状——小学心理工作一直囿于心理教师薄弱的专业基础和专业训练而很难有所突破和进步，从这里开始，我便一直思考探索，小学心理工作不能再陷入琐碎无序的状态，要用系统的、科学的思路和方法带动大家，才能让这块土壤越来越肥沃！

三、努力在继续，困难亦重重

  第一轮绘本课题做完，我们都有一种意犹未尽的感觉。虽然课题获奖并得到了学校的重视，但很多老师会觉得用绘本上心理课好是好，但终归有种隔靴搔痒的感觉——孩子们的学习成绩提高了吗？于是，我们又开始了用绘本提升学生学习能力的研究，聚焦的是语文和数学两大科目，用的都是国际获奖的绘本。

  然而，这个阶段却是困难重重。因为涉及的学科是语文与数学，参与课题的语文和数学老师们非常的忙，我们的课题相当于在他们繁忙的工作之余又增加了很多的工作量：语文学科方面，为了提升语文的听说读写能力，我们要花费大量的时间去挑选、甄别、加工精选出来的绘本，数学学科虽然确定了一套获得多项国际大奖的数学绘本，但精加工这些绘本的内容并不是一件容易的事情。几位课题组的老师非常辛苦，他们提供学科的专业力量，我与凌书记提供心理方面的专业建议，两个方面的力量合力才定下来每一次的辅导内容。

  在这个过程中，参加过上一轮课题的有的老师知道很辛苦就选择退出，留下来的老师们虽然坚持着，也深感力气不济，我也没有做第一轮课题时那样的兴致高昂，感觉难度大了很多。但是课题仍然在磕磕绊绊中坚持了一年，我们积累的研究素材非常的宝贵，有的孩子确实在课题组老师中午的团辅中进步很快，但仍然有些孩子毫无进展，有个女孩子说：我永远喜欢不上数学。多元智能理论告诉我们，每个人都有自己擅长的领域，对自己不擅长的领域，有可能真的束手无策。

虽然课题获得了上海市第七届心理科研论文评选二等奖，也有一篇文章发表在核心期刊《上海教育科研》上，但我开始理性地思考一些问题：如何带动有科研积极性的老师们投入到科研中？规范的科研是那样地辛苦，如何让老师们在辛苦的科研中维持热情？如何帮助老师们处理科研与日常教学的关系？

四、整理，重新出发

2014年冬天，台湾彰化师范大学高淑贞教授来上海给大家做表达性艺术治疗的培训。做着绘本课题的我，敏感地觉察到什么。于是，一边继续做着绘本课题，一边几乎一次不落地参加培训。越培训越清晰，到了第二年的培训，我便向上海学生心理健康教育发展中心提了不情之请：我想做表达性艺术辅导在小学心理健康教育中运用的研究，可否让我们课题组的老师一起参加培训？大中心的领导们非常好，丝毫不怕多出五六个老师参加培训带来的麻烦，毫不犹豫地同意了我的请求。从那时候开始，我们浦东小学骨干教师就经常以组为单位在培训中接受专业训练，也是从那时候开始，这些骨干教师在自己的工作中也常常有意识地使用表达性艺术的手段，我们还把表达性艺术的培训通过转培训的形式传递给全区所有的小学心理老师们。

经过近两年的培训、转培训，我觉得时机已经到来，于是申报了市、区两级课题，带着骨干核心组的老师们，发动全区小学心理教师来参与表达性艺术辅导在小学心理工作中的运用研究。与之前在学校里开展研究相比，因为这两年来作的铺垫较多，老师们的接受度、参与度都比较高，骨干组、参与课题的老师们都是热爱小学心理工作的心理老师，他们对于课题的投入度也远远超出了预期。我们分三轮对《小学生心理健康自助手册》进行了研究，尊重手册和教参的原始风貌，添加表达性艺术活动进去，撰写可以供老师们直接使用的教案。每一轮研讨几乎都是由参加了高淑贞教授培训的核心组骨干老师带领年轻的老师们完成的，组长们任劳任怨，组员们也干得卖力；为了设计出更为科学规范的小团辅内容，我和课题组成员们经常相约见面一起讨论，忙的时候就视频会议，有时候我们兴致高涨可以讨论很久，就为一些很有意思的讨论点；个案辅导由兼职教研员来承担，她基本上全程参与了高淑贞教授的培训……整个课题的研究过程可谓层层推进、扎实有序——"一切尽在掌握中"。虽然课题结题时我的二宝临近分娩，后来又在家休产假，但由于课题开展从未松懈，我竟能毫不慌乱，抱着娇嫩幼小的二宝，趁他睡觉时把课题结题所有的文稿一字字地码进电脑中去……

应该说，在这次的课题研究过程中，我把在第二轮绘本课题研究中遇到的那些问题做了逐个的解答：仅靠我一个人，一个大的、难的课题决不能完成，核心组骨干老师接受专业的培训，充分感受表达性艺术辅导的魅力，他们的积极配合给了我极大的支持，我非常感谢他们的全力支持；青年教师努力肯干，又给了这个课题注入了新鲜的血液，同时他们自身也在课题中成长，今天，课题组好几位年轻的心理教师都在努力成长为新区骨干心理教师；还有一些踏实肯干又想有点作为的中年教师，他们默默为我们的课题奉献着自己的时间和精力。

五、我们仍然在路上

2013年至今，课题历程告了一个小段落，我慢慢悟到了一个基层教研员的角色和力量。我爱这份工作，我希望用自己的专业力量为浦东新区的小学生们做点什么，这种爱，是真实的、毫无保留的、一望而知的，我相信浦东新区的小学心理老师都看得到，所以他们愿意和我结成团队，共同进步；我也很努力，很想带动大家做好一件事，这种努力，我相信也是一望而知的；同时，老师们的年龄分层不仅仅是数字上的分层，也是不同风格的分层，通过核心组骨干老师们的专业引领、青年教师的勇敢与担当、中年教师的经验与沉稳，很多研究是可以有序推进的。

多年来，我们专注于表达性艺术辅导的课题，这份努力和付出被市专家和领导看见，这是给我们莫大的鼓励，我们积蓄了能量，还想做更多的研究——经过一年的蛰伏与思考，我在头脑中又勾画了新的研究方向，我们还要做第二轮的研究，我们还要形成更多更为成熟的表达性艺术辅导的成果。经过前一轮的尝试，大家对这项工作有了更多的了解、接纳和熟悉，我也明显感觉到，在研究中，浦东小学心理老师慢慢地在拧成一股绳，有专业发展诉求的老师们在研究中逐渐明白科研的路径、规范和意义。值得庆贺的是，课题结题过程中，之前一直未打通的浦东小学心理高级职称评审经过多年的争取也打通了，越来越多的小学心理老师在为自己的专业发展而努力奋进，所以，我相信第二轮研究的开展会更加的通畅。

只是，表达性艺术辅导是一项非常专业的领域，高淑贞教授四年的培训只是为我们开了一个头，深入地学习还需要很多很多，我自己、基层小学心理老师的专业发展还要不断地加强。重新起航，我们仍然走在专业发展的道路上……

章学云老师的科研故事给我们以下几点启发：

第一，学校心理辅导的研究就要扎根基层，深入学校和教师之中。章学云老师身为区教研员以绘本故事为载体开展小学生心理辅导的研究，既符合孩子的年龄特点，又找到提高小学心理老师专业能力的增长点。正如她在工作室的讨论中所说，"我深深体会到，绘本、绘画等艺术形式对儿童的心理健康有多么的重要，而学校老师们如果投入到系统、科学、专业的科研工作中将会产生多么积极正向的作用！"

第二，困难是挑战更是机遇。第二轮绘本故事在学科教学中的运用遇到挫折，不足为怪，因为学科教师工作忙是常态，鼓励他们参与科研工作本身就是挑战。章学云老师能够从困难中积极反思这是最为重要的，一个有自我反思能力的心理老师，才能从中获益，不断成长。

第三，章老师的研究之路一波三折，这次的课题研究为什么能够获得成功？其一，章老师热心课题研究，并且能够持之以恒，不断总结、不断反思、不断进步。正如她所说，"重新起航，我们仍然走在专业发展的道路上"。其二，找准了课题研究的方向，表达性艺术辅导生动有趣可以操作，符合小学生心理特点，也方便心理老师在活动中运用。其三，有一支受过表达性艺术辅导专业培训的研究团队，章老师不是单打独斗，而是发挥了团队的力量。其四，工作室伙伴的支持和鼓励。章老师主动要求在工作室汇报课题，与大家分享研究心得，并得到导师和伙伴们的支持建议。在工作室的一次课题汇报后，章老师写道："在介绍课题之后，我印象非常深刻的是吴老师的指导，他说，很多人做课题都与工作总结相混淆，编写教学案例或教案之后就结束了，但研究是需要在这些工作之后发现规律。比如，除了教案，还应该有详细的指导手册，告诉老师们这些东西究竟该如何用、如何用好，其中有哪些规律；表达性艺术有这么多种形式，究竟哪些形式是比较适合小学生，哪些不是很适合，那些适合的形式又是如何运作的，要从这些现象背后去发现和总结规律，这才是真正的科研。吴老师的指点一语惊醒梦中人，我一直在设计课题的思路和过程，唯独在这一点还没考虑到，吴老师让我知道了后续课题研究中该如何跟进和深入，让这个课题的科研成分增加，成为一个真正的课题，而不是工作或工作总结。"

潜心细做"小学问"

我在多年工作室的带教中发现，科研能力不足是大多数心理老师的一个短板。但也有不少心理老师能够结合学校心理辅导工作积极开展研究。沈慧老师在这方面取得不少收获，以下是她的科研心得：

说实话，我并不擅长研究，究竟什么是研究，怎样做好课题，我也没有系统地去思考，我只是内心牢记"心理老师"的角色，在工作中顺应工作的需要，用小问题来推进工作的进程。

一、无心插柳

1993年我从华东师范大学心理系毕业，来到上海市一所区重点中学工作。当初，上海的中学基本都没有给学生安排心理课，因此我都是在其他的学科中默默耕耘着。最初我的身份是政治老师，并兼任学校团委相关工作，我总觉得专业的政治老师就是强,而我也有自己的正经专业,于是内心一直希望能名正言顺地成为一名心理老师,这个强烈的愿望如何实现呢,当时的路很漫长。

首先,我辞去了团委工作,担任专职教师的好处就是能深入班级,接触到很多的学生和家长。在交流过程中,发现有些家长在家庭教育中很无奈,他们的期望和孩子的表现有时会背道而驰,究竟哪方面出了问题?为什么家长用心良苦,却在孩子身上收效甚微,甚至出现背道而驰的现象?这个简单的发现,让我萌生了一个简单的想法。我收集问题,并设计了家庭教育方面的调查问卷,在学校的支持下,开展了一个家庭教育现状的大调查,并撰写了《中学生家庭教育现状及对策》的文章。这对一个教育新手来说,纯粹是沿用大学毕业论文中的一个简单手段,为解决现实问题而做的简单事情。也许是机缘巧合,这篇文章竟然引起了上海市中小学心理辅导协会的关注,于是我在大会上进行了交流分享。与此同时,这篇文章也在某报纸上登载,并引发了关于家庭教育方法的研讨。这样的一个小小举动,引起了学校领导的重视,他们也因此开始关注学校的心理健康教育工作,我也因此实现了我的梦想,成为了上海的中学中为数不多的专职心理老师。

我一直觉得这不能算是研究,只是因为工作中一定会遇到一些想不明白,或者是有困惑需要去揭开面纱的一些内容,并且我和所有年轻人一样有着好奇心,只是希望能探求真相,没想到这样的无心插柳,却给我吃了个甜枣。

二、积累分析

不知从什么时候开始,大家觉得我还是懂一些研究的,可以做一些课题的。于是,上海市青年教师课题申报时,我被要求申报课题。而我当时正对团体辅导很感兴趣,记得那时关于这方面的书很少,华东师范大学的周步成老师借给我的关于团体辅导的书都是繁体字,我把重要的内容详细地抄写在本子上,后来有朋友帮我把另一本书中的重要内容复印下来,成为我的宝贝。于是,我就一边学习一边实践,申报了"高中生同质团体心理辅导实践研究"课题,没想到,一下子就申报成功了。这给我很大的鼓舞。

大家都熟知心理暗示的作用，学校里其他老师的鼓励增加了我的信心，从此，我盲目地觉得大概我也可以做一点"研究"，也许我也适合做点什么小小的"研究"。

只是，这样的一个小膨胀，因为我更换了一个环境而破裂。这个课题结束后，我开始重新质问自己"我能做什么"。

"十年磨一剑。"我在想这十年，我做了些什么？教师做教育研究究竟怎样做？难道一定要去做课题吗？我反复思考后，决定也把自己的工作进行总结。这十年时间中，我做了很多个案，有简单的一下子就帮助解决的，也有一些花了较长时间和精力才解决的，于是我仔细分析自己做过的心理个案，挑选了一些有代表性的案例集结出版了《千味青苹果：中学心理咨询室发生的故事》。这既是我对自己工作的总结，更是我对学生心理咨询的研究和思考的分享。然后我又邀请了一些同道中人，编写了《倾听女人的心事——协助女性成长 团体辅导技巧》，把我们的工作积累进行了总结和分享。而这些团体辅导也正因袭了我前期的课题研究，虽然晚了几年，但总算是画了一个圆满的句号。

三、深入探索

我有时比较怠惰，而有时又有些不甘寂寞。

在几年的调整休息中，我又开始"没事找事"。有件事，我断断续续地做了十年，最初我在选修课中运用电影进行心理分析，然后，我和学校同伴在《上海计算机世界》报上每周发表一篇有关电影心理分析的文章，希望能推广这样广受学生喜欢的心理教育的方式。只是，后来非常可惜这个报纸停刊了，而电影在教学中的运用，我们却坚持下来。因为电影是学生喜欢的一种形式，而且电影人物是鲜活的，它可以超越语言的表达，把内心真实的情感自然地传递给观众。于是，2014年，我申报了上海学校德育实践研究课题"运用电影开展高中生生命价值观教育的实践研究"，课题被立项。在一年的时间内我们深入地进行了实践探索和分析，但总觉得时间仓促，于是又申报了区级课题，延长时间进行深入的实践探索。在运用电影教育的过程中，我们不仅进行了生命价值观的实践，同时也开展了生涯辅导方面的相关研究和实践，取得了比较好的成效。

学校心理老师的工作很多时候是多重的，一些工作需要齐头并进。教师的工作一定是符合学校发展需要，并顺应时代发展需求的。随着高考改革的深入，生涯辅导引起社会各界的关注，如何让生涯辅导不是一阵风潮，而保有生命力，如何让高中生在繁重的学习之余能真正在生涯辅导中吸取到更多的营养，学校生涯辅导教育的立足点起着重要的作用。究竟为什么进行生涯辅导，用什么样的方式真正地起到事半功倍之效，学生的理念和能力怎样提升，这些都是我们一直在思考的问题。在实践与学习中，我们聚焦于生涯适应力。2018年我申报了区级课题"提升高中生生涯适应力的生涯辅导课程的设计与实施"，目前正在进行研究中。

我永远牢记自己是学校的心理老师的身份，所做的事是自己力所能及的。同时，我也告诫自己，只有时不时地给自己提一些要求，才能给生活引来一片涟漪，带来一点惊喜，注入一些活力。教师如何提升实践的有效性？做一些课题，可以帮助我们思考得更深入，学习的内容更广泛、深刻。

沈慧的科研故事，可以看到一个成熟型心理老师的成长历程，并给我们下列启示：

其一，她对心理老师专业的执着，使她成为当时为数不多的专职心理老师，家庭教育现状的调查是她研究的起步，她虽说是"无心插柳"，但是对教育困惑的敏感和探究精神却体现了一个研究者的基本素养。

其二，心理老师对自己个案工作的总结和提炼也是一种研究方法。问题是在忙忙碌碌的工作和生活中，心理老师能不能挤出时间做些整理。一分耕耘一分收获，沈慧老师做到了。沈慧老师聪明灵气，个案工作做得很出色。2002年我们举办了全市中小学心理老师个案研究培训班，研修时间为期一年，参加培训的老师边学方法边做个案边接受督导，最后汇编成一本《野百合也有春天——学生心理辅导案例精选》[1]，沈慧老师总结撰写的个案报告

---

[1] 吴增强. 野百合也有春天——学生心理辅导案例精选[M]. 上海：上海教育出版社，2003.

也被编入书中。让自己的个案工作总结得以出版，对研究者是极大的自我激励。这使我想起自己1987年在上海师范大学教管系进修学习期间，在《上海师范大学学报》上发表了第一篇论文，心情激动不已的情境。

其三，沈慧老师用平实的语言叙述了自己的科研之路，潜心细做"小学问"，这是她给自己科研工作的定位。潜心，要求心理老师耐得住寂寞，不心烦气躁，不为功利，专注地投入，用积极心理学的专业词汇来表述就是"心流"；细做，要求细致地观察学生的心理发展与变化，细致地进行课题方案的设计与实施，细做里蕴含着踏实；"小学问"用课题研究的术语叫"以小见大"，即一个好的有深度的研究成果可以是"切口小而内涵深"，小学问可以体现大智慧。

专家型心理老师的科研之路

专家型心理老师的成长离不开课题研究，研究拓展了心理老师的学术视野，也使心理老师的专业道路越走越宽。张晓冬回顾自己27年的心理老师工作历程，对此深有体会：

27年过去了，我依然清晰地记得1994年我大学毕业到上海市建平中学报到时，得知自己被分配到学校教科所时的那种惶恐，那种血液都要凝固的感受。作为一名理科生，理科是我拿手的学科，做题是我的最爱，而我最薄弱的学科是语文，最害怕的事情是写作文，想不到现在竟然被分配到学校的教科所！而且教科所阵容强大，除主任副主任外，还有三位博士，两位硕士，我一个小小的本科生能做些什么呢？那时的我，在内心深处把教科研等同为写文章了，后来我才知道这个想法有多幼稚。但是在后来很多年的工作经历中，我发现依然还有很多人和我当时的想法一样，认为教育科研就是写文章，写文章就是在做教育科研。

下面仅以我的科研探索之路为例，让大家了解一下作为心理老师的我是怎么做课题，怎么在科研中成长的。

一、跟着前辈学做课题——课题研究初体验

记得1994年,还很少有学校开展心理健康教育工作,一些教育改革先锋已经敏锐地觉察到学校心理健康教育工作的重要性,冯恩洪校长就是这样一位教育改革家,他组建了由七位老师组成的心理备课组,从初中预备班到高三年级都开设心理课程,但上些什么内容呢?这需要了解学生的心理需求,但是怎么了解学生心理需求呢?除了上课,我们还能开展什么心理健康教育工作呢?为了弄清楚这些问题,更好推进学校心理健康教育工作,学校申报了区级课题——"学生心理测量与学校心理辅导模式研究",我们大量查阅文献,查不到的就向开展辅导工作比较早的台湾专家寻求帮助;数据不会统计,没有关系,我们有数学专业博士,手把手教我们SPSS统计方法;推进工作不易,没关系,冯恩洪校长也是我们心理备课组的一员,由校长发令,工作推进不再是问题;科研方法不会,没关系,我们教科所主任是校长,他从其他区县挖来经验丰富的教科研老师,并且在撰写结题报告时大胆放手,让我执笔,而我也不用担心文笔不好,因为会有组长修改。

为了更好培养锻炼我,校长还把我引荐给上海市教科所的吴增强、沈之菲、程华山等老师,跟着他们学习怎么做课题。每两周我都会转乘公交车去吴老师他们的办公室报到,参与的课题名称我已经不记得了,但是跟着前辈们确实一步一步走得很扎实,后来得以有机会参与吴老师主编的《学校心理辅导通论》一书的撰写工作,即与程华山老师合作第十一章"学生心理档案的建设及应用"一章内容。

二、独立尝试做课题——在研究中发现规律

跟着做课题似乎让我看到教师参与教育科研也不是那么遥不可及,于是如同刚刚羽翼渐丰的小鸟一样,我也在科研之路上开始跃跃欲试。

参加了浦东新区青年教师教科研骨干培训班,学习了教育科研的理论和方法,我发现教育科研不仅可以针对教育改革与发展中出现的热点和难点问题进行创新探索,还可以是教育教学实践经验的总结,或者对文献资料进

行综述。于是那一段时间我像一个"好奇宝宝"一样，积极读书读报。1997年，当偶然看到《家庭教育报》上说要征稿关于早恋问题的看法时，我感到自己也有话要说，于是有了我的第一篇发表的小文章《谈早恋的起因与疏导原则》，很快就有了第二篇、第三篇，有的是案例研究，有的是教学模式在学科教学中的实践运用研究，有的是课例研究……竟然有不少同事因为我发表文章多称我为"才女"，这极大地鼓励了我。

但开展课题研究可不像写一篇经验总结或者实践运用文章那么简单。1999年，我独立申报了一项区级青年课题，因为是独立研究项目，所以切入点选得很小："浦东新区现代高中生人格特征的调查与思考"，选择卡特尔16种人格因素的调查量表，在区内不同类型的高中进行抽样。那时没有测评软件，调查数据需要全部手工计算分数，然后进行统计，我很高兴地发现真的有一些规律可循。有了详实的数据，在撰写调查报告的时候如何取舍又难住了我，好在我有李忠老师的指导，这个研究的调查报告最后获得区教科研青年骨干教师论文评比优秀奖，并全文收录在论文集《新蕾》中。就这样，我独立完成了我有生以来的第一篇课题研究，我发现调查研究的选题做起来似乎并不那么难，调查报告的撰写也变得简单起来。于是我同时用自己的所学指导心理社团的学生也做了一个他们感兴趣的项目设计"中学生闭锁心理的调查与思考"，当学生的报告发表在《心理辅导》杂志上时，既鼓励了学生也鼓励了我，从此开启了我紧跟着热点的科研探索之旅和指导学生研究的历程。不过总的说来，大多数还是调查研究，通过调查研究我可以了解很多规律性的信息，用数据说话感觉很神奇，用数据规律指导教学，用数据发现改进教育。我的"关于教师工作压力与生活满意度的调查报告"甚至作为区政协提案被领导应用，得以在政策中改善教师待遇，促进教师专业成长，这些让我越发觉得自己的调查研究是有意义的。

三、引领合作做课题——以课题创新推进实践

有时候一个人做课题真的很孤独，没有人可以商量，没有人可以讨论，没有人可以分担。何不与人一起合作开展研究呢？有了这个想法，我就开始

有意识寻找志同道合的课题合作者。2001年，学校德育部门申报了市教委教改课题"网络文化下学生选择能力的调查及对策思考"，我作为主要研究者，与学校领导一起设计课题方案，与德育部门一起设计问卷结构，一起编制问卷，后面分工合作抽样与统计，一起讨论数据，一起讨论报告的格式与内容，那种思维碰撞、团队合作以及彼此激励我至今记忆犹新。而2009年，我主持的上海市教委德育课题"国际视野下上海市青少年学生公民意识的调查研究"更是集合大、中、小学德育工作者开展的合作研究，算得上是比较早的大中小学德育一体化研究项目了。我们对公民意识进行界定是公民对自己在国家中地位的认识，是国家主人翁的责任感、使命感、权利、义务融为一体的自我认识，我们从认知、行为维度和公共精神、独立精神、公民权利、公民义务四方面维度，自编了含有40道题目的调查问卷，对全市范围内的大中小学生先分层然后按比例抽样，共调查了1261人，发现学生的公民意识认知、行为脱离现象明显，且初一年级学生各方面情况最堪忧，该调查报告被评为上海市中小幼应用调查方法研究征文一等奖。

其后无论是浦东新区内涵发展项目"中学心理辅导教师实务工作的研究""中学心理辅导教师实务工作的深化研究"还是"小团体心理辅导的实践探索""基于新教改形势下学校心理辅导校本课程开发""基于分层走班模式的学生发展指导实践研究——以上海市建平中学为例""家庭教育指导课程与教材建设研究"等都能让我组织一支团队，培养一批骨干，自己的组织协调能力得到提升，更重要的是基于实践工作需要的课题研究还创造性地推进了学校教育教学实践的发展，让更多的学生科学素养得到提升，收获成功的喜悦，让很多探索工作变成学校特色。

四、实验研究、跟踪研究——以研究提升工作效能

很多时候，我们会在教育教学实践中努力工作，但是我们的工作效能如何呢？到底对促进学生发展起到了多大的作用呢？学生发展工作尤其是心理健康教育工作的效果有时候往往很难评估，但是不是很难评估我们就可以复制别人的经验呢？教育改革是要做减法而不是做加法，对学生发展真正有用

的我们一定要坚持做下去，而看着热闹却没有什么成效的也许我们就应该坚决摈弃。

2009 年，我开始参与市教科院普教所沈之菲老师的市十一五规划课题"学生生存与发展能力调查——中小学生抗逆力现状、特点和培养研究"。作为项目学校研究负责人，我在设计研究方案时，首次尝试了实验研究方法，将抗逆力因子中的问题解决能力作为实验自变量，将当时抗逆力指数很低的一个班级作为实验班，而将另外一个任课教师几乎一样的班级作为对照班。在对实验班试行六次问题解决能力训练，前后测数据对比研究后，发现实验班学生抗逆力水平明显提升，而对照班没有变化；原有高抗逆力水平的学生不管在实验班还是对照班都得到提升，但是实验干预可以更好提高这些学生的抗逆力水平；原有低抗逆力水平学生干预后抗逆力水平大为提升，但是不干预的对照班却更糟糕。这一研究给我们的启示是更应该在心理健康教育中把握时机尽早关注那些抗逆力水平低的学生，如每个学段开学初就是这样一个很好的时机，如有可能在幼儿园、小学阶段就应该加强有助于提升学生抗逆力水平的心理健康教育和学生发展指导，错过了关键干预时机，我们的大学、高中工作将一直很被动。发展性心理辅导正是需要这样防患于未然，而不是等出现问题的时候着力于补救，这也是我现在积极参与区中心志愿者，参与初中乃至小学家庭教育指导和心理健康教育指导的重要原因。

2009 年，我在心理健康教育的生涯教育板块设计了一份"跟家长上一天班"的暑假社会实践作业，想不到学生和家长反响很大。适逢我校正承担教育部委托课题"普通高中学生发展指导"的子课题研究，经过改进后，为学生设计了历时三年的"深度职业体验"方案，从 2011 年开始在全校所有学生中实行，其中高二停课两周到职场进行深度体验引起了家长的极大反应，有的赞同，有的极力反对。我每年密切跟踪研究，对学生、家长、教师做了很多调研，从教师和家长对学生发展指导的意愿和效能对比研究，到学生和家长对职业体验态度的跟踪研究，再到学生职业体验前后、上大学前后的自我认知、社会了解以及生涯规划研究，不仅纵向比较还横向与其他学校其他地区同龄人比较，发现与同类学生相比，我校职业体验活动对学生自我认知、社会了解以及生涯规划明确程度都具有显著性差异，这种影响甚至可以延伸到我所跟踪的毕业生大学四年乃至工作后。这些数据让所有人信服，学校也不断改进组织管理和指导方式。这一实践经验成为我校生涯教育特色，尤其在全国普遍推行新高考改革的背景下，生涯教育成为全国范围内热词，三年内有89批国内外来访同行来我校参观学习，很多兄弟学校乃至外省市学校学习后进行了本地化实践，我本人因此得以在第四届中国教育创新大会、海峡两岸教育学术研讨会等场合作主旨演讲，而我所执笔的课题成果"普通高中学生'深度职业体验'的建平探索"2017年被评为上海市教学成果特等奖，2018年被教育部评为国家级教学成果二等奖。而上海市教委要求所有上海市初中从2019年8月开始全面推行32学时的职业体验。

工作27年，发表过40余篇论文，主编、参编过15本书，但真正有效推进心理健康教育工作发展，能让自己成长并带动同伴一起成长的还数这些年大大小小的26个课题研究经历，26个课题，26段经历，26个学科发展项目，在此将它写出来，谨以此文与大家共勉！也许你和我一样，读书时并不擅长写作文，工作之初认为搞科研很难，但是我只想告诉大家，对于我们一线教育工作者来说，基于教育教学实际，推动教育教学实践的教科研并不如想象中那样遥不可及，我可以，相信您也可以！

张晓冬老师27年的研究历程，是从新手到适应、成熟，再向专家型心理老师成长的历程。值得我们学习的有以下几点：

一是晓冬老师在新手阶段的科研起步得益于上海建平中学良好的科研环境。冯恩洪校长是著名的教育改革家，锐意进取，非常重视教育科研工作，上海市建平中学也是最早和上海市教育科学研究所结盟的学校。1995年我承担市教育重点课题"现代学校心理辅导模式的研究"，晓冬是课题组的一员，她在程华山老师的指导下，研究学生心理测评和档案建设，为她进行实证研究打下了良好的基础。冯校长又是德育专家，也非常重视心理健康教育。因此，一个好的学校环境为心理老师成长提供了良好的支持。但是再好的环境，最终还是需要心理老师自己的努力，她热爱心理辅导科研的初心、脚踏实地的行动为她日后的学术进步打下了良好的基础。

二是一个优秀的心理老师要会学、会做、会说、会写。写是心理老师的基本功，会写唯一的诀窍就是勤写，晓冬能够做到勤写，原来写文章的"恐惧"就消除了。另外，研究者要处理好写文章和做课题的关系，这就是会写和会做的关系。科研论文的撰写是以实证资料为基础，不是一般发发议论的文章。课题做得扎实，证据充分，才能写出有质量的科研论文。独立承担课题是张晓冬老师研究之路的第二步，尽管她做的是调查研究，即描述现象，但从中可以发现教育中的规律性问题，正如她所说，"通过调查研究我可以了解很多规律性的信息，用数据说话感觉很神奇，用数据规律指导教学，用数据发现改进教育"。

三是组织团队合作研究是张晓冬老师科研之路的第三步。好的研究者应该是一个课题组织者，尤其是涉及学校统领性课题，更需要依靠团队的力量来完成课题研究任务。这就是我经常说的，心理老师应该"把一个人的工作变成一个团队的工作"。其间还可以看到，张老师的课题选题都是围绕当前学校教育教学改革、心理健康教育的热点问题。诸如，"网络文化下学生选择能力的调查及对策思考""国际视野下上海市青少年学生公民意识的调查研究""基于新教改形势下学校心理辅导校本课程开发""基于分层走班模式的学生发展指导实践研究——以上海市建平中学为例"等。

四是追求有质量的研究成果是张晓东老师科研之路的第四步。在这一阶段张老师通过课题研究对学生的心理成长有了比较深入的理解，体现了专家型心理老师的研究素养。如何尊重学生的发展差异性，根据不同学生的抗逆力水平进行心理辅导，是提高心理辅导有效性的重要原则。课题研究的成效评估一直是教育研究中被质疑的，事实上不少教育科研课题在成效评估方面比较粗糙，缺少实证依据。在"普通高中生发展指导"的课题中，张老师通过追踪研究检验高中生生涯辅导的成效是值得倡导的。教育和辅导的成效是学生的发展与变化，这些变化有显性的，有隐性的，如行为的变化、态度的变化是显性的，人格的变化、价值观的变化等内心世界的变化往往是隐性的。同时，这些变化有短期的，也有长期的。追踪研究虽然时间比较长，收集资料难度大，但往往更加真实可靠。

给心理老师的建议

◎ 心理老师要把课题研究作为自己辅导工作的一个重要任务，要认识到科研能力是专业素养的重要部分。要做好学生的辅导工作，就必须要深入地了解学生、研究学生的心理发展历程。如前所说，张晓冬老师的科研之路，就是不断地研究学生、理解学生之路，也是她走向专家型心理老师的历程。

◎ 要在辅导实践中寻找有意义的课题。心理老师做科研主要不是理论研究。如前所说，心理老师的科研课题也是来自对学生进行心理辅导的实践。一般可以把当前学生心理健康教育中最为突出、紧迫的问题作为课题，能够体现课题选择的先进性。章学云老师和沈慧老师的选题，都是源于学校心理辅导实践中发现的问题，这样的课题对于提高辅导工作的成效，促进学生的心理发展，是有意义的，有生命力的。

◎ 要在课题研究实践中学习掌握研究规范与方法。课题研究与辅导实务工作的不同在于，不仅有改进功能，而且还有解释功能。所谓解释功能，就是要从理论上回答辅导实务中的问题，如，为什么对学生的团体辅导是有效的？为什么青少年喜欢动漫？等等。辅导实务工作关心怎样解决问题，课题研究还要关心为什么用这种方法辅导是有效的。这就需要科学的研究方法，如，对学生的心理状况开展调查，既需要定量的数据分析，也需要定性的访谈和实例分析，这样得到的信息就比较全面了。

◎ 要有对辅导工作不断思考、不断探究的热情，要乐于做课题，在"做中学"，这是心理老师做课题研究的持久动力。从本章几位心理老师的科研故事中可以看到，只要持之以恒，耐得住寂寞，就会有收获，就会提高自身的科研能力，就可以在科研道路上越走越宽。同时，要积极争取专家的指导，张晓冬老师的科研之路表明专家的指导和引领是促进她专业成长的重要支持。

第八章　焦点问题解决

学校心理辅导工作中常常会遇到许多热点、难点问题，如学生拒绝上学、手机管理、有心理障碍的学生转介等。工作室有一项任务就是对这些焦点问题进行研讨，这些问题的解决不能仅靠心理老师独自承担，而需要班主任、家长和医生的共同参与。特别是转介，是一个"医教协同"的心理服务问题。

学生心理转介服务

什么叫转介？学生在什么情况下需要转介？转介的流程是什么？这是心理老师所关心的问题。

所谓转介，是指在征得来访者同意的情况下，将来访者从当前心理咨询人员这里转给另一个适合处理其问题的心理咨询师、治疗师或精神科医生接受进一步的咨询、诊断和治疗，协助当事人赢得最佳咨询和治疗时间的一种有效的心理服务的形式。

一、学校心理转介的概念

学校心理服务有两种转介，一种是心理辅导老师作出的转介，一种是心理辅导老师接收的转介。学校心理服务有明确的范围，当学生所需的服务超出了学校辅导的范围，在这种情况下，心理辅导老师能够帮助学生的就是将其转介到其他心理咨询专业机构或者医疗机构,这就是心理辅导老师作出的转介。另一种情况是家长、老师将学生转介给心理辅导老师。本章讨论的是第一种情况。

二、需要转介的个案范围及程序

(1)若出现以下情况,学校可以建议学生转介就医。

A. 学生患有严重心理障碍和心理疾病,如抑郁症、精神分裂等易出现自伤行为的疾病。

B. 学生有明显的自杀征兆、发生自杀或伤害他人等恶性事件。

C. 学校心理辅导老师的能力不能承担学生的心理治疗。

D. 学生不愿意在学校接受心理辅导,或学生及家长有意愿转介就医。

(2)学校心理辅导老师负责制定转介计划,学校危机干预小组审定并备案。

(3)学校危机干预小组负责人、班主任、心理辅导老师联系并告知家长了解转介就医的手续及地点。

(4)学生及家长在转介就医前,需填写《学生心理问题转介登记表》,并通知班主任及学校相关部门进行请假备案。

(5)经转介就医的学生,班主任及学校心理辅导老师需及时与家长、学生联系沟通,了解就医情况,并做好记录。

(6)如学生需治疗或无法上学,家长需到学校相关部门办理学生休学手续,学校做好相关记录。

(7)对学生转介至医院就诊的所有资料归档,要求一人一档。[1]

三、辅导跟进

转介到医院治疗的学生有两种情况,一种是休学一段时间,病情稳定还需要继续回学校学习;另一种是一边在医院治疗一边上学。但这两种情况

---

[1] 吴增强. 发展性心理辅导:理论与实务[M]. 上海:上海科技教育出版社,2018.

都有辅导跟进的工作,这项工作一般由心理老师担任,同时需要班主任的介入。

工作室伙伴和精神科医生在"医教结合"学生心理服务研讨会上,就转介后的辅导跟进工作作了讨论。胡悦老师说道:"抑郁症服药期间是否适合上学?是否需要同步接受心理辅导?这两个困扰我许久的问题,终于在本次研讨中获得了清楚的解释。原来抑郁症的服药反应因人而异,而且会有短暂的适应期,所以不要过于焦虑。而且抑郁症根据其偏生物性病因还是偏社会心理病因,可以给出服药期间是否接受心理辅导的不同建议。"

由于心理老师缺少精神药物治疗方面的知识,这就需要精神科医生为心理老师作专题培训。工作室学员去医院跟岗实习是了解药物治疗知识的最佳途径,为辅导跟进提供专业帮助。

张琪娜[1]老师是从小学语文老师转型为心理老师的,是区兼职小学心理教研员,入职25年,任心理老师15年,她努力学习专业理论与技术,积极参加"医教协同"项目,在专家指导下,在小学生注意缺陷与多动障碍的干预中取得成效。以下是她对注意缺陷与多动障碍儿童进行辅导跟进的案例:

小C同学屡次出现上课不认真听讲,作业拖拉,甚至多次干扰其他同学正常的学习。在一次课上,小C同学又因为逗弄其他同学被老师批评,一怒之下他冲上窗台准备跳下去。事件发生后,班主任预约了学校心理老师为小C同学和其家长做个别心理辅导。

心理老师为该生做了心理健康问卷筛查,发现该生在数据异常之列,于是建议家长带孩子转介至医院。经过医生诊断,该生被确诊为注意缺陷与多动障碍,接受药物治疗。事件发生后,小C情绪一直不太稳定,对班主任和同学仍抱有较高的敌意,不愿意回学校读书,所以他的父母向学校提出休学请求。

小C服药一段时间后,家长反映他变化明显,自己在家中能够安静地看书了,情绪较平稳,为了不影响其学习进度,遂要求学校同意其复学。

---

[1] 张琪娜,浦东新区华高小学心理老师,浦东新区第一期吴增强心理名师工作室成员。

学校心理老师对小C进行了心理评估，建议家长让小C在复学过程中继续按时服药，定期去医院复诊，并接受学校心理辅导老师的个别心理辅导。在得到小C和家长的承诺后，学校同意其复学，并办理了相关手续。回到学校后，小C积极参与学校的心理团体干预和个别心理辅导。通过八次针对注意缺陷与多动障碍儿童的团体辅导活动和每周一次的个别心理辅导，小C的情绪、同伴关系、感统协调等方面有了明显改善。小C的父母也参加了学校组织的家长沙龙，每次活动时都很用心，并表示自己在教育观念上有了新的认识和转变。

通过药物干预和学校心理辅导，小C每天的家庭作业在晚上6点之前就能完成，晚上还有时间看书、玩耍。课堂上表现也有了明显进步，数学和英语的成绩都有了明显的提高，各科的科任教师都表扬了小C。小C跟同学之间的关系也得到了很大的改善，老师还让他做了小组长。[1]

我们和上海精神卫生中心儿少科主任杜亚松医生合作进行了三轮儿童注意缺陷与多动障碍的综合干预表明，药物治疗、父母训练和学校行为干预对于儿童注意缺陷与多动障碍的疗效是显著的。这个结论也得到许多循证研究的支持。张老师的个案辅导跟进工作取得成效，再次体现"医教协同"心理服务的意义和价值。

四、转介中的注意要点

构建学校学生心理服务转介的"绿色通道"。绿色通道不是简单地将合作中心或者医院"引进来"，或将心理危机学生"送出去"，学校心理服务转介的绿色通道应该是全过程、各方位、多形式的转介媒介。

第一，学校心理服务转介的绿色通道应贯穿在全过程，不仅是学校危机事件发生后的应对，而且应该更多地放在学校危机事件的预防和监控上，即贯穿于学校的日常心理辅导工作中。

---

[1] 吴增强. 发展性心理辅导：理论与实务［M］. 上海：上海科技教育出版社，2018.

第二，学校心理服务转介的绿色通道服务对象应该是各方位的，即不单单针对有严重心理危机的学生，还应该注重有一般心理危机的学生，那些有一般心理问题的学生，他们也属于学校心理服务转介的对象。

第三，学校心理服务转介的绿色通道还要形式多样，强调绿色通道的线上和线下相结合，双管齐下。针对有一般心理问题的学生，学校可邀请区心理辅导中心的专家、医院专家定期进校或利用新媒体（QQ、微信、微博）进行知识的宣传、辅导，建立危机学生信息库，定期了解学生的心理状况。针对有严重心理危机的学生，使其在最短时间内"转危为机"，学校应同医院建立转介的快速通道，做到优先会诊、检查、治疗及住院，减少不必要的层层转介环节。

第四，在心理危机高发季（春季、考试季、开学季和毕业季等），学校可邀请区心理辅导中心专家、精神卫生专家为学校教师、学生和家长开展讲座，方式可以是线上线下相结合。一方面提升学校心理健康教育专兼职教师鉴定心理危机的理论素养，熟悉学校心理服务转介的原则、流程、依据及注意事项，转介做到及时、正确和高效；另一方面为学生、家长普及心理健康知识，引起学生、家长对心理健康问题的重视，帮助学生学会自我调节、自我辅导。

转介案例的督导

心理老师在进行心理障碍学生转介工作时常常会遇到令人困惑的问题。诸如，什么情况下需要转介？来访者的问题的确需要转介，但本人不同意转介怎么办？家长不同意转介怎么办？转介之后学生康复回校，后续辅导怎么做？等等。工作室的伙伴常常会带着这类个案来接受督导。

朱珠[1]老师是工作室年资较长的重点高中心理老师，入职20年。她长期忙于学校心理辅导工作，难以有时间进行系统的专业学习和训练。在工作室

---

[1] 朱珠，上海交大附中心理老师，上海市学校心理健康教育吴增强名师工作室成员。

里，她积极争取案例督导的机会，也很有收获。以下是朱珠提交的一份关于社交焦虑女孩的案例报告，工作室对她的个案进行了一次督导。案例报告摘要如下：

一、基本情况

小文，女，16岁，高中一年级学生，独生女，走读，性格胆小、谨慎，举止迟疑缓慢，笑容有点尴尬，在校学业成绩一般。首次约谈，是因为课上发现小文回答问题时说话声音非常轻，问她是否愿意来辅导室和老师谈谈，她应约前来。主诉时说话声音很小，自述跟人说话很紧张，不敢看同学，有时伴有身体发抖等躯体症状，已持续四个月，严重影响到在校正常的学习生活。已经去医院就诊，诊断为社交焦虑，需服药。

二、辅导目标与计划

1. 辅导目标

根据了解的信息，通过与小文协商，确定辅导目标为：改善与人的相处。

2. 辅导计划

辅导方法：焦点解决和认知行为治疗。

焦点解决：建立关系，协助来访者看到自我的内在力量。

策略：问题外化、例外情况、奇迹问题、刻度问句。

认知行为治疗：调整来访者的非理性认识。

策略：放松训练，认知重建，情绪管理。

三、辅导过程

1. 第一次辅导：11月30日（周四）中午12:20—13:00

目标：收集来访者的基本信息，建立咨访关系，进行问题的初步评估。

方法：通过倾听、共情、无条件地积极关注，鼓励小文尽情倾诉，用开放性问题了解小文的基本信息。

当天中午，小文很早就在心理教室外等候，进入教室后坐下，我感觉她很紧张，人缩在座位上，厚围巾包住了嘴和下巴。说话声音很轻，几乎不振动声带。为了缓解她的紧张，我们先做了一会儿发声练习，她小声地跟随，音量渐渐放出，但声音还是比普通人对话声略小。

之后小文讲述了自己的问题，她与人说话时总是很紧张，担心自己说错什么，产生误会，留下不好的印象。比如现在和老师对话，就觉得好紧张，眼睛都不知道该看哪里。

她说初二开始，与人说话都特别紧张，只有在一个人的时候才会放松。从小学开始，她说话声音就一直很轻。初三上学期，她生了一场病，那时候一吃东西胃就疼，去医院检查胃没有毛病，后来去了精卫中心，医生诊断为厌食症，伴有抑郁症，住院治疗了一两个月，后来休学一年，回校再读初三时，见到同学就更紧张了。考入交大附中后，看到同学和老师，都特别紧张，紧张到手抖，笔都拿不稳，字都写不了，有时还会心悸，再次去了精卫中心，医生诊断为社交焦虑，开药每晚服用。

家庭情况：父亲在外工作，不常回家。高一走读后，在学校附近租借了房子，一般是爷爷照顾自己，妈妈周末过来看望，妈妈和爷爷的性子很急，自己是慢悠悠的，总是跟不上他们的节奏。

2. 第二次辅导：12月7日（周四）中午 12:20—13:00

目标：进一步收集来访者的有关信息，巩固咨访关系，进行问题评估，确定问题，并商定辅导目标。

方法：采用共情、开放式提问、情感反映、支持性谈话等方法。

这次辅导中，小文讲述了自己的学习经历。自小学开始，她的成绩一直名列前茅，一直是老师口中的榜样，妈妈也为她感到骄傲，但这让她有点得意，也感到很有压力。特别是上了初中之后，这种压力就更大了，虽然每次考试成绩都还不错，但压力都没有减轻，妈妈和老师的关心和表扬，都是她的压力源，她怕她达不到他们的要求，每天上学像背着一座大山一样，而且这座山越来越重，后来，就病倒了。初三休学返校后，压力一直没有减轻，她很怕自己连普通高中都考不上，那时强迫自己专注在学习里，不理外部世界，咬牙坚持，很幸运，考进了我校。进入高中后，小文觉得压力比初中轻了很多，希望能轻轻松松融入学校的学习生活，但却发现不敢和同学、老师说话了，总是很紧张，总是担心自己说错什么，担心别人误会，担心他们会觉得她不正常。她希望自己能正常一点，不要让人误会。

每天早上起来，想到要来学校，就很紧张，但仍然坚持来上学，理由是不来学校也没什么地方可以去，自己喜欢学校，喜欢学习知识，喜欢看书。

共同商定辅导的目标：改善与人的相处。

作业：观察紧张到来的时间、人、事的特点。

3. 第三次辅导：12月14日（周四）中午12:45—13:20

第三次辅导，由于当天的生涯课内容是"我的生涯故事"，小文提出希望这次辅导能分析一下她的生涯故事，所以在这次辅导中，主要对生涯作业的部分内容进行了讨论，启发小文从新的角度来认识自己，发现自己的内在力量。

讨论主题之一：小时候崇拜的三个英雄人物。

```
a. 孙悟空
   勇敢无畏、神通广大、正直善良、路见不平拔刀相助、稳重
b. 喜羊羊
   机智聪明、勤快善良、乐于助人、总能成功救羊于虎口、有责任心、
   有自我奉献精神、活泼、乐观
c. 蜡笔侠
   大智若愚、敢于闯荡、喜欢助人、憨实可爱、关键时候不含糊
```

形容三个英雄的第一个词：勇敢无畏、机智聪明、大智若愚。

不止一次出现的词：善良、勇敢、有本领。

三个英雄的共同点：善良、勇敢、有本领、乐观积极。

师：实际上，你所看重的英雄人物的特点，可能正是你内心的真实自我的反映，所以，根据回答，推测出你是一个什么样的人或想成为什么样的人？

生：我想成为善良、勇敢、有本领、乐观积极、有责任心的人。

讨论主题之二：你现在最喜欢看的故事。

> 自我成长　秘密花园：讲述了小女孩Mary开始时不懂爱他人这个世界，幸福的感受，只懂得发脾气，使唤人，饭来张口衣来伸手。一场疾病夺去了整个家庭中仆人和他父母的性命。来到了舅舅家宅邸之后，与他人的相遇和重新了解，改变自己，并同时与表兄柯林一起更好，使自己也使身边人得到幸福的故事。在朋友的陪伴下，与柯林一起成为了热爱生活、生命，懂得关爱他人的人。1/2 舅舅与表兄也修复了裂痕。
> 主题：我认为是幸福、美好、关爱他人。

（核心的生活问题以及她认为可以如何处理这个问题。）

师：这个故事是否暗含了解决当下问题的方法？你从《秘密花园》这个故事中的Mary身上学到了什么方法？

生：修正、改善、提升自我，与他人和谐相处，做最好的自己。

4. 第四次辅导：12月29日（周五）下午14:20—15:00

原定于12月20日的辅导，因12月19日晚班主任告知我小文身体不舒服而改期。12月21日（周四）12:30小文来到我的办公室，说她很紧张，看到周围的同学就紧张，不敢看。上课不敢看黑板，无法做到专心听讲，抬头看黑板时会看到三个地方，黑板、老师、同学，觉得很紧张。她说："同学们一定觉得我不愿意理他们，其实是我很紧张，不敢看他们。"但是也有例外，她能够正常参加周五的外出参观活动（航海博物馆）。这次会谈只有五分钟左右，主要是安慰和支持性对话。我反馈了她的变化，表扬她说话声音响了许多，相信她这一周一定努力做了一些改变，她用力地点点头。

第四次辅导，调整到了12月29日（周五）下午14:20—15:00，本次辅导对小文的紧张情绪进行了具体化，并对周围人造成的紧张进行了评分，帮助小文看到自己的问题和例外，并强化了与人相处中比较放松的情况。

四、辅导效果的阶段评估

1. 来访者的自我评估

现在放松了许多,在学校身体也不是一直紧张,一直僵在那里了,说话声音大了,虽然还是很紧张,但也能和同学进行一些简短的、正常的对话。

2. 他人的评估

母亲认为小文说话声音放出来了,在家里话也变多了,也能够更多地和母亲交流在学校的所见所闻了。

3. 心理老师的评估

在辅导室里笑容明显增多,说话声音正常了,不再支支吾吾了,表达也越来越流畅,说得也越来越多了。

以下是工作室对朱珠老师的个案进行案例督导的部分实录:

通过基本信息、家庭背景、在校表现、同学关系、疾病史、来访者主诉、心理测试结果等方面介绍了案主小文的基本信息。

从家庭、个人和成长过程评估分析了原因。

介绍了辅导的目标为"改善与人的相处",辅导的计划是通过焦点解决建立关系,协助来访者看到自我的内在力量,采取的策略为问题外化、例外情况、奇迹问题、刻度问句;通过认知行为治疗调整来访者的非理性认识,采取的策略为放松训练、认知重建、情绪管理。

较为详尽地介绍了四次辅导的过程以及其中第四次的咨询逐字稿。

通过来访者、母亲、心理老师三方面对辅导的效果进行了阶段性评估。

提出希望督导的问题:

(1)缓解小文的问题,是否要动员班主任、同学参与进来?

(2)小文的问题很大程度上来自家庭,是否要家庭的参与?

(3)小文的精神科医生给她推荐了心理医生,是不是要将小文转介给心理医生?这会不会让小文有被抛弃的感觉?

导师: 朱珠花了50分钟将个案作了报道,接下来大家从问题的确定、评估分析、辅导目标、辅导方法等角度来展开讨论，进行案例督导。

宋美霞：我觉得挺感动的，尤其在孩子有改变的时候。朱珠做得特别专业，孩子特别紧张，担心别人认为她不正常，这是导致她紧张的原因。因此被接纳的感觉对她很重要，接纳的感觉可能来自外在和内在，她自己认可自己吗？哪些地方给了她力量让她接纳自己。还有一点比较重要，爷爷、妈妈的性格急、要求高，她对爸爸很认同，但是爸爸不被爷爷、妈妈接纳，她想放松，但是她怕放松的状态就像爸爸一样不被接纳，是否这个孩子从哪些角度找到自我接纳的感觉对她会有帮助？

朱珠：我曾经问过她，你喜欢自己吗？她想了很久说，还是挺喜欢自己的。虽然交往的事儿出现困难，但她对自己的智力很肯定，看书能看一个下午。她现在常缺课，成绩还能达到中等，确实不容易。明天会继续咨询，上周约了是在下午放学后，和她商量了是想给她做放松训练（她在精卫中心有过放松训练的经验）。这次想放身体扫描来做放松训练，让她感受一下。

张珏：这个孩子状态挺严重的，肯定会有反复。朱珠老师四次咨询基本达成80%，挺有成效的，很不容易。接下去，我觉得如果个体能行，就尽量不要动员班主任、同学和家长参与进来。个体很有能量就尽量不要扩大范围，我觉得你们两个都很有能量，她也有被咨询、被辅导的经验。

朱珠：问起她之前治疗的情况，她看看我说："什么都不记得了。"现在她两周一次看医生、配药。精神科医生给她推荐了心理医生。

张珏：我觉得这句话有点试探性的。她想继续又怕被你拒绝。也许她想听到你坚定地说："我接收你的。"然后心就定了。另外，第三次辅导有迟到情况，其实今天在听你的个案报告时，听到第二次第三次我也感觉有点累，好像跟着个案在走，第四次辅导的状态好了，我们听的感觉也好，和个案的感受相似。记得以前听个案督导时有老师讲过，听个案时的感受是什么，这是最真实的。为缓解孩子的紧张你做了很多的努力，虽然她的进步很小，但是你一直在鼓励她，慢慢在放大她的优点，这点值得学习。我曾经在想你是不是会做爷爷和妈妈的工作，看到你一直在抓孩子本身，挺累，但是效果挺好。

朱珠：她自己真的很想改变，我问她什么她就说什么，很好沟通。我觉得我没做什么，是她自己真的想改变。有时候看到她犹豫的样子，很心疼。

张珏：你对这个个案有感情，没有想逃的感觉。

朱珠：因为她很信任我。我觉得我没做什么，是她自己很想改变。其实我心里有点怕，但是感觉她很有力量，我就想陪她一起走。第四次录音时，我发现有很多地方可以再细化，再进一步地落实。我的感受就是陪伴、见证她的改变。去看着她一点点变化。

张珏：她需要的就是你的见证和陪伴，技术倒也并不是特别重要的问题。

曹凤莲：第二、三次听下来觉得累，相信朱珠做的时候也累，但是她能够坚持，很用心地来做这个个案。朱珠讲到陪伴，我觉得好的咨询师就是要陪伴，陪伴中建立良好的关系，我可以看到你们咨访关系的改变。我们听朱珠报个案的感受也有变化，一开始那种抓不到的感受可能也是来访者的感受，后来感到轻松、愉快了，相信她的感受也会变好。这种良好的咨访关系的建立、这种陪伴其实就是最好的辅导，她走出去后，可以运用这一点。是否可以直接表达咨询师当下真实的感受，同时也问问她的感觉怎么样？其实这几个问题可以问她自己，看看她的主观意愿是怎样的。

导师：大家一起看看朱珠所做的四次辅导，从反思的角度，还有哪些可以改进？

罗吾民：你在做个案的时候是什么感觉，有没有效能感，觉得自己在个案里是帮到她的？因为我觉得平行体验在几个层面发生，督导时同伴听报告的感受、咨询师做个案时的感受以及来访者的感受，我觉得三种感受基本上是共通的，如果你能体验到效能感，她也能体会到。我听到你描述时说"我还是有点怕……"，我猜想是否是你在个案中体会到的效能感不够？但你回答"不是"。会不会在个案中也是这样，效能感已经发生了，需要外显、外化的机会。个案中听到印象深刻的点：

"你的紧张什么时候会来？"叙事疗法外化的方法。

"最紧张的时候做过什么努力？"给紧张程度打分我觉得做得非常非常棒。

我留意到三个督导的问题都是指向外部的，是否你有一点感受到你和来访者一对一的关系，你在想这种封闭关系是否要打开？"被抛弃感"是你自己提炼的还是孩子提出来的？

朱珠：是我自己提的，这和很多年前的个案有关。这个个案还有个问题，咨询的目标目前是聚焦在交往问题上，那么学习压力这一块要不要碰，这也是我的一个问题。

导师：这个个案的问题是社交焦虑，厌食症伴抑郁症，这对于你接个案时会不会有压力？所以你的定位是陪伴。这个个案从整体上界定是没有问题的，焦虑和抑郁都有，这样的个案要视具体情况来定。她的求助动机是比较强的，咨访关系比较好，在陪伴的前提下还要向前跨一步，做一些改变。导致其焦虑、抑郁的病因很复杂，只能慢慢来了解，但是问题的清单可以具体些。

辅导目标定位在改善与人相处有些太笼统。目前用了接纳和共情，我认为这个个案恰恰是比较适合用CBT的，要具体化到她的问题清单，害怕别人的余光等，学习的压力缓解可以放在后面。

缓解其社交焦虑，首先要放到具体的情境中，确立焦虑的阶梯级别，然后逐级暴露，进行行为训练。恐惧症，越回避越害怕。但是一旦行为改善后会对非理性信念的改变有促进作用，增强她的内在力量。她现在有想法，但是没有付诸行动。社交焦虑一定要从行动上改变。给她训练，放到现实的情景中，作为家庭作业，自我强化，每周来咨询时继续训练。比如在第四次谈话时，如何帮助小文与人打招呼，可以有指导性的建议，如问小文"你现在不行，那么你能做到什么程度，与同学正眼对看可以试试吗？"

朱珠：元旦前咨询，布置了个任务，元旦外出吃饭时，让她点单。打招呼的方法也要交给她是吗？

导师：这个家庭作业布置得很好，关键是要让她去做。她很在乎别人的不满意，很在乎别人认为她不正常，所以行为改变是接下去要考虑的，包括说话的声音等。可以用CBT布置一些家庭作业，一步步来，现在最重要的是要解决社会交往问题，这个问题能处理好，再解决后面的问题。

朱珠：第二次咨询时，商量过一个辅导计划，每周一次，到这个学期结束。她说吃药会让她发抖。

导师：有些精神科医生药物开得重、有些开得轻，有些药物的确会有各种各样的副作用。你的工作是辅导跟进，转介给医院心理医生做咨询的话，效果怎样很难说。这由来访者来决定，来访者最有发言权。她问，要不要见医生，我个人建议你不要说可以或者不可以，可以这样说："这个事情你要自己决定，你到我这里觉得很舒服，我们还是可以继续。"

交往中害怕余光、容易脸红这些是可以做些改变的。可以用 CBT 的方法，比如负性自动想法、想法归类，但首先要对她进行心理教育，将 CBT 的方法告诉她，这个孩子悟性很好。之前学习的《儿童与青少年认知行为疗法》那本书里提到的青少年抑郁的辅导方法，可以尝试一下，和你前面咨询的好方法结合起来。第三次的辅导"我的生涯故事"，似乎不在你的预设轨道之内。当然也可以作为对她进一步的评估，了解她的内心想法。

可以找她妈妈谈谈，不是为了改变妈妈，而是为了了解过往史。小文的家庭教育的确有问题，但那不是你的主攻方向，可以见见面，聊一聊。

在对朱珠的这个案例的督导中，我意识到有两个问题需要讨论澄清。一是咨询伦理问题。朱珠提出的第三个需要督导的问题，即"小文的精神科医生给她推荐了心理医生，是不是要将小文转介给心理医生？这会不会让小文有被抛弃的感觉？"这其实是一个咨询伦理问题，从咨询的规范流程来看，精神科医生推荐心理医生是无可厚非的，具有合理性。转介给谁？这里有一个来访者可否接受的问题，这是一个是否合情性的问题。因此，本着咨询的目的是为了来访者得到最大的福祉，咨询师要与小文充分沟通，征得她认同的前提下进行转介，这样案主就不会有被抛弃的感觉。

二是转介后的辅导跟进问题。大多数接受医生药物治疗的心理障碍学生，是要回到学校继续学习的，这就是心理老师应该承担的辅导跟进的任务。小文的社交焦虑有明显好转，这和朱老师的辅导跟进做得比较到位有关。而在督导过程中导师和工作室伙伴们的建议对朱珠也颇有启发。朱珠老师这样写道：

入职以来，心理辅导的个案做了不少，有成功，也有失败，但是，自己总是感觉缺少对心理咨询理论和技术的系统学习，尤其是没有在某一个技术派别上投入时间系统深入地去学习，更没有深入地去琢磨一个咨询理论或方法在实践中究竟如何细致入微地应用。因此，我一直以来对于个案心理辅导工作都感到胜任力不足，这也是自己一直以来工作中最为遗憾的地方。虽然这也和当前中小学心理辅导老师个案能力没有很好的成长平台这个困境有关，但是，心理咨询或辅导作为心理老师的看家本领，这方面的短板依然是让人很难以满意的。好在，有幸进入吴老师的工作室，阅读《熙珺絮语——一个心理咨询师的成长历程》让我感受到心理叙事的魅力，阅读《心理咨询与治疗的理论及实践》时，我主动选择了后现代主义疗法，并参阅了许维素老师的《焦点解决短期心理治疗的应用》和黄素菲老师翻译的《叙事取向的生涯咨商》，他们让我知道"每一个生命都有来自本能的活着的力量、来访者是解决自己问题的专家"，而咨询是可以借助外化、例外、奇迹等方式"唤起其发生改变的内在力量的过程"，让我对咨询角色有了新的认识和体验，从原来的教育教导者，变身为合作者。在此期间的两个案例汇报都大有收获。第一个案例是自己认为比较失败的案例，一个奇葩的学生鼓足勇气而来，我却对自己能力与技术不自信，不想卷入太多，仅做支持性辅导，在案例报告之后，师父和同门们都帮我指出：咨询目标不明确，缺乏系统的辅导思路等。还有让我警醒的是：对于每一个主动来求助的孩子，他们把信任交给我，作为心理老师，我们又将如何去面对他们的信任？这让我重新审视自己作为心理老师的助人责任了，我不再逃避！第二个案例是最近接手的社交焦虑的个案，当事学生怯怯地轻声说话引起了我的好奇，她的害怕担心但又想改变的勇气给了我力量，让我觉得如果我能陪她一起做些什么，也许她的生活会不一样，这也让我对这个案例跃跃欲试。在督导中，同门们提到的"被接纳、被认可""平行体验""关注当事人自己的感受""对自己的觉知"等观点，都给了我很多信心和肯定，也带给我一些新的视角和启示，师父则提醒我要把焦虑和抑郁的原因暂且放在一边，重点缓解其社交焦虑，用CBT来改善其非理性信念，增强其内在的力量。通过改变行为来改变当事人对环境的认识，进而改变情绪，进而强化正向的自我意识。这也让我有了专门研究认知行为疗法来处理这个案例的决心。经过一个阶段的咨询，这个女孩的社交焦虑明显改善。

拒学问题辅导

目前拒学现象在儿童、青少年心理辅导的案例中占有相当比例。学生拒学，家长心疼，老师头疼，心理老师更是觉得棘手，难以帮助解决问题。

一、拒学现象

有关学生拒学问题，目前在称谓和界定上仍存在争议。早在1932年，美国的布罗德温提出，不上学的儿童主要由逃学（也称怠学）行为引发，并将这类问题归于神经症的一种类型。1941年约翰逊提出，由儿童分离焦虑引发的拒绝上学实际上是恐惧心理的作用，并首先提出学校恐怖症，特指那些对学校特定环境产生异常恐惧并强烈拒绝上学的儿童，认为其属于儿童情绪障碍的一种类型。20世纪50年代，有一些教育界学者提出拒绝上学的概念，定义那些由于心理因素造成的不上学行为，其基本背景仍是儿童与母亲的分离焦虑和对学校的恐惧。因此，这类拒绝上学与逃学有了本质的区别，后者指伴有品性问题和反社会特征的不上学行为，而拒绝上学并无明显反社会行为。20世纪80年代以来，拒绝上学的称谓在日本应用得尤为广泛，以致日本学者称"拒绝上学症"（又称不登校）是日本本土文化的独特现象。在日本文部科学省（相当于我国教育部）每年出版的青少年白皮书中，"不登校"被视作最严重和最受关注的青少年行为问题之一，而且近年来发病率递增趋势十分显著。

拒绝上学症较学校恐怖症在发生的年龄和本质上有很大区别，前者多发生于幼儿和小学阶段的儿童身上，主要由适应困难和恐惧情绪所导致；后者则多发生于青春期（小学高年级至高中甚至大学）以后的学生身上。拒绝上学行为包含了厌学、独立意识、违拗和对立情绪等因素，与学校恐怖症可以是连续体抑或独立发生,即拒绝上学症持续至青春期也可转化为学校恐怖症。

拒绝上学症发病年龄有三个高峰,且与发生原因密切相关:3—7岁为第一高峰,大都与入托、入学时与父母分离而产生的焦虑有关;9—12岁为第二高峰,主要与学习压力过大、人际关系冲突、更换学校或班级等因素有关;13岁以后为第三高峰,更倾向违拗性抵触上学,主要原因包括学习困难、在校遭受欺负羞辱、学业挫败、家庭问题、心身症、友谊危机、师生冲突、厌学、情绪障碍等。

拒学症尚缺乏权威的流行病学资料,日本2002年度的调查数据显示其发生率在小学为1/280,在中学为1/37。有资料推测,学校恐怖症在儿童群体中发生率约为1%。学校恐怖症或拒绝上学症可发生于各种智力水平的儿童中,低年龄组中女性多见,高年龄组似乎男性多见,发病率与儿童的家庭经济和社会地位无关。我国目前尚无此症的流行病学资料。[1]

学生拒绝上学按其程度等级可分为:(1)威胁或哀求父母不上学;(2)早上反复出现回避上学的行为;(3)早上反复"耍赖",要求父母陪同上学;(4)偶尔不上学或缺课;(5)反复交替出现不上学、缺课;(6)在某一学期某一阶段完全不上学;(7)完全长期休学在家。

拒学有不同阶段的表现特征:(1)不想上学阶段。有可能诉说头痛、腹痛、发热,显得无精打采、疲劳、食欲下降、上学迟到早退、缺课增多、周末只待在家里等。(2)拒绝上学阶段。早晨起床延迟,每周不去上学时间超过一半,开始明显讨厌上学,与家人吵架或违拗行为增多,甚至出现攻击暴力行为。(3)在家休息阶段。此期儿童自得其乐地待在家里,干自己喜欢的事情,不多外出,身体疲劳减轻,昼夜颠倒,即白天睡觉,晚上熬夜。(4)试上学阶段。在家就显得开心,提到上学仍显焦虑,也能够外出,开始关注同学或学校的事情,开始尝试去学校,但容易疲劳,缺课或迟到仍多见。(5)上学稳定阶段。容易疲劳,因小事激动或焦虑,仍时有缺课和迟到表现。

---

[1] 静进.儿童青少年厌学和拒绝上学现状分析[J].中国学校卫生,2007(10).

二、拒学问题案例分析

刘丽秋老师帮助了不少拒学的学生回到学校学习，她对学生拒学的辅导有不少经验。以下是刘老师提供的几个拒学问题的案例：

根据我咨询的案例来看，最近几年拒学的人数呈上升趋势，在师生中产生的不良影响也呈上升趋势。每年都会有几位以各种理由短暂或者是长期不能来学校正常读书的学生，其中短暂不能来读书的居多，虽然相比于之前资料里5%—8%的数据比例要低很多，但是这种情况应该引起学校和家长的高度重视。这种现状在不同年级的表现会有一定差别。但主要集中在初中预备年级和初三年级。

一、预备年级的拒学问题案例分析

拒学的学生往往会在刚入学的一两个月之内出现拒学情况，一般都是短暂性的一天两天的不能来学校。他们在家会表现出哭闹，不愿意来学校；到学校会出现头疼、胸闷等躯体症状，上课提不起兴致，不愿意和同学交往等。以下是几个典型案例：

小张是一位刚入学一个月的男孩，已经有两次不来学校了。第一次是妈妈请假的，说孩子身体不舒服，第二次是家里人也不知道孩子没来学校，因为班主任发现孩子没到学校，联系家人，家人寻找后才发现，原来孩子独自到家里的另一处房子去了。经班主任与心理老师了解与咨询后得知，孩子就是不喜欢读书，想一个人在家自学，和同学、老师之间没有矛盾。经过大家的共同努力，这个孩子后来正常来校读书，顺利度过这段过渡期。

小李也是一个入学一个月左右的新生，他从入校开始就一直闹情绪，经常哭，不喜欢现在的同学和班主任，觉得无法和同学们很好相处，觉得同学们不像自己原来的小学同学那么友善；特别羡慕班级里那些很外向开朗的孩子，他们怎么可以和大家都相处得那么好；喜欢隔壁班级的班主任，觉得那个班主任更关爱自己的学生，教学水平更高；觉得自己的学习成绩不理想。小李每天早晨上学前都会头疼，曾要求在家休息，但都被妈妈拒绝了，所以没有出现不来学校的情况。后经过班主任、任课老师、心理老师、家长的共同努力，这个孩子不仅交到了很多朋友，在初中阶段还取得了优异的成绩。

小于是入学一个多月的男孩，是双胞胎中的弟弟，也是一个比较要强的孩子，从小学开始成绩就没有哥哥好。曾在小学时在班里发脾气，跑离学校，与同学关系不好，大家都不愿意和他玩。特别想重新开始，对自己很有期望，暑期班主任家访时他表示期望自己能考上市重点高中。但是，读到初中后，他的成绩不像哥哥那么靠前，始终是起伏不定。他就经常在家发脾气，并和家长表示不想来学校，觉得自己胸口闷，想去看心理医生。在家会经常和妈妈哭闹，对哥哥发脾气、攻击哥哥。这个孩子的家庭情况比较特殊，从小在竞争的环境下长大，使他在认知上调整难度大，这需要家长与学校的配合。学校已经针对他的情况，请班主任、任课教师、心理老师、家长一起进行过详细的商讨，帮助这个孩子调整认知、改变行为，顺利适应初中生活。

从这三个案例中，我们不难发现，预备年级的孩子出现拒学情况主要是对新环境的不适应，这种不适应具体表现在学习任务和人际关系方面。初中学习任务难度增加，学习成绩会有落差，产生学习压力。进入新的班级，在融入班级、得到同学们的认可方面会有压力。这两种压力都会引起学生自尊感下降、自信心不足，进而形成退避行为。三位同学能够回到学校正常学习，是因为心理老师、班主任和家长多方配合，缓解学生这两方面的压力，让他们感受到班级的温暖、老师和同学的接纳，在和谐的人际环境中体验到了自尊、自信。

二、初三年级拒学问题案例分析

与预备年级相比，初三孩子出现拒学情况的表现也有很多相似之处。他们会比较明目张胆地和父母表达自己不想来学校，读不进去书，并且不来学校的时间会明显比其他年级要长很多，有的甚至可以一两个月不来学校，伴有躯体症状的情况会明显少于其他年级。以下是典型案例：

小强是我记录的第一个初三年级里拒学的孩子。初三第二学期,已经不来学校一周左右了,家长已经没有办法让孩子来读书,并且孩子什么也不和家长交流。我和班主任老师到家里去看孩子的情况。从他沉默的态度、冷漠的眼神中可以感受到他态度的坚决。他主要是因为和同学关系有点小矛盾不想到学校读书,想远离那个同学。这个孩子后来一直在家复习直到中考。

小乐也是初三下学期出现拒学情况。我和班主任来到孩子家里,在我和她单独交流的过程中,得知她想在家自学,不想去学校,觉得在学校学不进去。现在进入复习阶段,由于以前底子薄,老师讲的很多内容她都不会,每天都很难过,可是妈妈觉得她在家根本就不看书。在和她进行交流的过程中,这个孩子始终不太愿意讲话,但是倾听比较认真。我们假设,如果回学校的话,应该采用何种方式学习。我把和她交流的结果与班主任进行了沟通,最后达成一致,就是这个孩子可以在课上做自己会的考卷,不用跟着老师的进度。第二天,这个孩子也回到了课堂,直到毕业。

这两个案例辅导结果不同,但是对于心理老师怎样有效地进行拒学问题辅导都是有启示的。小强因为同学关系紧张而不上学,可能对其情况还没有完全了解清楚,他为什么沉默?为什么冷漠?为什么和父母没有交流?如果找到了这些问题的答案,可能就找到他拒学的真正原因,就可以"对症下药"。小乐原来不想上学,是因为她觉得跟不上班级同学学习的进度,她现有成绩和未来预期有着较大的差距,承受了学习落后的压力,引发退避心理。心理老师和班主任给她量身定做学习任务,低起点、小步子,使她达到不断进步的目标。缓解了小乐的学习压力,她自然就愿意回到课堂学习了。

三、拒学问题辅导建议

针对拒学的学生,有下列辅导建议供参考。

一是不宜过分催促孩子上学,或每天都问"今天上学去好吗"等,更不宜打骂、斥责、体罚和强逼孩子去学校。平时多听孩子叙述,各方面的话题均可。让孩子做些家务活,争取每天按时起床、吃饭和入睡。布置一些简单的家庭作业，即使孩子不做也不要责备。

二是父母要常打电话回来问候，侧面了解孩子在家干什么，但不作过多干涉。也可以带孩子逛街或征得同意后领到学校附近观察，并听孩子讲在学校的事情。当孩子提出可以回学校时，家长不妨陪去几趟。父母要避免说有关学校、教师和同学消极意义的话，并且要注意自己保持快乐、安详的情绪，否则家长的不良情绪或表情易引起儿童的焦虑与不安。

三是拒学在家期间，学生有异常心理状况，如过分焦虑、抑郁等，或者拒绝上学时间超过四个月，家长就应该带孩子去医院看心理门诊，不可拖延，以免耽误病情。

学生电子产品沉迷辅导

随着数字技术发展的日新月异，新型电子产品扑面而来，手机、iPad、网络游戏等成为人们日常生活的重要部分，改变着人们的生活方式和思维方式。儿童、青少年对电子产品的使用和管理，也成了学校教育和家庭教育的重要议题。

一、学生电子产品使用状况

段丽等对临沂市800名中小学生电子产品使用情况的调查显示[1]：

（1）中小学生使用电子产品的时间。每天使用在一个小时以内的比例为68%，每天使用在1—3个小时的比例为20%，每天使用在3—5个小时的比例为6%，每天使用在5个小时以上的比例为6%。

（2）中小学生电子产品使用内容。用来打发时间的比例为38%，用来学习的比例为32%，用来打游戏的比例为40%。

（3）家长对中小学生使用电子产品的态度。通过问卷调查的数据结果来看，持赞成态度的家长比例为68%，持反对态度的家长比例为32%。持赞成

---

[1] 段丽，邵珠刚.关于临沂市中小学生智能产品使用情况的调查[J].黄河之声，2018（03）.

态度的家长主要有以下几个方面原因：电子产品能方便孩子学习、提高孩子的交流能力、开阔视野等。持反对态度的家长主要有以下几个方面原因：电子产品对中小学生的身体健康有影响、对中小学生的心理发展有影响。家长应当树立一种中立的态度，即电子产品在孩子的生活中必不可少，但也不能无节制地使用电子产品，应合理利用电子产品。

二、电子产品对儿童、青少年的心理发展是把双刃剑[1]

1. 电子产品对儿童心理发展的积极影响

其一，有利于学生课外学习的延伸。随着网络时代的到来，教学模式更为多样化，现代化教学手段的广泛运用，使线上教学成了一种重要的补充手段。无论是作业、还是教学延伸，电子产品较好地弥补了课堂教学的不足。对于学习能力弱的学生可以在课后加强，而学习能力强的学生可以借助网络汲取知识，提高学习速度。

其二，有利于学生知识面的扩展。知识的丰富性与多元化难以在学校教学中得到完全的体现，而网络的丰富性和多样性可以帮助学生更好地拓展知识面、丰富知识结构和开阔视野。例如小学生年纪尚小，能够出国旅游的毕竟是少数，而电子产品恰好可以弥补这一不足，足不出户也能让孩子领略到外部世界的风采，极大地拓展了孩子对外部世界的认知。

其三，增强家长与孩子之间的联系。对于新生代年轻父母来说，基于他们小时候对电子产品的亲身体验，他们对孩子使用电子产品表现出更多的宽容和理解，对学龄前的孩子或低龄段的小学生使用电子产品习以为常。比如说学生手机，小学生年龄较小，没有时间观念，会因贪玩而到处跑，但如果给孩子配上一部学生手机，只要一通电话就能知道孩子的去向，特别是当孩子遇到危险或者麻烦的时候，也可以通过手机向外界求助。

2. 电子产品对儿童心理发展的消极影响

然而，电子产品带来这些便利的同时，也存在着不少弊端。首先，通常

---

[1] 阮琼娥. 电子产品对小学生心智成长的影响[J]. 儿童发展研究，2016（03）.

电子产品里有较多的短平快、碎片化信息，不利于小学生拓展性思维的训练和形成，不利于学生的深度阅读、知识面的拓宽，其效果有待研究和商榷；其次，它导致人与人之间面对面交流的机会减少；最后，它严重影响学生的身心健康，使学生容易对电子产品产生依赖，降低了人的主动学习兴趣和系统思维能力。具体来说：

其一，过度使用电子产品不利于小学生的智力发展。事实上，使用电子产品的效果并非如很多家长所预期的那样，会极大促进孩子的智力发育，相反，有了这些电子产品帮忙的孩子反而懒得动脑筋，它降低了孩子的主动思考能力和创造性思维能力。例如，依赖家教机、学习机的孩子学习上一旦遇到难题，根本懒得动手去做推算和思考，而是跳过计算或推理过程直接求助学习机或家教机等电子产品，或者使用百度、谷歌等搜索引擎寻找答案，然后不管提供的信息对错，不加分析全盘照收。语文学习方面，孩子在动笔写作文前，也要先百度一下相关材料，造成同一命题的作文，写出来后千篇一律，雷同化严重。到了真正考试的时候，没有了这些电子产品的辅助，孩子便一筹莫展，什么也做不了。

其二，沉迷于电子产品的使用会阻碍孩子社交能力的发展。与他人的接触和交流，尤其是同伴之间传统的运动性游戏，是提高孩子社交能力的重要途径。孩子们通过在一起玩耍，能够彼此认识，产生深厚的友谊，这就是所谓的交朋友。而孩子对电子产品的依赖，则减少了与他人接触的机会。电子产品中的视频节目，多以卡通或游戏人物为主角，满目所见的都是些表情单一、语言单调、行为夸张的虚拟人物，这种纯粹的视觉刺激并无助于引发孩子有效的情感共鸣，特别是对低龄孩子而言，往往将虚拟与现实混淆在一起，影响孩子的社交能力，非常不利于孩子的情商培养。此外，电子产品的游戏、小说、图片下载功能齐全，自控能力较差的小学生一旦沉浸其中就很难走出来。部分家长因忙于工作无暇顾及和控制孩子使用电子产品的时间，加上遇到处于叛逆期的孩子，家长更是束手无策。当发现孩子沉迷在游戏、动画片当中时，家长怎么劝诫也无济于事，根本管不了孩子。

其三，长期使用电子产品的孩子缺乏生活向上的动力。当孩子长期使用电子产品，并对电子产品产生依赖后，便会想去寻求电子产品的陪伴，这就是通常意义上的"网瘾"。这类孩子缺乏自主思考的积极性，不会主动对新事物、新现象进行独立的探索或感知，长此以往，孩子对生活慢慢产生了惰性，课余生活越来越单一，人际交往能力越来越弱化，养成了很多不好的习惯，包括青少年活力的杀手——懒惰，这种惰性最终导致孩子对外界任何事物都兴趣索然，生活消极、学习被动，孩子甘于庸碌，逐渐成为潜在的"啃老族""宅男"或"宅女"。

其四，影响身体健康。电子产品高亮度的显示屏给大人、孩子的视力造成的伤害很大。据报道，同仁医院眼科中心三位医生拿自己孩子做了七天实验，结果显示：玩20分钟苹果手机，三位孩子平均视力接近轻度假性近视状态；玩20分钟iPad，泪膜破裂时间与干眼症患者相当；玩10分钟其他手机，相当于看30分钟电视。国家卫生和计划生育委员会发布的《儿童眼及视力保健技术规范》也给出了少儿使用电子设备的限制建议，两岁以下儿童尽量避免操作电子视频产品，0—6岁儿童使用电子视频产品每次不宜超过20分钟，每天累计不得超过一小时。

三、学生电子产品沉迷辅导策略

教育技术专家阮琼娥认为，小学生年纪小，自我控制和分辨能力较弱，时间观念较差，因此，如何引导孩子合理使用电子产品，需要老师和家长共同采取有效的方式加以疏导。我们可以从以下几个方面入手[1]：

1. 引导学生正确利用电子产品

家长应对小学生使用的电子产品性能有正确的了解，理性选择和购买。鉴于孩子学习和生活的需要，家长为孩子配置必要的电子产品和工具无可厚非，但必须掌握"必要性"和"选择性"两个原则，而不是盲目地一味迎合孩子的喜好。"必要性"指的是家长可以为孩子配置纯粹工具属性的电子产品，如电子词典、儿童手机、计算器、学习机等；"选择性"指的是可以考

---

[1] 阮琼娥. 电子产品对小学生心智成长的影响［J］. 儿童发展研究，2016（03）.

虑为孩子购置少量介于"必要性"和"娱乐性"之间、带有益智游戏的电子产品，如音频播放机、学习机等；尽量不给孩子购置"娱乐性"太强的电子产品，如 PSP、图文播放设备、iPad 等，哪怕孩子提出种种条件或理由，都要明确地表示拒绝。

2. 适当限制小学生使用电子产品的时间

教会孩子合理安排学习和娱乐的时间，培养孩子的自我控制能力。在这个科技发达的年代，形形色色的电子产品已经完全融入到我们的生活里，只是一味地堵而不疏，完全禁止孩子接触电视和电脑等电子产品是不可能的，这样做只会适得其反。在孩子学习任务较轻，如周末、家庭作业完成后的课余时间，可以让孩子看些感兴趣的电视节目，或者适当玩会儿游戏，但家长应该与孩子达成共识，即必须先完成课业、适当锻炼和做完力所能及的家务后，才能去玩电脑或者看电视。此外，建议家长设置一个特定的时间，如晚上睡觉时间，一旦到了这个时间点，应毫不犹豫要求孩子立即关闭电子产品上床睡觉。另外，家长应该限制孩子接触电子产品的时间，每次最好控制在半个小时之内，每天累计不能超过一个小时，这样既能保护孩子的视力，也能从小培养孩子抑制欲望、控制情绪的能力。

3. 因势利导，培养孩子的课余爱好

多管齐下，避免孩子染上"网瘾"。如果孩子把过多时间花在电子产品的使用上，必然减少孩子和家长交流的时间，一定程度上影响到父母和孩子之间的关系。意识到这一点，家长应该在孩子感觉无聊的时候，让他们帮忙多做一些家务，如跑跑腿出去买买东西，或带孩子外出游玩，既分散了孩子的注意力，也培养了孩子的亲情和家庭观念，而不是一门心思只想着看电视、玩电脑；如果孩子表现出强烈的意愿想看电视或玩游戏，也应该尽量因势利导，如指导孩子看看《动物世界》，了解各类动物的生活习性，培养孩子的动物保护意识；也可以看看法律频道，如中央电视台的《今日说法》，培养孩子的法律意识；家长也不妨坐下来陪孩子一起看看电视，谈谈看法，创造条件增加彼此之间交流沟通的机会，有意识地引导孩子在娱乐中学习，在娱乐中受益。

以上对小学生电子产品迷恋的辅导策略对于中学生也有指导意义。如何对中学生电子产品迷恋进行预防和辅导，冯华祥等老师通过在学校的实践研究提出了以下建议：[1]

1. 正面引导学生合理利用网络

关于学生迷恋网络、智能手机的问题，我认为不能用简单粗暴的强制手段解决，而应加强对学生的教育和疏导，帮助他们树立正确的手机使用观。一方面，让学生们知道，网络不仅仅是用来聊天、打游戏、看网络小说的，还可以为我们的学习所用，比如查找学习资料；在身边没有可求助的人时，可以通过网络来解决一些难题。当然，也要防止学生借上网查资料的名义而去做与学习无关的事情，这就需要家长们与孩子之间要有一个平等和谐的协商过程，尽可能做到家长信任学生，学生诚信上网。另一方面，有些家长也摸索出了一些解决孩子上网不当的办法，比如，在周末给孩子一定的上网时间，让孩子适当放松娱乐；或者每天在学习之余给半个到一个小时时间让孩子上上网、查查资料，这样做就会有效地缓解家长与孩子因为上网问题而导致的紧张关系，取得了较好的效果。

此外，教师也可以引导学生看看百度文库中的教学视频资料，学生如果在网络中学懂了什么、学到了什么，那就会充分激发他们的学习情趣。信息技术课上，教师还可以引导学生进行一些简单的平面设计、编网页、写博文、记日记等，提高自己应用计算机的能力。这样学生们就会充分利用高科技的东西去浏览一些有意义的东西，拒绝在一些无聊的内容上浪费自己宝贵的时间，从而能够更健康地成长，不在信息时代迷失于网络中。国外许多防沉迷网络的办法也很值得我们去借鉴和学习。比如，美国的哈丁中学专门为学生建有电脑室，学生每天都可以在这里上网完成作业，但禁止聊天、打游戏。这就很好地解决了如何帮助学生正确合理利用网络资源的问题。

---

[1] 冯华祥，刘昌国. 如何引导学生正确合理使用网络及电子产品的策略研究 [J]. 中华少年，2018（25）.

2. 以丰富的课外活动、广泛的兴趣爱好冲淡学生对网络的痴迷

学生痴迷网络的原因有多种，但我认为由于学习成绩不好，在学习上找不到成就感而转向虚拟无聊的网络世界是主要原因之一。所以为了解决学生痴迷网络、荒废学业的问题，学校、家庭也应积极主动地给孩子培养一些健康向上的兴趣爱好来转移孩子对网络的过分依赖。例如，英国孩子的课余活动就相当丰富，包括体育活动、音乐绘画、参观博物馆等，他们的作业负担比中国孩子轻得多，可以尽情参与各类课外活动，正因如此，英国的网吧并不限制中小学生入内，但是很少看到中小学生去网吧。我所在的学校也为解决学生迷恋网吧、智能手机等问题而想了一些办法，如开展校园诵读活动。在每天的早晚读时间，各班同学齐声朗读或是背诵一些国学经典、诗词古文，目的就是在全校园形成一种读书学习氛围，用这种浓浓的学习氛围去影响和感化那些不思进取、痴迷网络的学生；另外，我校专门把教学楼一楼开设为艺术楼层，设立了舞蹈工作室、音乐工作室、美术工作室、体育工作室等，让那些有艺术特长或爱好的同学去展示和发展他们的艺术或体育才能，从而有效解决了他们因学不懂文化课而"被动"上网的问题。

3. 运用技术手段给青少年一个安全干净的上网环境

人们常说，网络既是天使，又是魔鬼。说它是天使，因为它为青少年打开了一扇通向知识海洋的大门；说它是魔鬼，因为它有暴力和色情等不良内容。那我们该如何来迎接天使，拒绝魔鬼呢？世界上许多国家对此问题想了很多办法和策略：美国的娱乐软件业实行分级制度，销售商必须清楚给青少年出售什么样的游戏软件，如果胡乱卖游戏软件给儿童就是违法。还有，美国的中小学如今都对学校的电脑实行联网管制，这样可以集中对那些影响儿童身心发育的网站进行屏蔽。韩国对网吧也有严格管理，对网吧电脑装有屏蔽软件，这些软件是韩国政府花了五年时间，用100亿韩元开发出来的。所以，有时光靠家长和老师的说教是不行的，我们应该通过技术手段来管理学生上网，在源头上解决掉、打消掉学生迷恋网上不良信息的念头。

四、一场关于学生手机管理的讨论

在校园里，中学生能不能用手机，若能使用该怎么管理，是当前学校管理中的疑难问题，也是班主任、家长头疼的问题。就学生手机管理问题，工作室和崇明扬子中学的校长、班主任们专门进行过一场"聚焦手机管理，共育幸福心灵"的研讨活动。以下是现场部分实录：

一、学校介绍学生手机管理制度和案例

1. 邹校长介绍活动背景

目前我们学校超过 70% 的班主任不约而同地提到手机管理问题……

2. 学生发展中心主任王老师介绍制定手机管理制度的过程

2004 年建校初期，没有手机管理制度，学生带手机的比较少。到 2007 年，我们发现带手机现象增多，主要是住宿生（住宿生占学生总人数的 30%）。2007 年我们进行手机管理的讨论，九月份发了告家长书，明确学生不能带手机进学校，但是实际执行的情况不理想。德育室曾保管了 30 多个没收的学生手机，也曾有学生到办公室偷偷把手机拿走。

学校也曾想过特定情况下开放手机，通过问卷调查、座谈会征求意见，绝大部分老师、家长和学生还是提出在校期间应严禁带手机，于是我们再次发了告家长书，明确禁止入校带手机。主要原因是有些学生在网上找答案，有些学生有攀比之风，频繁换手机，有些学生在考试期间用手机作弊等。重申手机管理规定，包括在家庭中由家长监管学生，并控制自己使用手机的条款。

3. 班主任介绍案例

邹校长：学校在制定手机管理制度的时候比较纠结的，特别是班主任在学生手机管理上有许多困惑，下面请几位班主任提问。

高二（6）班班主任黄丽华：

案例 1：学生因手机被没收与班主任发生冲突。

困惑：如何引导学生在手机管理中培养自控力？如何在手机管理中营造良好的家校关系？

高一（1）班班主任吴和斌：

案例2：留守儿童手机管理问题。

困惑：留守儿童如何有效开展家校活动？处理手机问题，教师应该持什么态度？疏堵有度如何把控？如何培养学生的学习意识和责任意识？

二、互动交流

吴增强：上周六我参加了市里的一次家长教育论坛叫"智慧陪伴，静待花开"，其中第三个议题就是手机管理问题，请各位心理老师集思广益，谈谈学生手机管理问题的解决方略。

朱仲敏：手机管理已经超过心理辅导范围，甚至已经超过学校管理问题，而是社会管理问题。扬子中学在手机管理方面的做法值得肯定：（1）事先有调查；（2）不断调整；（3）家校配合。建议：（1）行为的控制，培养学生从他律到自律；（2）对负面的事件都有积极的建议，发挥手机的积极意义。以我的孩子为例，女儿打《王者荣耀》，我会控制时间，超过就惩罚。

马晓燕：孩子们关注《王者荣耀》，感受到组队的快乐。孩子玩手机游戏背后的积极意义常常被我们忽略。可以采取心理剧、微视频的方式，启发孩子们自己去思考，如何处理好玩游戏与学习的关系。

杭艺：对于手机管理教师自己要有意愿控制，必须是要自己先有想法，学校也有想法，然后把自上而下和自下而上相结合。心理剧和微视频学生是很愿意演的，学生玩手机很疯狂，控诉手机也很疯狂，要形成很好的舆论导向，营造积极向上的氛围，也可以通过社团来推广。班主任能守住底线，打胜关键战役，不过分激化矛盾。

宋美霞：为什么学生会这样，这和青少年心理发展的特点有关，处于这个阶段的学生自我意识和独立性不断增强，加之情绪容易波动，和家长、老师的冲突比较多。脑科学研究证明，这个阶段的孩子比较容易被多巴胺影响，不是孩子变坏了。要降低家长和老师的焦虑，不要把学生玩手机作为一个对立的事件，而要正面引导。我建议：（1）目标上，一次只解决一个问题，从小目标开始；（2）规则上，制定规则要明确、一致；（3）关系上，是竞争者和合作者，即老师做学生的竞争者和合作者；（4）及时积极的反馈，孩子渴望更积极更及时地得到反馈，学习也有成就感。

吴增强： 今天这样的研讨是开始不是结束，虽然我们探讨的是手机问题，但真正关心的是孩子的健康成长。手机问题是一个全民问题，手机改变了生活方式，面对手机首先是理解孩子，引导孩子怎样合理使用手机，如课堂上不能用手机，要有约束，我同意宋美霞讲的，老师不是学生的对手。教师要有边界意识，如何制定规则，处理好他律和自律的问题，进行高中生责任担当的培养。杭艺讲的班级手机公约很好，可以开展校园大讨论及心理剧，大部分高中生还是有正向的价值观的。要提升班主任的心理辅导能力，人本主义心理学家罗杰斯指出，和谐的师生关系，一是真诚，不在学生面前带假面具；二是无条件的积极关注；三是共情式的理解。高端策略是如何提高学生的自治管理能力，如制定班级手机使用公约。手机管理是学生成长中的一个方面，理解为什么手机成为孩子的最爱，有没有孩子更爱的东西？应该对学生心理进行深入的挖掘和探讨。今天的讨论可以引发学校的管理层和班主任更深的思考。

通过这场互动交流，大家在引导学生手机管理方面达成了如下共识：

一是学校制定学生手机管理规则，要充分考虑学生的需求，以不影响学习为底线，例如，上课不能带手机。

二是发挥学生自治管理的作用，可以制定班级手机公约，提高学生手机管理自律能力。

三是通过学生喜闻乐见的校园心理剧、微视频等形式宣传如何合理利用手机。

四是教师和家长不要以学生玩手机游戏为敌，肯定学生手机游戏的积极面，顺水推舟，将学生手机游戏的能力迁移到学业学习中来。

学生手机管理问题看似是一个学校管理问题，与心理老师工作关系不大，但从以上工作室伙伴和学校领导、班主任的互动交流中发现，其中涉及许多心理学的问题。如，学生爱玩手机游戏的动机是什么？如何培养学生手机使用的自控能力？如何发挥手机的正向作用用于学生的学习活动？等等。

在第二章曾提及心理老师有一个角色是做教师和家长的心理顾问。和班主任一起探讨学生手机管理问题，就是要求心理老师运用心理学的方法与技术给教师一些积极的建议。这次的互动交流研讨，对工作室的伙伴们也很有收获，大家平时在学校里都处理过这类问题，通过与学校领导、班主任面对面交流探讨，也进一步引发自己对学生手机管理问题更深入的思考。

给心理老师的建议

◎ 要以"医教协同"的思路做好学生心理转介服务，心理老师要和医生合作沟通，要和医生做朋友。转介的对象大都是有心理障碍的学生，需要医生的介入和治疗。心理老师尽管不直接对有心理障碍的学生进行处理，但是学生病情稳定后回到学校，心理老师要承担其辅导跟进的工作，它也是转介工作的一部分，这就需要得到医生的指导。在多年"医教协同"心理服务的合作中，我深深体会到，这对"医"和"教"双方都是有收获的，最终使学生受益。

◎ 心理老师在转介工作中遇到咨询伦理困惑时，要求助专业督导。本章的案例中朱珠提出的困惑是，"小文的精神科医生给她推荐了心理医生，是不是要将小文转介给心理医生？这会不会让小文有被抛弃的感觉？"其实这就是一个咨询伦理问题，从咨询的规范流程看，精神科医生推荐心理医生是无可厚非的，具有合理性。转介给谁？这里有一个来访者可否接受的问题，这是一个是否合情性的问题。因此，本着咨询的目的是为了来访者得到最大的福祉，心理老师在与小文充分沟通之后，在征得她认同的前提下进行转介，这样案主就不会有被抛弃的感觉。当然，在学校心理辅导实践中，心理老师经常会遇到咨询伦理的问题，需要不断地得到专业的督导，以提高学生心理服务的质量。

◎ 对学生常见心理问题的辅导，要有系统思维的分析方法和个别化的辅导策略。拒学问题、电子产品过度使用等是当前学生中常见的问题。要了解常见心理问题的特点，就要分析产生这些问题的原因，有个人原因（如学业困难、情绪困扰、生病、缺乏集体归属感等），也有环境原因（如生活应激事件困扰、家庭环境不利、被同伴排斥等），学生的心理、行为问题是个体与环境相互作用的结果。在辅导过程中要采用个别化辅导策略，"一把钥匙开一把锁"，没有简单复制的灵丹妙药，需要我们有爱心、有耐心、有恒心，要有"滴水穿石"的精神。

第九章　个人成长与修炼

个人成长是心理老师的必修课。在帮助学生心理成长的过程中，心理老师自身的人格、修养和人生态度往往比辅导技术更能够给予学生积极的影响。大教育家乌申斯基说过，"在教育工作中，一切都应该建立在教师人格的基础上。因为只有教师人格的活的源泉中才能涌现出教育的力量。没有教师对学生的直接的人格方面的影响，就不可能有深入性格的真正教育工作。只有人格能够影响人格的发展和形成。"许多研究认为，在心理咨询师成长过程中，咨询师的个人成长是比知识和技巧更重要的培训内容。作为专业的助人者，心理咨询师的个人成长是影响咨询效果的核心因素，也是心理咨询师专业发展中的重要问题。[1]

个人成长的涵义

一、个人成长的概念

什么叫个人成长？就一般语词意义而言，"成长"指生长并向成熟的阶段发展，通常人们用"成长"或"迈向成熟"描述人的一种积极的、方向正确的生活状态。"发展"指事物由小变大、由简单到复杂、由低级到高级的变化。从心理意义上讲，阿考夫指出成长是"在渴望的方向上取得的变化"。

---

[1] 孟莉.心理咨询师专业发展中的个人成长 [J].陕西师范大学学报（哲学社会科学版），2004（02）.

这种变化的结果常常是积极肯定的，成长有方向性，含有正向的积极价值，多用来描述一个人正处在持续的状态或达到某种目标。个人成长与人类生命的终极目标相联系，是指积极的、健康的自我品质的提高。它是一个全面持续的增进过程。[1]

二、个人成长对于心理老师的意义

笔者在第一章里就指出，当前心理老师的专业学习与培训中，有"轻道重术"的倾向，其中表现之一就是热衷于学习各种流派的技术，而比较忽视个人成长。如果咨询师欠缺个人成长的体验，就难以拥有工作中所必需的个人安全感、自信心与活力，专业技能和知识的发挥也会因此受到限制，也无法为求助者提供有效的心理咨询与辅导。只有自己是一个体验着成长并具有成长能力的人，才可能接受别人的成长，才可能体会到人在成长过程中的内在需求，也才能真正促进别人的成长。

许多心理学家与咨询专家也都非常重视心理咨询师的个人成长与发展，指出咨询师本身的修养在咨询过程中是一个十分关键的因素。卡克霍夫和派瑞森认为，只有功能完备的人才有权利成为一名咨询师。咨询效果与咨询师本身能否有效地活出生命的意义相一致。咨询师自己越是能够活出生命的意义，他才能更有效地使当事人的生命更有意义。咨询师只有自己成为一个有活力的像救生员一样的人，才有能力解除落水者的负担，才能教会并放手让落水者自己去游泳求生，他才会富有创造性和活力，在未来才有可能帮助其他人上岸。[2]

个人成长的重大主题

在咨询师专业发展中，其成长还面临着许多重大的主题任务。萨维茨

---

[1] 孟莉.心理咨询师专业发展中的个人成长［J］.陕西师范大学学报（哲学社会科学版），2004（02）.
[2] 同上。

吉、朱温和克拉克依据"咨询师发展循环模型",提出四个连续的成长主题(经历不和谐、应答不和谐、联系督导、获得能力)和一些次要的主题任务。马歇尔和安德森的研究抽取出了 23 个主题以及次要的主题任务,包括早期的助人经验、个人成长的影响、对自己信念的觉知、自我照顾的重要性等各个方面。

孟莉根据中国文化和心理咨询专业现状,提出了六大主题:

第一,澄清个人的生命哲学观。咨询师的生命哲学观是指咨询师自己对人性、现实世界、生命存在、生活价值、个人生活态度等问题的一些基本假设和看法。具体包括个人的人性观、价值观等。人性观与价值观是一个问题的两个方面,人性观是价值观内在的基础,价值观是人性观在实践中的外在体现。

第二,探讨对重大生活问题的态度。咨询师对人生中的重大问题,如情与爱、生与死、性别角色与身份认同、权力地位与金钱等要有明确的认识,对这些人生问题要有一个积极探索的态度。

第三,解决生活中的"未完成事件"。"未完成事件"指个人在生活中在情感方面没有处理好的事情,包括悔恨、愤怒、怨恨、痛苦、焦虑、悲伤、罪恶、遗弃感等。这种事件常常与鲜明的记忆及想象联结在一起,徘徊于潜意识或意识中,会被不自觉地带入现实生活,影响个人对现实生活的知觉。未完成事件常常会一直持续存在,直至个人勇于面对并处理好它。如果咨询师自己的心理创伤未能治愈或内心冲突没有得到解决,在进入当事人的内心世界时,很可能会遭遇到相当大的困难。

第四,完善"自我概念"与提高自觉能力。"自我概念"指一个人如何看待自己,包括提高对自己身份的界定、对自己能力的认识及对自己理想或要求的确认。罗杰斯认为,它是"一套有组织、连贯性地对自己的观感"。个人的各种行为、与他人的关系、对环境的适应时刻都受自我概念的影响。伯格曼对 246 个心理治疗实例的研究发现,咨询师的自我探究和洞察力是影响咨询产生积极效果的显著因素。在优秀咨询师的自我概念中,对自己有比一般人更高的自我觉察能力,对自己更清楚、肯定,知道个人的长处,也不回避自己的短处。

第五，处理职业枯竭现象。如果咨询师是最有效的治疗工具，那么，保持咨询师的活力是最重要的。否则，就会出现职业枯竭现象。这表现为对咨询工作缺乏热情，视为例行公事，感到抑郁，情感和身体经常有疲劳和耗尽的感觉，精疲力竭，厌烦，缺乏认同感等。长此以往，咨询师会自我封闭，并因此影响工作。咨询师个人成长中需要学习保持咨询工作与个人生活的平衡，敏锐地觉察并学习有效地处理个人职业中的枯竭现象。

第六，提升专业伦理水平。咨询中的专业伦理是咨询师个人发展和咨询实务工作中经常遇到的难题。咨询师的专业伦理水平越高，对咨询师的价值观、自我概念等的要求也越高。从另一个角度讲，个人成长也是咨询师在专业伦理发展中的必要条件。

如何面对自我

吴熙琄老师说，"在学了很多理论和技巧后，终究要回来看我们如何帮助自己面对生活里的困难和挑战。这也是一个需要花上一段时间适应的过程。美国专门研究家庭韧力、家庭治疗的教授费洛玛·沃尔什强调咨询师一定要勇敢去面对自己生活中的议题。她认为咨询师如果只做个案，学技巧，没有机会去面对自己生命的议题，那么那些未面对的东西一定会干扰他们的咨询工作，而且会毫无觉察。"[1] 如前所说，《熙琄叙语——一个咨询师的成长历程》是工作室成员个人成长过程中的研读著作之一，伙伴们在思考自己生活中所面对的议题，都深有体会。

一、乐观面对人生：平淡中流淌的岁月

沈慧老师正当工作、家庭生活顺顺利利的时候，一次体检发现健康出问题需要手术，如何面对疾病重新审视生命的意义，她这样写道：

---

[1] 吴熙琄. 熙琄叙语——一个咨询师的成长历程［M］. 北京：中国轻工出版社，2013.

很喜欢吴熙琄老师的这些话："人生就是一个不断和不同挑战相遇的历程。""无论问题是否容易解决，去探索这个问题到底能带给我们什么，会让我们用更多的层次看问题，和问题的关系也会有所不同。"

人生，最重要的是生命，最需要的是幸福。但我们要想生活得快乐幸福，其实并不简单，虽然我们每个人都在为了追求幸福而不懈地努力着，但一生中总会遭遇这样那样的痛苦。人生会有很多的变故等着你，很多变故是你不得不去面对、正视和接受的。一向有些讳疾忌医的我，在经历4月初的体检和5月初的手术之后，开始重新关注、审视自己，我相信：面对本身就是一种力量。一向是走一步算一步，从来没有什么规划或宏伟目标的我重新思考自己的生活，随遇而安的我开始去思考一点生命的意义。身体其实是非常美好的，但它也需要照顾才能持续地保持它美好的状态。每个人都要知道珍惜和尊重身体，而不把它的运转视为理所当然，在我们努力工作、生活的同时，也要努力地照顾自己的身体。"不要做任何没有乐趣的事情。"我们的行为动机反映了我们是否爱惜自己。出于对生命纯洁的爱，而不是出于恐惧、内疚、羞愧、职责或义务来选择生活，是爱惜自己的重要体现。我想我爱惜自己，这是我前所未有的强烈的感觉，我迫切地希望自己的生活更丰富多彩一些。回忆自己的经历，十年前我把自己做过的一些经典案例写成了一本《千味青苹果：中学心理咨询室发生的故事》，也算是对自己前期工作的总结。而最近的十年间，我美其名曰享受生活，同时却在观剧中消耗着生命。我深呼吸，放松自己，看看自己究竟需要什么，听任自己的心去选择生活，自我成长其实是一份由自我抗拒到自我整合的过程。于是我选择参加了名师工作室的学习，在开班的交流中，我失态地哭了，那是因为我兴奋，我珍惜，我也希望这是我爱惜自己选择生活的第一步。我想说，虽然我依然会是一个与世无争、随遇而安的人，但是至少我应该让我的生命充实一些，做一些我想做却一直被我懒惰地拖延掉的事情。我希望自己不必去做自己能做的事，而是去做自己想做的事情。一个人能通过经验，不断面对、不断成长、不断整合，也是人生一件很难得的事情，感觉没有白活。

沈慧回顾20年的心理老师生涯，前十年意气风发，努力工作结有硕果。近十年因身患疾病，一度休养生息，我欣赏她不甘于这样消耗生命，"至少我应该让我的生命充实一些，做一些我想做却一直被我懒惰地拖延掉的事情。"沈慧选择参加我的工作室，把它看作是爱惜自己选择生活的第一步。

二、直面自我

张晓冬老师工作出色有口皆碑，她在面对自己的家庭生活时也有不少挑战，在工作室里，她动情地与大家分享自己的故事：

建平中学有一个传统，每一年的9月30日晚上所有师生都在学校参加国庆通宵活动，在这样一个不眠的雨夜，当外面的一切都那么热闹时，我做好自己的分内事后，开始静下心来阅读这本薄薄的《熙珺叙语——一个咨询师的成长历程》，一切竟那么亲切，那么温暖。

熙珺老师提到很多咨询师都有面对自我的问题，提到同事、家人对咨询师的期待和咨询师对自己做人的期待，确实"做咨询师不容易，一旦做了咨询师，四面八方的人都开始对他有很高的期待，包括咨询师自己对生活也会有更高的期待。"人们对咨询师有"神化"的倾向。回想自己的人生经历，自从当了老师，很多人都认为我一定很会教孩子；尤其是作为一名心理老师，很多人以为我一定更能处理好家庭关系和社会关系，一定更能调适自己的情绪。记得一位同事曾经这样问我："看你整天面露笑容，你是不是不会难过，你是不是没有不开心的事情？"当时我笑着对他说："我也是人啊，只不过我遇到事情的时候更容易想得通而已。"

真的是我比一般人想得通？还是我只是努力活出别人眼中的自己？

也许在别人眼里，我是一个一帆风顺的人，确实，在学业与工作方面，我付出了努力也得到了相应的回报，但是说起自己的生活，可能并不那么太平，婚姻问题、生育问题、孩子教养问题……记得有一次周增为书记让我在全校教工大会上发言，讲讲自己走过的路，取得的成绩，她希望通过这样的形式让大家看看很多在平凡岗位上默默无闻却作出贡献的教师。我认真准备了，但是谁也没有想到，包括我自己，当我说到在我最困难的时候有很多同事伸出援助之手，互帮互助，不知道怎么的，我竟然哽咽了，而且在众目睽睽之下泪如泉涌，止也止不住，心中的委屈、郁闷，甚至我也说不清楚的情愫奔涌而出。确实，那些年经历的辛苦，只有自己知道，虽然已经坚强面对并且已经都过去了，但是因为从未对任何人说起，所以别人也不得而知，那一天却万般想法涌上心头。那一天过后，大家对我"神"的印象应该消解了吧，我却从那天起，感觉轻松很多，因为我再也不用伪装坚强，再也不用为了维护心理老师的能耐和美好而故作轻松。我变成了和大家一样，也有自己的困惑，也有自己的苦闷，也有自己解决不了的事情的普通人，但是我面对这些困难与挫折所采取的态度、解决策略却越来越获得大家的认可。更多的人愿意与我交朋友，而不再是以期待的眼光看着我，不再期待我总能给他们完美的指导，而是可以更平等、很有同感地探讨人生。

这样的情况后来也发生过一次。2015年浦东新区育童小学组织了心理骨干组教师专题培训，在由国际认证的家族系统排列专家李晓春老师带领的家庭系统排列工作坊体验活动中，我和一些老师提出了一些我们自己困惑或者感兴趣的话题，李老师让我们上去进行个案演练。说实话一开始我对他的做法不以为然，所以在参加时有点心不在焉，一直进入不了状态，但是谁也没有想到，当他要求我闭上眼睛，跟着他重复"妈妈，对不起"这几句话时，我也不知道自己怎么了，当重复到第三遍时，我由一开始心不在焉的嘻嘻哈哈状态突然进入到一种很强烈的伤感状态，想到了长久以来妈妈因为我的生活而担心和操心时，内心深处充满了对妈妈的愧疚。这一天之前我一直认为我和妈妈的交流很好，其实在她面前为了怕她担心，我总是故作坚强，其实她也是很担心我的，只是不说，我们彼此都明白只是不挑明而已。在这一天的这样一个场合，我的情感如决堤一般得到了彻底的释放和宣泄。正如熙琄老师在书中所说，"每次勇敢地面对可能都会带给我们更多的理解、厘清和安稳"。那一天过后，我对妈妈彻底打开了心扉，像多年的闺蜜一般彼此倾诉，真的得到了更多的理解和支持。

说到"被咨询的经验"，以前我也没有接触过，但是在一次英国生涯辅导课程中，我主动要求做英国专家的展示个案，刚好我当时面临一些选择，是单纯做一个心理老师，还是接下其他的行政工作。在台上，一开始我太拘泥于英语的语言表述，很难进入状态，但是一个小小的技巧却让我完全投入，这个技巧就是"闭上眼睛"，任凭自己的思维跟着导师去想象，我发现在我面前如同打开一扇窗，我的想象丰富了，思路清晰了，思维活跃了，如同之前在李晓春老师带领的家庭系统排列工作坊中的经历一样。有经验的导师发现我是一个很容易受视觉信息干扰的人以后，及时调整，一个"闭上眼睛"的小小指令，竟然可以引发那么大的变化，这是我没有想到的。这个技巧在我之前的心理咨询过程中我很少使用，因为我一直认为当事人与咨询师有目光接触与交流时，沟通的效果会更好。在此后的咨询和教学中，我经常会根据实际情况使用这个技巧，效果特别显著。

熙珥老师提到"自我照顾"，认为"自我照顾"需要考虑包括精神上、物质上，以及什么对自己有特别重要的意义。确实，多年以来，我的生活虽然表面上看很不错，但是除了工作，其他所有的精力都放在孩子身上，和很多家长一样，当孩子学业不好时，我显得特别焦虑；当孩子身体出现异常时，我显得特别担心。于是我会用更多的时间来辅导她、照顾她，但是我自己的生活在哪里呢？特别是2015年11月两个关系很好的同事接连去世，对我的冲击非常大，过去我以为只有等孩子长大了，等我退休了，那时我才可能有精力有空闲去考虑自己的兴趣与生活，现在看来，人生无常，现在都把握不住，何况多年以后呢？经过很长一段时间思考，我觉得自己应该拥有自己的人生，于是安排好孩子，一个人去远行，来了一场说走就走的加拿大自由行，在一个城市定定心住下来，在斯坦利公园海边栈道快走，在森林中漫步，尽情呼吸那原生态森林中的清新空气，在温哥华城市图书馆悠闲地看书，一切都是那么惬意，身心得到彻底涤荡。现在的我每天会走路上下班，一路听着喜欢的节目，有空就在学校健身房的跑步机上锻炼，工作这么多年我竟然以为学校就是工作的地方，忽略了那么多其实我们可以使用的资源，我要做的就是早点到学校，给自己增加一节体育课而已；每周约朋友打打羽毛球，竟然带动了一帮人跟我一起锻炼，体重减轻了，人轻便了，体质增强了，朋友越来越多，人也更自信了。这样的人生越来越精彩，我的生活幸福感油然而生。

正如熙珺老师说的，人"无法放下那份执着"，是"因为还没有整理，还没有理解，还没有成长"，当我看完这本书，我开始"整理自己的成长"，也"放下自己的成长"，"进而才能理解多元的个案"。确实因为我丰富的人生经历，我变得成熟，在咨询工作与社会生活中也更能理解有类似乃至完全不同经历的人。每一段生命历程，不管当时感受如何，都是我们人生中最宝贵的财富。

对照我于2015年12月在上海市心理辅导中心年会上的发言"坚持 成长 收获——做一个幸福的心理辅导老师"，真正细读才发觉，那一篇写的还是自己期待中的自己，虽然也是真实的自己和真实的感受，但是更多可能是我自己希望展示给别人看的样子，而本文所谈的才是真正真实的自己。

晓冬的叙述给人印象深刻的是，心理老师是"人"，不是"神"。但是人们往往会有偏见和思维定势，诸如，"心理咨询师怎么也会有心理问题"，这和"医生怎么会生病"同样的荒谬。人本主义心理治疗法的创立者卡尔·罗杰斯说过，咨询师在来访者面前的"真诚"，是指咨询师要丢掉一切假面具，展现一个真实的自我，这样才能让来访者感受到安全感和信任感。"谁也没有想到，包括我自己，当我说到在我最困难的时候有很多同事伸出援助之手，互帮互助，不知道怎么的，我竟然哽咽了，而且在众目睽睽之下泪如泉涌，止也止不住，心中的委屈、郁闷，甚至我也说不清楚的情愫奔涌而出。"真诚的袒露恰恰使晓冬释怀。

另一个值得回味的是自我照顾。心理老师帮助学生的过程和咨询师助人的过程一样，耗费心力、体力，需要及时地补充精神养料和能量。同事的英年早逝，让晓冬感受到生命的宝贵，在工作、家庭生活之余，留点时间和空间照顾好自己。走进大自然，享受天人合一的感觉；一人远行，享受清静；运动健身等等，让自己胸怀更加宽广，让自己的生命更加充盈，让自己的生命更加精彩。

三、温暖的陪伴，坚持的力量

张珏老师在写《熙珺叙语——一个咨询师的成长历程》的读后感时，还给我们带来一个动人的故事：

初识熙珺老师，是在海事大学，她用她那柔和的声音，向我们娓娓讲述叙事的魅力，那一刻，被她深深吸引，内心窃喜，终于寻到生命中的拈花女神。

手捧着《熙珺叙语——一个咨询师的成长历程》，不舍得一口气读完。好书，犹如猫屎咖啡，亦如比利时黑巧克力，需细细品、慢慢吮。2016年暑假，我带着它行走西藏，游历法国、意大利，越野车上、飞机上、咖啡馆里，都留下我与熙珺老师对话的场景。

用心读完这本书，我没觉得收获了多少知识，但神奇的地方就在于我的内心竟然会充满温暖的正能量。书中讲述了熙珺老师从零基础到成为咨询师的心路历程，让我们看到了这样优秀和成功的咨询师在初学之路上，也经历了迷茫、困境、心虚、失败，以及遇挫之后，又是怎样激发出能量坚持走下去。

清晰记得我生平接待的第一个个案，那是我区某学校一名初二男生，他属于偏执性人格，有暴力倾向，学校有意劝退，让他前来咨询。因是学校强制他来咨询的，所以首次咨询很失败，无论我怎么寻找话题与他沟通，他都只顾低头玩手机，视我如空气。无奈之下，我在他起身准备离开之时生硬地"背诵"了一段所谓的"行话"：我知道你内心有很多的苦楚，你很想找一个人去倾诉，只是你现在还没有找到一个安全的、懂你的人，我愿意做这个人，听你讲故事，并为你保密。他略略迟疑了一会儿，然后用手机记录下我们的热线：57421213，随后便消失在走廊的尽头。第一次咨询就这么匆匆结束，当时脑子里一片空白。

两周后的周日下午，男孩突然出现在咨询室门口，我看着他，内心一阵狂喜与感激，赶忙请他入座。男孩先开口，说："老师，见你挺亲切的，我就同你讲讲我的故事……"他的父亲是一位精神病患者，病情时好时坏。五年前，母亲因不堪父亲病情发作时的拳打脚踢，与父亲分居。他说：我恨母亲，恨她弃病中的父亲不顾。也恨父亲，身患精神病让我在学校里自卑得抬不起头。他内心充满着自卑与愤怒。敏感的他，当同学老师对他稍稍表示出不敬时，便大打出手。他是试图通过打架，发泄内心的愤怒，掩盖内在的虚弱，表达自己的无力……

其间，我除了倾听，简单给予些"嗯""哦"之类的回应外，几乎没用什么其他技术。男孩并未因此而对我有所抱怨，而是按约定，坚持每个周日下午同我讲他的故事。起先，都是讲他小时候如何如何的苦，日子过得如何如何的艰难。可是，慢慢地，故事的色彩愈发明亮起来，他会越来越多地回忆起爸爸精神正常时，一家三口在一起打牌、逛公园，父亲辅导他做航模的情景，说着说着就笑了……

就这样，故事一讲就是大半年，转眼到了2009年的除夕夜。当新年钟声响起，时针正好指向零点时，我竟意外收到了小男孩发来的短信，这是他第一次给我发短信：祝张老师新年快乐！谢谢您一直陪着我，听我讲故事，您是一个好人。

直至今年，连着七年，每年的除夕夜，他的"新年零点祝福"总会如期而至。他说，还会有第二个七年，第三个七年……

我深深地感动于小男孩的执着，不知是有意还是无意，从2009年开始，每个周日下午，我都会来心理中心值班，不管那天有没有预约个案，不管家里有多少事务缠身，我都如期而至。

感谢男孩，我想，这一份坚持，定是缘于他对我的包容、支持与鼓励。

熙珥老师在本书的最后写道：踏踏实实地学、扎扎实实地做、好好在关系中成长、不断研读咨询逐字稿，持之以恒，一定会看到自己的成长。

我想说：有信心、有毅力地坚持做正确的事，其结果一定是震撼性的、革命性的和催化性的。

张珏的这个故事让我们看到，温暖、信任的咨访关系是调动小男孩内在积极力量的关键。作为第一次接个案的新手心理老师，缺乏咨询经验，但是恰恰是张珏的真诚、可亲和耐心倾听打动了小男孩，在良性的互动中，小男孩不仅倾诉了内心的怨恨，而且在张珏的陪伴下，唤起他对生活的积极期盼。小男孩的积极变化又进一步坚定了张珏对专业的执着和坚守，"感谢男孩，我想，这一份坚持，定是缘于他对我的包容、支持与鼓励。"

四、一次团体辅导带给我的自我觉察

工作室成员的个人成长除了读书活动，还有成长团体辅导活动。温馨、和谐的工作室团体氛围，让伙伴们觉得回归到"心灵的港湾"，这也是成长团体辅导活动的良好基础。吴俊琳老师平时忙于工作和家里双胞胎女儿的教育，很少关注自己，一次成长团体辅导活动中，她开始关注到自我觉察：

在本学期工作室的个人成长团体辅导中，我第一次学习种植多肉。在分享环节，我发现工作室的伙伴们平时的生活是多姿多彩的，这让我有所触动。有一次我出于好玩，邀请朋友对我的性格进行点评。这个点评是借用五种颜色代表五大类的性格特点，分别是红色、蓝色、紫色、绿色和粉色。红色代表热情、大方、直率和果敢。蓝色代表冷静、沉稳、逻辑和执着。紫色代表知性、聪慧、温柔和浪漫。绿色代表的是快乐、自信、平衡和治愈。粉色代表明亮、简单、可爱和柔和。结果，绝大多数的朋友告诉我，我属于蓝色。这个结果和我自己设想的还是有一定差距的。这又让我联想到十年前我做的一个沙盘，当时老师对我的解读是：我过分压抑了自己的欲望，成为了现实的奴隶。其实我向往的性格是粉色，但只有我大学上铺的好友觉得我是这样的。仔细想想我的日常生活，我发现我内心的粉色确实被牢牢地压制了，许多我从小的兴趣爱好都慢慢丢掉了——曾经的我是校舞蹈队的领舞，是合唱团的领唱，是美术老师心爱的课代表。现在的我想跳舞，却发现自己四肢不协调；想唱歌，却发现嗓子已经打不开了；想要画画，拿起画笔却无从下手。还有许多我向往的生活和尝试也没有付诸行动，我喜欢房间里有鲜花陪伴，但是总觉得养两个孩子已经很辛苦了，哪里还有时间养花。我喜欢去了解不同文化背景下人们的生活，可是旅行的计划总是一拖再拖……所以

我很感谢吴增强老师推荐的《熙珺叙语——一个咨询师的成长历程》，感谢工作室小伙伴的无私分享，感谢吴老师的告诫，让我意识到了自己的限制，让我开始思考面对自己的议题。

辅导伦理

学校心理辅导工作，不仅仅是面向学生的服务，也包含大量与学生、家长、班主任、科任教师、学校管理者等角色互动的工作。而只要存在人际互动，就会出现伦理的议题。而随着学校心理辅导工作的深入推进和服务品质的提升，伦理规范越来越引起学校心理辅导人员的重视。伦理规范与辅导技能是心理老师专业发展的一体两翼。

一、学校心理辅导伦理的内涵

1. 伦理的内涵

理解学校心理辅导的专业内涵，要遵循"伦理—专业伦理—学校心理辅导专业伦理"逐步缩小内涵的逻辑认识规律。

英文中伦理一词ethics，来自于拉丁文的ethica，而拉丁文又从希腊文的ethos演变而来，其单复数意义不同，单数指的是"风俗习惯"或"惯例"，而复数则指的是做事的一种自然或类似自然的倾向。此种倾向是一种人生观，是一种对人生的概念或看法，是人生哲学的一部分；是人们用以接人待物的一种实践哲学或道德哲学。

中文中"伦理"一词，被儒家解释为人与人之间的关系基础，许慎的《说文解字》中解释为"从伦人，仑声，辈也。理从王（玉也），里声，治玉也"。"伦""理"二字合为一词，始见于《小戴礼记》："乐者，通伦理者也。""伦理"也就是类别与调理，既可以隐喻人际有辈分之分，也可用于比喻事务条理有序。研究者刘真曾经进一步阐述道："伦理者，犹言人人当守其为人之规则而恪遵其秩序也。"可见伦理是人类社会中人际互动的行为规范或准则。

所以不管是西方文化，还是东方文化，都主张伦理是人际关系中互动的规范或原则，亦可以理解为限制或边界。台湾心理专业伦理研究者王智弘认为，伦理是规范行为的原则，据以检定行为的对错，是属于群体规范的实践历程。

"伦理"（ethic）与"道德"（moral）经常被同时提及，它们虽然内涵上有共同之处，但是比较之下，亦会发现有许多微妙的差异（见表9-1）。

表9-1 伦理与道德的内涵比较

	伦理（ethic）	道德（moral）
力量来源	客观性、普遍的社会要求	个人对自我的要求
指向	人际互动中的整体规范	与他人互动的对错判断
概念形态	较为具体、客观	较为抽象、主观

2. 专业伦理的内涵

依据"伦理是人际关系中互动的规范"的界定，"专业伦理"则是指专业人员的职业角色、职业设定及与他人互动的行为规范。每个职业、每个行业都有与其具体服务内容相关的专业伦理。值得注意的是，专业伦理规范了专业人员与其他专业人员、其所服务的对象，以及其与社会大众的互动行为与关系，也就是说它关系着专业或行业在社会大众心目中的形象塑造。这一点对于正在蓬勃发展中的心理咨询行业、学校心理辅导行业来说，意义重大。

3. 学校心理辅导专业伦理的内涵

依据"专业伦理是指专业人员的职业角色、职业设定及与他人互动的行为规范"的界定，学校心理辅导的专业伦理是指学校心理辅导人员在心理服务中，与学生、家长、班主任、科任教师、行政管理人员，以及社会大众之间互动的行为规范。

国外研究者范·胡斯和科特勒认为"专业助人伦理"的影响因素包括个人的哲学理念与价值观、助人专业伦理守则、服务机构的规定、当事人的福祉、社会规范与法定规章,以及作出合理公正道德选择决策的方式。台湾学者王智弘曾经从实务运作层面出发,把专业助人伦理的影响因素概括为五大类,对于学校心理辅导人员具有现实指导意义。从学校心理辅导人员开始辐射,它们依次是个人因素、服务机构因素、专业组织因素、来访者因素和社会因素。

二、边界、心界、境界

在学校辅导工作实践中涉及的情况往往是复杂的。工作室伙伴在学生辅导工作经验分享中,常常会遇到辅导伦理的问题。杭艺老师在工作室的学期小结中,用了边界、心界、境界三个关键词:

一个学期,时间飞快。还没有细细品出滋味,就在忙碌中度过。回顾一个学期的工作,尤其是工作室的研修,如常是感到充实与幸福的。在研修的活动中,我们研读了书籍、探讨了个案、参加了培训、细磨了书稿提纲。每一次的交流与讨论,都能够激荡出一些新的想法与认识。学期结束前,回顾自己的个人成长,一次次相聚学习,仿佛重新浮现眼前,感悟比较多的关键词有三个:边界、心界、境界。

首先,是边界。

边界这个词汇,在很多次研讨的过程中,都会被师父或同门一再强调。这学期印象比较深的有两次,一次是沈闻佳的孩子的拒学个案,大家在讨论对于拒学孩子的帮助时,提到了是不是需要上门咨询。罗吾民分享了他上门咨询的经验与过程。师父问:"一个不合适的个案,如果迫于领导压力去不去?"我的第一反应是,那必须去。从行政服从的角度看,我首先是教师、下属;其次才是心理辅导者,我必须执行。但仔细思量一番,这个问题的答案其实也并不唯一,我可以去,但方式与方法却应该调整。可以和领导表明心理咨询的原则与边界,澄清工作的方式与方法若不遵循伦理可能带来的负面结果与后续影响,向领导建议更为合理的工作方法与工作路径选择(如:选择以不同的身份及选择不同的合作者参与教育活动等)。事实上,随着工作时间日久，领导与教师伙伴们对于专业的信任度也在不断提高的过程中。当然，在学校的工作中，我始终觉得在保有边界的基础上，保有工作弹性也同样重要。另外一次是罗吾民分享的孩子幼年遭父亲性侵的个案，在是否报案的问题上，伙伴们进行了深入探讨。面对这个复杂的家庭，以及其非伦理的处境，咨询者的帮助能力及学校社会介入的可能性有多大？在这一场伦理的讨论中，我明白了个人能力是有边界的，这是一个自我觉察并且在不断流动发展的问题，即诊断与评估的能力，个人咨询的能力。当我们不能有效地帮助来访者，转介的发生是自然选择。当我们不能帮助来访者，转介又有一些不能实现的因素时，那么我们至少需要做的是不要因为我们的咨询产生一些继发性的伤害。王智弘老师在交流伦理问题的时候，也说过，所谓的伦理，也是因案而异的，没有所谓的标准答案。我们在伦理上的准则，往往是以来访者的利益为考量。如果他需要建议，就给他；他需要引导自我发现，就引导啊……至少先要保证不要做错的、带有伤害的事情。有时想想，边界这条线很明确又很模糊，操作的方法可以多样，但心中的准绳必须长存。

其次，是心界。

由于在现实的工作中，我的很多日常工作来自于不同的领域，精力都会被牵扯到别的方面，曾经一度也在内心职业认同与方向选择上有所彷徨。现在虽然没有彷徨，但依然要花费大量的时间应付其他工作。平衡家庭与工作也不是一件容易的事情，有时会感觉精力有限，生活四平八稳就好。曾经在六年前高评结束后，觉得工作上就是这样了。但在今年，日益有一种不同的心界产生。师父如此的敬业与高产，同门如此的精深与执着，让我不断地反思自我，"不求有功，但求无过"的心界是一种停滞与退步。也许是临近中年危机，深感时不我待，第一次觉得要在人生的每一个阶段都对自己满意，就是要始终保持一颗前进的心。不必是事业的提升，但在自己从事的领域中，必须日久弥坚，有所笃定。35岁以后才是专业发展的不惑、执着、收获的开始！

最后，是境界。

"道术并举"的境界是师父引领我们前进的方向。照顾好自己，探索更多的人生议题，是心理工作者的自我修养。这学期我在研读、分享《存在主义心理治疗》的时候，也更深地体会了心理学大师们的哲学思想及对人性的理解与思考。当更多地探究自我、他人与社会的时候，我希望能在这个焦虑浮躁的社会中，试着做一个不焦虑的心理工作者，以一种不功利化的视角在学校中发挥作用与影响。就像我们大家在崇明扬子中学研讨手机问题时一样，也许不是学生错了，而是我们理解的角度与变革的方向不对。在工作中，发出一些不同的声音，做一个宽厚、多元、不功利与不焦虑的成长见证者。

杭艺老师是个很有悟性的心理老师，虽然是从历史老师转型而来，但由于她勤奋好学、乐于实践，专业成长得很快。她谈及的边界问题往往是辅导工作中的两难问题，正如王智弘教授所说，一般有原则，但没有标准答案，需要在案例督导中讨论反思。心界是杭艺老师对自己职业成熟期的反思，不安于现状，继续前行，工作室是她成长中的加油站。境界是她能够理解导师对于工作室伙伴们"道术兼修"的期待。

三、在个案督导中成长

宋美霞老师是工作室里年龄最小的学员，聪明伶俐有潜质。她在学期小结里写道：

本学期的工作室活动一如既往的形式多样，但让我印象深刻、深受启发的是几次个案督导的经历。除了有专题督导活动安排，在分章节解读《心理咨询与治疗的理论及实践》一书时，同门也常常将本章节流派的核心观点和技术与自己做过的咨询个案结合起来，大家一起讨论如何有所取舍的对这些内容加以运用，如何将不同的技术加以融合，如何应对咨询中的伦理问题，如何明确与来访者之间的边界等问题。

这种同侪督导在我日常的工作中是非常难得的，对于每一次的个案督导，我既佩服汇报者专业、规范、细致的做法，也受惠于督导时的思维碰撞，吴老师的指导和同门的发言，常常让我豁然开朗：原来解决问题还有这么多可尝试的方法和视角。研修之余，我也常常将督导时的感悟与自己日常的阅读以及咨询工作结合起来，比如：我更加深刻地认识到，在咨询中我们很容易把自己的体验投射到来访者身上，并想当然地认为，对自己有用的方法对来访者也一定有用，让我们感觉良好的事情，也会让来访者感到自豪。而督导的经历提醒我，今后需要增强在这些类似情形下自我觉察的敏感度。再比如：我更加理解了"接纳"对于咨访双方的重要意义，对来访者来说，全然接纳和不加批判有助于其安全表达，而对于咨询师来说，也要接纳自己不是"全能"的，承认的确有很多问题是我们无力解决的。

身心调节

心理老师预防职业倦怠的有效方法之一就是学会身心调节。

一、在运动中遇见美好心情

向翔老师对于运动健身帮助自己调节心理深有体会，她说："相对吴熙琄老师喜欢用瑜伽和打坐来自我照顾，我喜欢以跑步的方式完成类似的独处。我的许多问题的产生、灵感的来源、压力的舒缓、对自我的认识都是在跑步中产生的，这是我最为坚守和自信的部分。将书中的若干问话放在跑步时拷问自己，可以帮助我认识到与从前不一样的部分。"以下是她的心得：

我是一名初中心理老师。刚入职时，同事们都会觉得教心理课轻松无压力，是件幸福的事。只有我自己知道，大多数时候，心理老师处在一个被边缘化的位置。那时候我很困惑也很迷茫，不知如何实现自己的职业价值。

我休完产假重返工作岗位后，人就更加谨小慎微，迫切需要证明自己的价值。为了瘦身我开始运动，一开始是步行上下班、挑战徒步30公里；后来是逐渐加量的用跑步机运动，又去青海湖花了四天环湖骑行；再后来又接触了空手道、马拉松，变得一发不可收拾。我其实不是个擅长运动的人，此时的目标也已不是瘦身，运动成了我生活的一部分，负责帮疲惫、困顿的我充电、解压。

我一直是一个"跑渣"。但是五公里、十公里、半马、全马，我也一步一步挺下来了。为了备战我的首次全程马拉松，我为自己拟定了一份为期五个月的训练计划：每隔一天晨跑十公里。这五个月经历了大风、大雾、阵雨、低温，只要路面条件适合，我都风雨无阻。每个训练日我在清晨醒来，检查路面是否被大雨浸湿，稍做热身运动便冲向门外；遇上大雨，就改成跑步机跑，不给自己懈怠的借口。五个月的训练结束后，我轻松实现了自己的首场全程马拉松，而这并不是最令人欣喜的部分。

现在想来，那段保持晨跑的日子也是我最富有活力的时光。晨跑结束稍作休整我便投入到一天繁忙的工作当中，愉快地与进校门的孩子打招呼，轻松地从一楼到五楼进行校园巡视；耐心地解决各项临时产生的问题，不拖延也不回避；课内课外和学生们积极互动，时而严肃时而幽默地带动教室的氛围。不忙的时候会找些手边的活儿尽快完成，而不像过去只想趴在桌子上犯困。

同时，晨跑足够的运动量保证了我优质的睡眠。前脚把孩子哄上床，后脚自己也就踏踏实实睡下了。有晨跑的日子都要早起，为了保证睡眠，自然也不可能在睡前看电视玩手机，尽快入睡才能保证第二天跑步时的良好状态。有几个冬天的早晨，我也曾梦游似的跑了几公里，那意味着我头一天晚上入睡迟了，我会马上调整好状态，确保下一个夜晚有足够的睡眠时间。和师生家长们接触的这些年来，不可否认的一个现象就是睡眠不足的确会影响到人的情绪状态。在我接触的一些个案中，有睡眠问题的，也不抗拒运动的，我都会鼓励他们尝试持续的运动。

良好的运动习惯增强了我的体质。以前每年的开学季、考核季我都会在忙完一堆事情之后来一次为期较长的感冒，也有时候是皮肤出现各种问题。在坚持晨跑的那段时间里，我一直健健康康，冬天里也会比同龄人穿得稍薄一点。皮肤也不再敏感，每天还乐滋滋地化个淡妆上班。可惜的是后来没有坚持，不跑步的日子里倒是偶尔感冒。

运动的兴奋激活了我的思维。我时常一边跑一边想，啊，我见过凌晨四点的上海的模样。我的发言稿应该这样写，我的教案应该那样写，这个活动方案应该这么弄，那个总结报告应该那样改……宁静的社区，规律的步频，温柔的路灯，深邃的天空，它们让我比任何时候都思维更活跃，精神更集中，许多有趣的点子、重要的规划，就在这样的富有节奏的跑步过程中产生了。

最重要的是，运动让人变得平和而充满希望。我的十公里成绩并不平均，跑得快时，我得意于当天的状态很好；跑得慢时，我相信那是巩固成绩的过程，没有这些积累，跑全马时必定受伤。在工作中，我也会为一切顺利而开心；有不顺时，我也能集中精力解决好当前的问题。我相信内心的平静是解决问题的前提，也相信拥有希望会使人变得强大。

运动，让我的身心得到充分的休息，让我积蓄的压力得以释放。它让我体验到挑战、专注、投入和控制感，让我在忘我中实现内心的自由。回到最初的那个问题，这些年来我的努力也受到了学生们和同事们的认可，心理健康教育已经成为学校德育工作的第一要务，我也不再是单打独斗，而是有了一个合作的团队，今天的心理老师不仅会拥有一份美好心情，也会拥有一份美好未来。

我每次在工作室活动时都发现，向翔总是精神饱满、生气勃勃。她既是政教主任，负责学生事务工作，同时担任心理老师，工作繁忙、压力也大。由上可见，运动不仅使她放松身心，运动也使她展开思考的翅膀，给她更多的创意和灵感。

二、教师社团活动

张珏老师身兼两职，即是区学生心理辅导中心的主任，又是区教育学院工会主席。她本人就很善于运动健身、身心调节。在她的带领下学校教师社团活动丰富多彩，促进了教师的心理健康。她们的经验可供大家参考[1]。

---

[1] 吴增强. 发展性心理辅导：理论与实务［M］. 上海：上海科技教育出版社，2018.

上海市奉贤区教育学院为了丰富教师的业余生活，培养教师的兴趣爱好，让教师做一个"有趣的人"，他们着力打造了乒乓、徒步、冥想、音乐、舞蹈、文学、书画、诵读、摄影、垂钓、茶艺、DIY 手工制作、旗袍秀等 13 个教工社团，这些社团在学院党政工的支持下，独立自主地开展多姿多彩的活动。教工社团通过身体锻炼、冥想放松、音乐欣赏、诵读等活动，促进教师心理健康，值得借鉴。

1. 身体锻炼

作为一名教师，首先需要有健康的体魄，只有身体健康了，体力充沛了，身心之间有着良好的互动，才能够迎接新的挑战。

美国学者麦尼的研究表明，经常进行体育锻炼和游戏，不仅可以消除人的紧张情绪，而且可以启发人的创造性，还可以保持人与人之间良好的状态，以及树立一种积极乐观的形象。

英国心理学者罗斯彻在 1993 年对两大类的体育锻炼方式进行了调查：一种是大众娱乐的锻炼方式，如足球、篮球等游戏性的运动；另一种是散步、慢跑和快走的锻炼方式。其中经常性的散步、慢跑和快走等轻微的活动能够缓解抑郁患者的不良情绪。

西方学者艾尔蒂森教授研究指出：身体健康的人经常参与有氧运动或定期、不定期地进行适度的体育锻炼对于缓解抑郁症的不良表现是有积极作用的。

（1）有氧锻炼与无氧锻炼。有研究表明，有氧能力强的人对心理社会性应激刺激的刺激反应更低；有氧运动可以使男性大学生的积极情绪呈上升趋势，消极情绪呈下降趋势，并且这一心理效应至少持续到运动结束后 60 分钟。马丁森认为，有氧锻炼（低强度、长时间）和无氧锻炼（高强度、短时间）均可降低抑郁，而且体育锻炼比放松练习和其他娱乐活动更能有效地抵抗抑郁。坚持参加至少六周的无氧练习可以在紧张、焦虑、愤怒或所有的情绪方面都有显著改进。而且，锻炼后无论是男性还是女性，无论是训练有素的还是未经训练的，均可表现出一种积极的情绪状态。

（2）运动的时间。从运动生理学角度说，每次进行 20—60 分钟的耐力性运动是比较适宜的；从心理学角度说，产生心理效益的运动时间需要20—30分钟，40—60分钟的身体锻炼则会使身心进入积极陶醉状态并使大脑得以自由运转。而如果锻炼的持续时间少于20分钟，锻炼产生的心理效益还未来得及出现，身体活动就已经结束了，这种情况下很难产生心理效益。

（3）运动的频率。如果以健身或康复为目的，一般人的运动频率应以每周三次以上为宜，同时还应结合每次运动的强度、持续的时间、个人的身体恢复情况以及对运动适应能力等因素的综合考虑；如果每次锻炼的运动量不大也可增加运动频率，每天运动一次甚至两次，使体育锻炼成为生活的组成部分，作为每天生活中的习惯性活动，只要没有疲劳的积累，对身心健康是有益的。

2.冥想放松

假如过去你经历过长期的心境低落，那么就会付出很多精神上的努力来压抑负性思维。温斯拉夫·贝茨博士等人发现这种压抑可能会暂时起作用，但是十分昂贵——那些努力压抑负性思维的人最终会比不做任何努力的人更加感到抑郁。从类似的研究中，很多心理学家终于确认了冥想智慧早就得出结论：试图压抑不想要的念头并不是让头脑冷静而澄明的有效方法。

那么我们应该如何令头脑平和冷静下来呢？其中一种方法就是让自己不断地把注意力投入到某样事物上。因此，选择作为注意焦点的客体就非常重要了。这个客体不应该有情绪上的负荷或者智力上的兴趣，否则就会打断思维稳定的过程。自古以来，呼吸一直是用于集中注意力的比较方便的客体。我们可以随着吸气和呼气，把意志尽量灌注于持续变化的物理感觉之中。

呼吸，就是吸气时，知道自己在吸气；呼气时，知道自己在呼气。呼吸是冥想放松的基础练习。方法非常简单，每天给自己十分钟，找一个安静的角落坐下来，可以盘腿坐在垫子上或者坐在普通的椅子上，保持脊椎挺拔，全身放松，轻轻地闭上眼睛，把注意力集中到自己的呼吸上。

吸气时，从头到尾跟随着你吸进去的气息，感觉空气从你的鼻孔进去，被你的身体吸收，于是你得到滋润，感觉清新。呼气时，从头到尾跟随着你呼出的气息，感觉身体不需要的废气从身体内部通过鼻孔释放出来，于是很轻松。就这样，微笑着，安坐十分钟。

回到呼吸，就是回到生命之源，回到自己真正的家。每天与自己约会十分钟，时间长一点更好，你慢慢会发现，周围可能跟你一样的纷乱繁忙，但你的心比以前安稳，注意力比以前集中，脾气越来越好，于是生活越来越和谐喜悦。

3. 音乐欣赏

音乐作为一门艺术，不仅给人们带来精神上的享受，同时还可以表达思想感情，鼓舞人们的意志。优美、轻松、愉快的音乐可以使人们体会到满足、甜蜜，从而心情舒畅、视野开阔；雄壮、激昂、奔放有力的音乐会使人意气风发、热血沸腾，从而振奋精神。人们在欣赏音乐的过程中，以某种生活体验和情感体验为依据，创造出各种现实与非现实的意向世界。人们可以进入自由想象的世界，获得愉快、悲怆、愤怒、叹息、惊异等情绪体验，引发强烈的感情共鸣，调节自身情绪，达到新的平衡状态。

4. 自助阅读

（1）阅读的作用及其心理学机制。阅读可以影响人的心情，改变人的想法，从而完善人的性格。我国学者王波和傅新从不同的角度对阅读过程中人的生理、心理状态进行了考察，提出了阅读疗法的作用机制。从心理学角度来说，阅读对人的心理调节和改善主要是通过以下五种方式产生的，即共鸣、精华、平衡、暗示和领悟。

第一，个体在欣赏精神作品时，总会首先在脑海中形成一个期待，有意无意地将作品中任务的特征、经验、情感、性格等和自己加以比照，期待从作品中找到和自己吻合的地方，从而产生强烈的情感共鸣，以获得可以汲取的精神力量，在心理上支持自己从一些不良情绪、状态中解脱出来。共鸣是阅读疗法的第一步，只有个体对所阅读的材料产生了共鸣，阅读对其心理的成长和疗愈才是有效的，如果个体对阅读材料产生不了共鸣，则说明该阅读材料对其是不合适的，需要重新选择阅读材料。

第二，读者在欣赏阅读材料时，在作者所设定的情境中体验恐惧和紧张，与材料中的人物发生了心灵的契合和沟通，内心的情绪被导向外部，通过把悲剧主人公当作自己而使得情感得到升华，压力得以释放，使其恢复到和谐状态，达到心灵的净化。

第三，每个人都是社会人，其在社会生活中所建立的与他人的关系都是通过各种事件形成的，其中个体不愉快的、消极的情绪大多是由于个体与他人和事件之间的关系不平衡造成的。在阅读中，个体可以通过阅读将自己带入一个虚拟的现实世界中，在其中你找到了一个比你有着更为悲苦、愤怒、凄惨的主人公，从中发现了自己生活的美好，找到了属于自己的幸福。幸福心理学中所提到的增强幸福的方法中"与穷人为邻"与其有着同样的心理学原理。平衡和净化在很大程度上有着相似之处，它们都是通过阅读一些悲剧性的读物，以阅读材料中人物的不幸来冲垮自己胸中的不快，扭转或扔掉不良情绪，从而恢复心理的平衡，获得正能量，能够理智、冷静地看待生活，从容面对生活中的压力。

第四，阅读可以通过他人暗示和自我暗示对个体产生影响。当阅读材料是由个体敬重、欣赏或崇拜的他人所推荐或所写，而阅读材料的内容是积极乐观、充满正能量时，个体在阅读时会对其心理状态产生很大的正面影响，减轻或消除心理症状，给自己力量面对生活中的挫折和压力。个体对阅读材料的选择和接受本身就体现了其对阅读材料内容的选择，个体选择的是积极的阅读材料还是消极的阅读材料本身就反映了其自我暗示的取向。另外，在阅读过程中，个体从积极的角度还是从消极的角度去了解阅读材料，也最终取决于个体本身，这些都是个体自我暗示的表现。

第五，个体经过共鸣、净化，在阅读过程中，不自觉地将无意识的阅读过程慢慢转变为有意识的心路历程，阅读材料中的内容使个体的内心活动外向化，而个体的心理活动又使得阅读材料的内容内向化，最终豁然开朗，大彻大悟。

（2）心理自助读物阅读的实施。阅读心理自助读物是个体提高自身认知能力、增强信心、调整自身心理状态、改变自身气质、提升个体人格发展与自我实现的一种简便易行、行之有效的办法。

首先，作好阅读前的心理准备。在开始阅读心理自助读物前，个体需要调整好自己的心理状态，从心里接受并深信自己可以通过阅读改变和提升自己，并敞开自己的心灵，愿意将自己和阅读材料之间进行深入的交流，并用行动来改变自己。作好心理准备，给自己积极、正向的心理暗示是心理自助书籍阅读的第一步。

其次，选择适合自己的心理自助读物。每个人都是独特的个体，其所具有的基础、所面临的困境和所持有的期待都是不同的，在阅读心理自助读物时，个体可以根据自己的情况，选择和接受适合自己的阅读材料。

最后，阅读、倾听和思考阅读材料的内容。在对材料进行阅读时，要多结合自己的情况，和书中的内容进行对照、联结，以净化自己的心灵，改变自己的行为，从而促进自我的成长。

在阅读的过程中，如果能找到对同一主题感兴趣的同伴，组成阅读小组，一起阅读、讨论，将会使得阅读达到更深刻、更好的效果。在小组中，将阅读材料的内容结合自己实践、体会加以讨论、分享，会让自己获得更多的思考，对阅读材料的理解也更透彻。对于一些个体认为对自己特别有用的阅读材料，可以选择反复阅读，或者在不同时期进行阅读，由于每次阅读时个体的情绪、体验的不同，个体会得到不同的收获。

给心理老师的建议

◎ 在直面自我中，感悟生活的意义、生命的价值。心理老师是"人"不是"神"，心理老师除了工作，还有自己的家庭生活，也会碰到普通人的种种烦恼，面对困难，要妥善处理好自己的生活。对我们自己的人生问题能够有积极探索的态度，才能更有效地去帮助别人。本章中沈慧老师经历了一场大病，感悟到身体健康的重要；张晓冬老师熟识的同事相继去世，让她更加感悟到生命的可贵。

◎ 要注重自身人格修炼，提高自我觉察能力。如前所说，咨询师的自我探究和洞察力是影响咨询产生积极效果的显著因素。在优秀心理老师的自我概念中，对自己有比一般人更高的自我觉察，对自己更清楚、肯定，知道个人的长处，也不回避自己的短处，使自己的人格不断地得到完善。

◎ 要遵循辅导伦理。学校心理辅导工作，不仅仅是面向学生的服务，也包含大量与学生、家长、班主任、科任教师、学校管理者等角色互动的工作。而只要存在人际互动，就会出现伦理的议题。随着学校心理辅导工作的深入推进和服务品质的提升，伦理规范越来越引起了学校心理辅导人员的重视。伦理规范与辅导技能是心理老师专业发展的一体两翼。

◎ 要进行自我照顾，善于身心调节，提高正能量。心理老师在助人工作中要耗费大量心力、脑力和体力。照顾好自己，不仅是为了预防心理枯竭，维护心理健康，而且更重要的是让自己的生活变得充实和精彩，让自己成长得生机勃勃。从积极心理学的视角来看，心理老师要有幸福感，要有蓬勃发展的生活气息。唯有照顾好自己，才能更好地帮助别人。

第十章 收获的季节：探寻优秀与卓越

工作室三年的研修活动一晃而过，感叹时光飞逝，我和工作室的伙伴们能够共同学习成长，是我人生旅途中的一段珍贵的缘分。我和大家一起学习理论、努力实践、探索自我成长和品性修炼，探寻优秀心理老师的成长之路。工作室的伙伴们的变化和收获，让我感到欣慰。

成长之路的收获

一、我的变化和收获

吴俊琳老师在三年的研修小结中写了如下的体会：

首先，我希望完成生涯的转型和发展。

因为加入工作室的时候，正好是我从学校心理教师向区域心理教研员转型的那一年，对自己的角色定位、工作开展存在着很大的困惑。回顾工作室的学习，庆幸自己能够加入这个团队。例如，我从资深的教研员身上学习他们的成熟经验。张珏老师通过课题带领区域心理教师迅速成长。于是我申请了课题"心理活动课的同课异构研究"，团结了区里有志一起精进教学的老师们。我们每个月一起备课、录课、观课、评课，虽然特别辛苦，但是每次课题组活动，大家都能克服重重困难，聚到一起。研讨时我们总是那么投入，完全没有留意时间的流逝。这样的研究让我们建立了深厚的友情，同时我们每个人的专业技能也得到了很大的提升。

再如，我能与有相似背景的伙伴分享转型的心得。蔡素文老师跟我有类似的发展历程，从她成功的转型经验中，我再次看到了自己的薄弱点——我特别不习惯与领导打交道。但是，学校心理工作真正想要有所发展，必须要得到学校领导的理解和支持。作为教研员，我们有义务向学校领导宣讲心理健康教育的重要性，并引导他们看到心理健康教育的积极作用，为学校心理教师争取更好的工作舞台和发展机会。今年我接手了区内两所初中强校的帮扶工作，我克服了心理障碍，主动与学校的德育主任联系，交流工作，并在他们的建议下直接与学校校长进行了沟通，取得了较好的效果。

另外，我还收获了在一线工作着的优秀伙伴们的专业建议。作为教研员，其中一项工作就是对学校进行心理健康知识的宣讲。每次去学校，校方总是特别客气，所以讲座后很难听到真实的反馈，这让我特别苦恼。工作室常常有主题交流，我借此机会将自己平时宣讲的内容进行了分享，得到了工作室成员真诚的反馈和专业的修改建议，让我能看到自身的不足，并加以改进。

其次，我希望提升自己的专业水平。

作为教育部中小学心理健康教育专家指导委员会委员，导师对于一个优秀心理辅导教师的专业成长有如下的指导意见：要着力提升三种能力，一要提升专业发展的胜任力，二要提升专业发展的动力，三要提升专业发展的境界。导师也是按照这样的思路设计工作室的学习计划，为我们量身定制了专业理论学习的课程，包括"发展性心理辅导的理论基础与基本模式""生涯发展与辅导""CBT咨询技术""发展性心理辅导理论基础""发展性心理辅导实践模式""自我人格发展与辅导""走近弗洛伊德""存在主义、后现代理论"等主题，夯实我们的理论基础。例如，有关发展性心理辅导的讲解，帮助我从宏观的角度整合已有的知识体系和实践经验；对于弗洛伊德生平、存在主义、后现代理论的解读，加深了我对精神分析等经典理论的理解，同时打开了我阅读的新领域，为我领悟各流派理论提供了一个好方法。

在我眼中，导师不仅是一位智者，还是一位伯乐，能充分发现学员身上的特长。三人行，必有我师。在同伴学习交流中，我找到了许多老师：朱珠老师的个案辅导分享促使我思考自己在咨询中的自我设限；陈瑾瑜老师的危机干预分享让我意识到危机后督导的重要性；杭艺老师的心理教师团队建设分享点燃了我组团成长的热情；罗吾民老师的心理咨询伦理分享警醒我审视自己的职业行为；沈闻佳老师的个别辅导技能分享拓宽了我的咨询眼界；马晓燕老师的"我的旅行，我的成长"团体辅导活动让我终于把养花的愿望付诸实践。

教师是一个知识的传递者，思想的启发者，所以广泛的阅读应该是教师成长的最基本要素。可惜我属于自律性不强的人，所以常借着工作太忙放弃了自我的进修。导师要求我们在工作室进行读书交流，这是一个很好的压力源，逼迫我不得不挤出时间阅读。在导师的带领下，我们共同研读了《熙珺叙语——一个咨询师的成长历程》《学校心理辅导实用规划》《心理咨询与治疗的理论及实践》《儿童与青少年认知行为疗法》等书。同时，我也会根据自己要交流的主题，再进行衍生阅读，例如我在准备"女权主义心理疗法"时，阅读了《第二性》《女权主义简史》《女性贫困》《向前一步》等书籍，还进行了相关文献的检索。阅读不仅让我扩充了专业知识，还能汲取思想的养料，让我把工作中产生的点点滴滴思考串联了起来，促进自己思考的深度和广度，提升理论水平。以往，我睡前习惯玩一下手机，现在我睡前会看一会儿书，哪怕只是几页，我也感到很欣慰。

最后，我希望积累一些成果。

导师是科研专家，所以报名工作室的时候，我就想挑战一下自己，希望能从教研员的角度开展心理健康教育课题研究。在工作室学习中，曹凤莲老师的"生涯发展与辅导"、朱仲敏老师的"青少年情绪管理"、宋美霞老师的"脑科学对学习的促进作用"等课题的交流，导师的指导和点评都让我受益匪浅。我跟着导师做了"医教结合"课题的研究，学习了朱仲敏老师的"高中生积极心理资本开发研究"，自己也尝试着在区里做"高中心理教材有效实施""区域心理课程建设""小初中心理课同课异构"等课题的研究，并取得了一些成果。

导师还是一个高产的学者，他用自己的经历提醒我们一定要重视写作，要善于梳理和总结自己的工作，把自己平常的点滴感想和思考及时写下来。写作是一种提炼与提升，助推教师的成长。在工作室的学习中，导师为我们注入了写作的动力，先是在《江苏教育》中设立了工作室的专栏，让我们有机会将自己的实践经验写下来并发表。然后，导师组织我们参编了《发展性心理辅导：理论与实务》，根据每个人的工作特点，参与章节内容的编写。我有幸与沈闻佳老师、马晓燕老师、蔡素文老师、邹歆老师、罗吾民老师合作，参与了第八章青少年心理危机辅导、第九章心理辅导活动课程、第十四章学校心理服务转介和第十六章辅导伦理与专业发展的编写。

今天是工作室正式学习的最后一次，但是我并没有很伤感，因为我知道这个结束只是我们团队发展过程中的一个节点，我们顺利完成了作为市级名师工作室的学习形式，接下来我们还有更多彩的学习模式，想到这里，心里更是满满的期待，期待下学期再见！

俊琳的叙述给我们三点启示：一是目标是成长的动力，工作室里每个伙伴都有自己的计划和目标。俊琳刚入工作室时正处于高中心理老师向区心理教研员的转型过程。那时的她确是属于埋头苦干、不太张扬的心理老师，学校辅导工作干得出色，但是对做教研员没有经验。她善于向别人学习，"从资深的教研员身上学习他们的成熟经验。"主动求教张珏，以课题带领教研活动，逐步进入教研员的角色。二是在繁忙的工作中倾心投入工作室的理论学习。在研读《心理咨询与治疗的理论及实践》一书时，她主动要求研读"女性心理治疗"部分，这是工作室大多数伙伴没有接触过的。"我在准备'女权主义心理疗法'时，阅读了《第二性》《女权主义简史》《女性贫困》《向前一步》等书籍，还进行了相关文献的检索。"由于她作了充分的准备，那次学术分享得到伙伴们的赞扬。三是将自己的辅导实践经验进行梳理提炼，撰写论文、参与《发展性心理辅导：理论与实务》一些篇章的编写等，都是研究能力和素养的训练。

二、深度、宽度、温度

张珏老师将三年的学习小结归结为三个主题词：深度、宽度、温度。

岁月不居，美好如流，三年匆匆，毕业在即。三年前，冲着导师的名气与他的研究方向——发展性心理辅导，毅然决然投身其门下。三年中带着目标与期许，与同门结伴前行。研学之旅即将到站，是该回望总结时。

三年学习，最大的获益——是我对自己的职涯发展路径越来越清晰，简单说来，就是我的职业生涯之路渐渐由深度走向宽度（用我老公的话叫弯道超车）。

先说说这"深度"。2000年是我职业生涯的转型年，从生物学科教研转向了心理健康教育研究，因为喜欢，所以欣然接受，并为之付出成倍的时间与精力从头学起：国家二级咨询师、学校心理咨询师、咨询伦理、OH卡牌、沙盘、家庭辅导、CBT、解梦等，记忆中工作日与双休日就是驾着车穿梭于市教科院、华东师范大学、同济大学和上海大学，十多年取得的培训证书与二十多年获得的荣誉证书同等高度。为了更系统地学习心理学，2016年我报考了中国人民大学的心理系研究生。学习，我是认真的，除了面授式培训，我还购买了很多音频课程，每天早上同老公去游泳的路上边走边听边学，我是多么期待能从各类专题研修中让自己看起来更专业些。

就在我如饥似渴、乐此不疲时，有人迎面向我泼了一盆凉水（他本无恶意）。记得当年奉贤区评全国文明城区，区文明办为了"包装"我，请人帮我写了一篇宣传报道，名为《半路出家的心理专家》。"半路出家"？这算是表扬我的不容易？还是说不管怎么努力总是离"专业"两字差了那么一点点？正当气馁、踌躇不前时，另一个人为我打开了一扇窗——罗胖——跨界发展。

受他的启发，我的职涯之路转弯朝向"宽度"。六年前，在导师的指导与支持下，我着力研究学科课堂中的心理学支持，将心理学融入学科课堂，积累了很多课例，出版了一本专著，其实那个时候，"跨界融合"这颗种子已然播种在心田，只是自己那时还没有清晰意识到；2016年，因为领导信任，让我主编了一套区本的学生健康教育丛书，生物学科背景，再加上所积累的心理学知识，让我对"身心健康"这个概念有了比较完整的理解，丛书得到专家领导的好评，由此"跨界融合"这颗种子在我心中破土而出，并悄然成长。之后，我还尝试着将心理学融入工会工作，成立了区域教师生涯发展中心，并以工作坊的形式促进职业初期、中期与末期教师的心理与生涯发展；还将心理学融入家庭教育指导中，开设"优质爸爸成长营"与"60分妈妈工作坊"。

2018年9月，学院组织全体老师去浙大培训，六天12场专家报告中有九场谈及心理学：音乐系的教授讲到了音乐与情绪的关系；杭州市教研室主任认为学科教师都要学一些与孩子建立良好师生关系的技能，亲其师才信其道；杭州市上城区的教育局局长同我们谈到了学习风格。培训回来的路上，我开玩笑地与分管信息化的副院长说，比起AI+、互联网+，教授们对"心理学+"更感兴趣。

每个人成长的路径都不一样，不可机械复制，适合自己的就是最好的。由深入宽、从单一学科走向跨界融合，这就是我的成长之路。出门时，学院正在举行主题为"我的研训主张"的论坛活动，这也是我从进工作室那一刻起，一直在思考的一个问题，结业在即，答案也跃然心头：坚持发展性辅导为主，走出咨询室、走进课堂、走向家庭，构建"一体两翼"的区域心育模式——这就是我的研训主张。

最后，来说说"温度"。如果说深度与宽度是在"术"的层面上，那么温度不知是否可以理解为"道"。记得我在华东师范大学念书时，一位教授曾告诉我：你很适合做心理老师，因为你温暖、有亲和力。也许，就是她的这一句话让我后来迷上了罗杰斯。我用我的温暖，陪伴了一个又一个拒学的孩子，我用我的真诚构建了一段又一段的温暖关系，经验告诉我——唯有温暖御风寒。

张珏的叙述给我们以下启示：其一，目前中小学心理老师许多是从学科老师转型过来的，心理学基础相对薄弱。要弥补这个短板，唯有刻苦学习专业理论。张珏老师付出了努力，得到了专业进步的回报。其二，我赞成张珏说的"每个人成长的路径都不一样，不可机械复制，适合自己的就是最好的"。心理辅导是一个心理学临床应用学科，理论应用于实践是心理老师的使命和价值所在。张珏是个行动派，在心理辅导、教师心理健康促进等领域做出了有成效的成绩。其三，真诚是建立良好关系的基础，一个率真的心理老师，让人觉得真实可信，能够给人以温暖的力量。

三、借鉴模式，分享智慧

宋美霞老师的小结这样写道：

不知不觉中，与导师、同门在工作室的相处已经超过了两年半。梳理工作室的所学所感，才发现工作室的活动模式、导师和同门的智慧，已经在潜移默化地影响着我的日常工作，已经在润物无声地滋养着我的生活态度。以往的总结常常停留在所感所悟的层面，今天我将从实践和收获的角度，分享"我们的工作室"带给我的那些启发和印记。

一、在团体辅导中寻找力量

参加蔡老师带给我们的"余生很长，有你真好"团体辅导，启发我们"用心生活，真心去爱，安心释然"，再到之后每学期都有的团体辅导活动，每一次我都能够感受到同伴间真诚分享的力量，让我看到自己真实而丰富的内在，去寻找和探索温暖而强大的自我。这些启发也促使我把这种模式运用到本区的教研活动中——让我们的心理辅导教师，不光是做主持学生团体辅导活动的"发光体"，也有机会成为被滋养和被关爱的"海绵体"。在每个学期之初，我都坚持以团体辅导的形式作为教研活动的开场：我们开展了"绘画中的自我""我是我的眼""曼陀罗心灵SPA"等团体辅导活动，也邀请蔡素文老师做"一叶一世界"的表达性团体艺术辅导，帮助心理老师在带着理解、爱和接纳的眼睛看待孩子时，也带着同样的态度发现自身的潜力和美好。

二、在专业研讨中摸索实践[1]

从上学期到本学期，几位同门关于"如何上好心理辅导课"的专题分享让我受益匪浅，比如蔡老师提到如何让心理老师掌握好基本的课堂教学方法，吴俊琳老师提到如何通过"打地基、搭框架、建墙体、内装修"的房屋构建规律开展心理活动课的研讨等。作为年轻的教研员，很庆幸可以在导师的指导下，学习这些优秀的理念和实操性强的做法。

心理课没有固定的课程内容，虽然主题框架是一定的，但需要汇集大家的智慧，利用流行的、能够引发学生兴趣的活动和素材不断更新课堂形式。因此，从上学期开始，我要求心理老师在自愿选择主题的前提下（每人从认知、情绪、青春期、自我、人际、生涯中至少选择一个主题），收集与主题相关的各类素材（每人至少提供三个资源——绘本、视频等），并简要说明自己对于资源的理解以及资源使用的年级和主题，通过资源的整合和分类，让个人的小智慧成为集体的大智慧。

在资源包建立之后，我们开始通过课堂实践的方式作进一步研讨。比如"人际关系"主题，选择这一主题的老师自愿报名，运用资源包中的绘本和视频资料开设研讨课。我本人选取绘本故事执教了"同伴交往"这一堂课，重点关注同伴交往中如何"听"；有的指导心理老师运用影视资料《摔跤吧！爸爸》片段，在五年级开设"亲子交往"课，重点关注亲子沟通中如何"说"；有的指导心理老师运用影视资料《北京爱情故事》片段，在六年级开设"异性交往"课，重点关注异性交往中如何"做"。

此外，我注重发挥骨干心理老师的示范引领作用，要求大家尽可能把培训和进修的收获带回来，通过课堂影响辐射区内更多的心理老师。比如我个人参加叙事治疗培训后，将相关理念融入"压力管理"这堂课。比如有的指导心理老师在参加完戏剧培训后，将相关表演技术和理念融入"情绪管理"课等。在这个过程中，我一直坚持和心理老师们一起上课、一起成长，对我个人来说，上好心理课、指导好心理课、搭建好平台、积累好经验都是必经

---

[1] 为完整呈现宋美霞老师的成长心得，本节内容虽与本书第26页重复，但仍予以保留。

之路，我也愿意在摸爬滚打中不断前行。

三、在团队协作中积淀成果

从上学期开始，在教育局相关部门要求下，作为青春期教育教研员，成立了以松江区骨干心理教师为主的青春期教育中心组。中心组借鉴工作室"读书、研讨、写作"的模式，定期开展活动，包括研读青春期心理辅导相关专业书籍；针对不同学段、不同性别学生开展不同主题的研讨活动；编写青春期教育区本教材等。

四、在课程开发中明确优势

坚持每学期开设区级共享课程"脑科学视角下青少年教育方法探究"，受众群体涵盖本区各学段一线教师。课程开始以来，不断进行优化，并逐渐聚焦于青春期这个年龄段，从脑科学的角度理解青春期孩子的冒险行为和情绪特点，从社交、认知学习和情绪调节等角度探讨教育教学方法。参与课程的老师们反馈，对于大脑发展规律的了解，有效帮助他们更好地理解学生，而在理解基础之上的沟通，也最终促进了教师和学生双方的共同成长。当然，和心理学的发展一样，脑科学本身处于不断发展和完善的过程中，很多研究并没有形成定论，也要求我在课程开发的过程中始终保持谨慎的态度和批判性的思考方式。

五、在课题研究中找寻方向

在工作室成立之初，记得导师就鼓励我们通过课题研究，以问题为导向开展工作。如何量化心理健康对于学科教学的影响，特别是结合脑科学的研究结果加以解释，是我一直感兴趣的问题，如果可以把这些影响可视化，将有助于引发教育决策者的重视，从而反过来更加支持学校的心理健康教育工作。目前已立项的区级个人课题"脑科学视角下初中英语教学反馈的实证研究"正在进行中，本课题和基层学校一线老师合作，每周听课一次，听课后一起探讨课堂中的反馈模式，发现优势和不足，进行指导和改进。在实施一个学年后，通过对学生积极品质问卷的前后测对照和分析，探讨教师反馈模式的变化是否能够影响到学生积极心理品质和学业成绩。

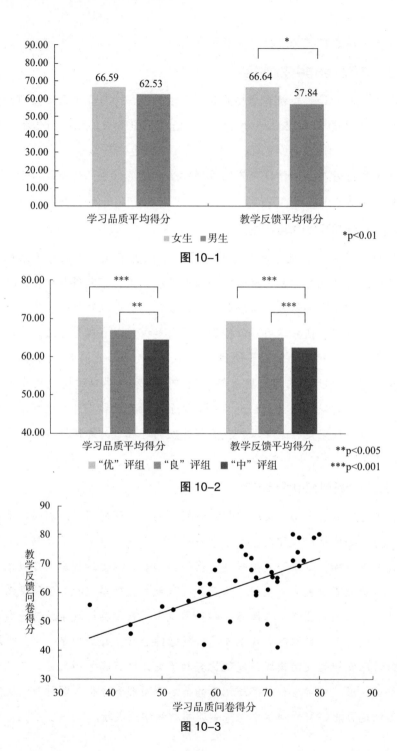

图 10-1

图 10-2

图 10-3

前期的研究结果已经发现：教师教学反馈评价存在显著的性别差异，提醒教师在进行教学反馈时考虑到大脑发育程度的性别差异，给予男生更多的理解和鼓励（图10-1）；对学习品质和教学反馈的评价均表现出随成绩下降而下降的趋势（图10-2），且学习品质和教学反馈两者之间存在显著的正相关（图10-3），提醒教师要更加注重在学习行为发生时，发挥教学反馈在大脑中建立和修剪神经元网络连接中的作用，从而形成师生间互动方式的良性循环，以达到促进学生学业进步、学习品质提升的最终目的。

六、结语

所有的这些工作对于我来说，都充满挑战，又都带来成长。让人成长的事情通常也给人带来"阵痛"，因为会被迫离开自己的舒适区。但也正是这种成长中必然的"痛苦"，让我看到自己应该在哪些领域作出改变，而在这个过程中最幸福的，便是有导师的教导和同门的陪伴，让我得以在自己的工作和生活中有所借鉴，汲取大家的智慧！

宋美霞老师的分享让我们看到一个走向成熟期的心理老师的成长轨迹。一是她善于向同行学习。工作室的学习模式给伙伴们带来了示范效应，美霞作为区心理教研员，把蔡素文老师的成长团体辅导运用于本区的教研活动之中，是一个良好的开始。二是专心致志于心理课堂教学研究，指导心理老师上好心理课是教研员的职责所在，美霞善于吸取工作室伙伴们的经验，深入心理课堂和老师们一起研课、上课。身先示范，自己在全市心理课大赛上获得一等奖，实至名归。三是发挥自己的专业优势，开展脑科学视角的课堂教学反馈研究。大脑神经系统如何影响儿童、青少年的心理和行为？脑科学在这一领域取得了许多进展。但是在中小学教育系统，还是只听其声，不见落地。美霞是教育神经科学专业的硕士，在教育神经科学运用于课堂教学实践方面大有可为。

四、制心一处，臻于善境

在工作室里蔡素文老师被伙伴们称为"文青"，她是小学语文老师出身，说话、写作无处不洋溢着诗情画意。请看她的三年小结：

一、学习之境界追慕高品位

子曰："小子何莫学夫《诗》？《诗》可以兴、可以观、可以群、可以怨。迩之事父，远之事君，多识于鸟兽草木之名。"这里引用的是孔夫子的一段话，从这个意义上来说，学习就是一种潜能，它让你的人生与工作有足够的能量与底气。

近三年的工作室学习，我试着培养自己的"学能"。在追随导师的整个学习过程中，我不断提升"学能"，让自己拥有了更多的主动的"想"，也就是，学习之前的"想"是为了规划；学习之中的"想"是为了效率；学习之后的"想"就是内化。这一种学习也体现在对心理专著的研读与分享中、心理个案的同侪督导与导师督导中、心理健康教育工作的专题分享中，可以让我们触类旁通、举一反三。三年的工作室学习使人变得自信且充实，因而这样的学习是一种自我肯定的方式，也是一种有价值的健康生活方式。

二、工作之境界追求高品质

1. 第一重境界：敬畏之心

"敦彼行苇，牛羊勿践履。方苞方体，维叶泥泥。"（《诗经·大雅·行苇》）这是一首赞美公刘的诗，说他忠厚之德，仁及草木。作为一名心理教研员何尝不需要这样的一份对于心理健康教育事业的敬畏之心。导师与各位同门对专业的那一种专注、投入与执着，于我有一种深刻影响，我们常常在读书会上旁征博引，在个案督导时道术并举，在专题分享时深入深究。于是，面对浩瀚的心理学知识的海洋，面对一个个鲜活的生命个体期待的眼神，我时时警醒自己，要对工作有一份敬畏之心，因为敬畏，才会一心一意、一丝不苟。用一颗敏锐的心去认识自己，认识心理学，感知周遭。这一种敏锐来自导师对道术兼修理念的传递，也来自同侪们的分享、回应。

还记得一次我用量化评估的方式来汇报我的个案，当时我特别希望大家对于我所采用的咨询技术进行督导，没有想到伙伴们懂我，不仅仅关注个案本身，而是更多地对于我的量化评估的咨询技术进行督导，给了我很多建设性的意见，同时关注我的感受与困惑。这些回应对于我而言就是一种引导，让我提升专业的敏锐度去面对咨询，面对心理课程，甚至是开展一些教育科研工作，这一种敏锐让我用一颗谦卑的心无限靠近于心理专业。

2. 第二重境界：思辨之心

"横看成岭侧成峰，远近高低各不同。"出自北宋苏轼的《题西林壁》。苏轼启迪人们认识到为人处世的一个哲理：由于人们所处的地位不同，看问题的出发点不同，对客观事物的认识难免有一定的片面性；要认识事物的真相与全貌，必须超越狭小的范围，摆脱主观成见。三年的学习让我拥有一颗思辨之心，在大家的影响与帮助下，层次分明、条理清楚地分析，清楚准确、明白有力地表达。系统地研读《熙珺叙语——一个咨询师的成长历程》《学校心理辅导实用规划》《心理咨询与治疗的理论及实践》《儿童与青少年认知行为疗法》等多本不同表述纬度、不同内容视角、不同呈现形式的专业书籍，让我有了更宽广的视界。我们一起分享认知行为疗法、后现代主义疗法，一起用叙事的方式来探讨如何寻找力量成为更好的自己。这让我们拥有宏大的格局，常常用谦卑之心面对个案、面对心理健康教育工作。

一次，我应A小学的校长邀请前往学校参加一起危机事件的多方协调会，致远（化名）是小学四年级的学生，无缘无故发脾气以至于所有学科的老师无法进行正常教学，特别是他有攻击行为，无论是对家长还是对老师。最主要的是近期出现逃夜的情况，学校和家长不得不请求附近警署进行支援。孩子也休学过，但是对他来说，似乎什么措施都起不到作用。听上去，学校确实很尽职，家长也是很努力配合，只是致远这个孩子实在是无理取闹，多方协调会陷入了沉默，大家对于一个孩子的"恶意挑衅"一筹莫展。

我知道，人们的很多心理问题都是因为自身需要得不到满足，所以看似"无理取闹"的孩子不会是真正的"无理"，只是有时候连他们自己也不知道，需要我们来帮他们一点点剥离，让他们看见。想到这里，我转过头问致远的爸爸，问他是否知道孩子的内在真正需要。交谈中知道致远的爸爸年幼丧父，与母亲相依为命，结婚五年，妻子提出离婚，他觉得自己很委屈，自己辛辛苦苦抚养致远，可是孩子都会和小区门口卖大米的大叔打招呼，也不会和他说声再见！

听到这里，我问了致远的爸爸三个问题：

"致远爸爸，您说您委屈，我相信您还有很多伤怀之处，请回忆一下，在与致远的相处中，您的这些低落的情绪是不是时不时地冒出来，以至于因为这样的情绪，让你们亲子沟通非常不顺畅？"

"如果你是致远，一个小学三四年级的男生，你希望你拥有一个怎样的爸爸？"

"我们在这里讨论一下，会不会孩子努力地想活出一个男子汉的样子，但是他不知道如何做？"

致远的爸爸边思索边回答，几度哽咽，几度眼眶湿润，这一过程中，与会的各方人士与致远爸爸探讨了一些对策。

最后，校长把致远喊来，让他们父子俩去小房间聊了一会儿，再次出来的时候，父子俩的表情都变得柔和多了，校长的神情也缓和多了，她认真地说："从来没有看见过致远这样的眼神！"

专业来自于一种思辨力，思辨力让我们拥有一种大格局，格局的内在是心理教师的一颗慈悲心，带着懂得、带着心疼去尊重每一个生命个体。

3. 第三重境界：感恩之心

"报答春光知有处，应须美酒送生涯。"杜甫的《江畔独步寻花七绝句》讲了诗人要报答春光的盛意，酒店的琼浆送走他的年华。在工作室的这三年，有太多太多的感谢，感谢导师吴老师对我的包容与鼓励，感谢同门对我的接纳与鼓励，感谢每一个相约的星期四给我的内心带来欢愉与充盈。积极心理学专家告诉我们，感恩让我们的心变得柔软，就会发现不同滋味与美好。其实参加这样的工作室培训对于我们来说就是一种生命的福利。这一些美好的感谢会化作一种力量，让我们的日子"苟日新，日日新，又日新"。

2015年，我所在的学校被评为教育部心理健康教育特色校，下半年我正式调入上海市宝山区教育学院成为一名心理教研员，面对全新的工作，我本着一颗感恩之心，将所学反哺于一线教师。

利用几年时间，积极倡导"基于研—行—训一体化理念的中小学心理健康教师4C专业成长模式"，通过行动研究的方式，梳理当下中小学心理健康教师专业成长过程中存在的实际问题，开展有意识、有逻辑、结构式的专业成长的实践行动，并将实践经验转化为一线心理健康教师专业化成长的策略与方法，进而提升心理健康教师的授课力、辅导力、咨询力、研究力。

2019年12月，我带领着四位来自基层的心理老师一同在中文核心期刊上发表组稿"实现心理健康教师的4C专业成长"。当然我知道，作为教研员我不应是成果的享受者，而应是默默的播种者，惟愿用望远镜观其宏观状态，用显微镜辨其内在本质，与我的心理老师们，为学生的幸福人生奠定坚实的心理基底而努力！

三、人生之境界追寻高品格

"回首向来萧瑟处，归去，也无风雨也无晴。"苏东坡回头望一眼走过来遇到风雨的地方，信步归去，既无所谓风雨，也无所谓天晴，凡事超然物外，凡事看淡，这便是人生大智慧。

每一次导师的点评总是那么到位且专业，每一次同门的分享总是那么无私且精彩。小美带给我们的除了她烘焙的香味，还有她一次次对于脑科学的相关内容的精彩分享；俊琳可以驾驭很多"门派"，对于我们不是很熟悉的女权主义疗法照样可以有她独到的阐述；吾民很谦逊，常常会迸发出很多有思想的创意；曹姐姐忙于事务，但是当她亮出她的生涯专著的时候，我们一个个变成了她的粉丝；闻佳专业性特别强，常常在分享快结束时，她总能悠悠地道出惊艳的观点；晓燕是个全才，热爱生活，热爱心理，凡事不清楚的尽管可以问晓燕，她都能给予满意的答复。杭艺从来都是一个有自己想法的心理老师，有学习力、有想象力、有执行力，当然也很有魅力；朱珠温和而坚守，做得很多说得很少；仲敏主任的专业性让我们崇拜，他的点评也足以让我们脑洞大开，他的国际视野常常让我们叹为观止；张珏师姐人如其名，温润如玉，除了专业的影响，为人处世上也值得我们学习。

和这样一群人在一起，我便拥有了无所谓风雨的一种达观：不纠缠于利弊得失；不纠缠于局部是非；不在乎一时的输赢。于是这样的学习成为一种持久的动力。

四、总结语

学习是一种潜能，工作是一种显能，品格就是一种恒能！感恩吴老师孜孜不倦的教诲，感谢同门的相互扶持，希望我们的人生路上时有鸟语花香，心中常伴清风明月！

我和素文相处多年。她总是温文尔雅，面带微笑。即使在自己工作遇到困境的时候，也是不慌不忙、从容淡定。有一次她心里实在郁闷，给我打了电话，想约我谈谈，后来没有下文，我想她可能自己化解了烦恼。素文从一个语文老师转型为一名优秀的心理老师，的确不容易。她的可取之处在于：在学习中有深度思考，怀着敬畏之心、虚怀若谷汲取专业的养料。她长期从事小学生心理辅导工作，对儿童的行为和心理有很深的理解。她有着让孩子们可亲可信的人格吸引力，总是耐心地与孩子、家长沟通。来工作室之际，她也像吴俊琳老师一样，从学校心理老师转岗到区心理教研员，在教研员的岗位上，她以积极心理学为抓手推进小学心理健康教育工作，建立项目学校联合体，把区域小学心理健康教育开展得有声有色。工作室是她的加油站，工作室的导师、伙伴们是她的专业支持，激励她在成长道路上不断前进。

走向卓越的历程

2019年是一个收获的季节，我们工作室两位伙伴张晓冬老师、曹凤莲老师被评为中学心理正高级教师。她们两位20多年的心理老师生涯见证了普通心理老师怎么从新手阶段起步，到成熟，再到成为专家型心理老师，最终走向卓越的历程。

一、工作室是我成长的加油站

张晓冬老师20多年的成长历程已在第七章叙述，工作室是她近三年的专业成长加油站，回顾自己三年来的收获，她这样写道：

从 2016 年 6 月 23 日正式成为浦东新区吴增强心理名师工作室学员开始，至今不知不觉之间已经过去三年。在这三年中，每两周二下午 13:30—16:30 我们 12 名学员在吴增强教授带领下，学习、交流、实践、成长。从吴增强教授身上我学到了治学的严谨、渊博的学识和谆谆教诲、殷切希望，从各位学员身上我学到了认真的学习态度和乐观的生活态度，也感谢吴俊琳老师任劳任怨地为工作室安排各项管理和联络工作，三年来我们已经成为相亲相爱的一家人，工作室是我成长的加油站。

一、学习收获

在名师工作室，吴增强教授充分考虑每一位学员的个体成长需求，精心设计活动计划，每学期有讲座，有读书交流活动，也有课题研讨，更有聚焦班主任心理辅导的培训课程设计、实施与研讨活动。我在吴增强教授带领下深入学习了心理学基础理论书籍，印象最深的是 2017 年暑假读了 23 本书，三年来撰写了《直面自我——读〈熙珺叙语——一个咨询师的成长历程〉有感》《开放自身，专业成长，提升心理辅导效能——读〈心理咨询与治疗的理论及实践〉第二章有感》《超越自卑 追求卓越——读〈心理咨询与治疗的理论及实践〉第五章有感》《拯救青春：抑郁与自杀行为——〈儿童与青少年认知行为疗法〉第五章读后感》《幸福人生——〈真实的幸福〉读后感》五篇读后感并在工作室进行了交流。此外我负责了"心理老师怎么开展课题研究""互动涂鸦说故事——教师成长工作坊"专题研讨活动，和曹冬梅老师一起负责《班主任自身心理健康维护》的撰写和培训工作，心理咨询案例《一例厌学生辅导案例报告》《一例社交障碍男生辅导案例报告》《当孩子说要自杀时》接受了案例督导。除每学期的学习计划和小结外，还撰写了《以作为求地位——谈学校心理辅导教师的专业发展》《开放自身，专业成长，提升心理辅导效能》等教师专业成长类论文。

在这三年中，个人在专业成长方面也成长迅速，无论是心理课程教学，还是心理课题研究、心理论文发表都取得了较大发展，更重要的是时刻牢记吴增强教授的教诲，要能带动一批优秀心理教师快速成长，能带动心理健康教育成熟发展。三年来，我不仅每年带教十名左右来自区内各所学校的见习教师、五六位华东师大的实习教师，促进他们尽快成长适应新的教育教学生活，成为合格的学校教师；还能通过"教育教学中的心理辅导""中学生涯教育课程的设计与实施"等"十三五"教师培训课程指导培养区内各中小学学科教师，更新教育教学理念，学习心理辅导知识，促进自身和学生心理健康发展；利用各种平台，不仅为校内教师、学生和家长开展20余场专题讲座，还为国内外学校教师开展心理健康教育、生涯教育、学生发展指导等专题讲座50余场，将心理健康教育与学生发展指导理念及实践与业内同行进行分享，尤其是2017年12月1日在第四届中国教育创新论坛上面对2000多名来自全国各地的校长和老师作《在体验中成长》的TED演讲，引起较大反响；三年来，多次参加全国范围内的同课异构和教学展示活动，其中2018年10月受邀参与上海市教委委托项目，赴新疆喀什为该地区中小学心理教师进行现场教学展示；共主持完成四项市区级课题研究工作，发表18篇论文，其中执笔的生涯教育实践成果《普通高中学生深度职业体验的建平探索》被评为2017年上海市教育教学成果特等奖，2018年教育部基础教学成果奖二等奖；所在学校被评为教育部心理健康教育特色校。

二、未来专业发展方向

对于未来，如有可能，希望以特级教师与正高级教师作为个人专业发展目标，加强经验梳理，潜心专业研究，积极带领周围青年心理教师共同成长。

希望自己在认知行为治疗方面继续深入实践，无论是在课程设计还是个案辅导中都能灵活运用，积累典型案例，提高高中生心理健康教育效能。

希望自己多发表一些专业论文，并注重发表刊物的专业性，如有可能希望自己撰写的《高中生家庭教育指导》和健全人格系列丛书之《人生的顺与逆》能早日审稿出版。此外，计划酝酿撰写一本关于心理教师专业成长的书籍以及一本关于高中生生命教育的实践运用类书籍。

最后，我希望依托区心理中心建平分中心的平台，在浦东新区乃至全国范围内宣传心理健康教育知识，以工作坊或课程培训的方式指导学科教师培养心理健康理念和掌握学生发展指导策略。心理老师发展越来越专业，以实际行动带动更多的人加入到学校心理健康教育的队伍中来，共同营造更有利于学生身心健康发展的教育氛围，星星之火，可以燎原，我想这也是名师工作室的初衷吧。

二、学思践悟，知行合一

在工作室里，伙伴们喜欢叫曹凤莲老师曹姐姐，一则她年龄在工作室里排行第三，二则她是工作室的助理。我和曹凤莲老师相识近20年，因为她是风华中学的心理老师，风华中学的冯永熙校长是我们课题组的重要成员[1]，所以曹老师也参加了许多重要课题的研究。她对专业工作认真踏实，一丝不苟，生活中又为人亲和诚恳。我们合作很愉快，工作室有许多工作交给她办，都能够很好地完成，让我放心。以下是她20多年成长的感悟：

每个学生都有自己丰富广阔的心田，蕴含着无限的可能。作为一名学校心理健康教育工作者，运用自己的专业知识和耐心陪伴促进和服务每一位学生的心灵成长与生命幸福，同时让自己的职业生命也不断增值，是我最大的职业梦想。我以很强的责任感和热情投入工作，在学习与探索中寻求进步与提升，在实践与研究中得到磨练与成长。2019年年底，我获得上海市中小学正高级教师职称。这20余年的心理健康教育探索之路历历在目，成长路上得到很多人的帮助和支持，让我有机会锻炼、积累和成长。所有人给予我的温暖关心、信任支持、指导帮助，都是我的幸运和力量，感恩于心！

一、遵从内心，抉择承担

1995年我从华东师范大学心理学系心理学专业毕业后，到上海市一所初高中一贯制学校担任学生团委书记、任教初中数学、兼职初高中学生心理健康教育工作。1997年到上海市风华中学，任教初中一年级数学、兼职初高中学生心理健康教育工作（当时初高中没分离，是初高中一贯制学校）。担任

---

[1] 笔者自1996年承担教育部九五规划重点课题"中小学心理健康教育运行系统的研究"，冯永熙校长是课题组主要成员。

校学生团委书记和任教数学的这段经历对我的职业生涯来说是笔小财富，使我一入职就快速了解学校的教育、教学和学生工作，让我对学科教学有了一些切身的体会与认识，也使我后来在开展心理辅导与带学生社团工作时比较有方法。

工作的第四个年头，我向学校提出做心理健康教育专职教师的要求。当时的初中数学教研组组长听过我的数学课后慎重地对我说："曹凤莲，选择数学，十年后，你会是一名非常优秀的数学教师。"我所在年级的年级组长很欣赏我，她也赞成我选择数学，而且愿意帮助我在这条路上走下去。在当时的环境下，我也知道数学是主科，转心理后不仅有失落，收入也会随之大幅度缩水，而且别人已经认可了我的数学课。这些看起来似乎都很有诱惑，可静下来的时候，放弃我喜欢的专业总有些不甘心。经过权衡，我还是遵从"心"的愿望，选择了心理，开始了心理健康教育专职教师职业生涯。这次生涯选择让我深刻感受到了选择也是放弃，需要自我承担的勇气和力量。

一个人在其职业发展中寻寻觅觅，是在寻找什么？是在寻找实现职业理想的坐标。那么，自己要什么？职业目标又是什么？不管学校对自己有没有提出更高更具体的工作要求，我对自己的职业发展应该要有一个明确的规划和目标，这是专业成长的重要保证。

二、用心探索，躬行实践

一开始做专职心理健康教育教师，就面临很大的困惑和压力。没有人指导我怎么做，我当时对这个工作也没什么概念。而学校领导对心理健康教育工作的期望很高，我感到压力很大，苦恼、困惑，怎么办？痛苦的思考之后，我告诉自己，答案只有一个：心无旁骛去努力，脚踏实地一步一个脚印地努力工作和学习积累，也乐观地自我激励——"既然选择了远方，便只顾风雨兼程"。

我也是从课堂教学、心理咨询、学生社团等一些常规工作开始做起的。其间有进步，也有失败。成功固然让人喜悦，但失败却会让我思考更多。记得做这项工作的第二年，我第一次上公开课，尽管事前作了充分准备，但是听课的专家老师们还是当面提出了诸多想法，当时挺有挫败感的。不过，更重要的是专家老师们给予我专业引领，反馈的优点与不足促使我进一步认识自己，让我对如何把握学情、运用课程材料、设计每一个教学环节等理解得更清晰。

我静下心来，用心地去了解学生，认真准备每一节课，把学生的感受心得看成是心理课最有效的评价指标，不断听取学生反馈，及时反思与改进自己日常的教学行为。我清楚地认识到，上公开课是促进教师专业成长的有效途径。因为每一次开课，为了一个情境创设、一个活动设计、一个问题设计、一句过渡语言等，教师都会认真推敲，精心设计。我争取多种上公开课的机会，更是积极为全国各地来访的学习考察团开设示范课、观摩课，通过用心备课与上课、虚心交流、自我反思，使自己的课堂教学不断进步，逐渐形成了不仅关注学生情感体验，也注重理性提升的教学风格。

投入的过程有快乐也有苦恼、有顺心也有困惑、有成功也有挫败，更会有对孩子欠缺照顾的内疚。努力工作但周围人觉得你既空闲又轻松，付出颇多但与收入失衡较大。想想也能理解，别人不太容易了解心理老师的工作内容，其实很多人都在默默无闻地辛苦努力。我觉得心理老师的价值感和成就感更多的是建立在为学生成长提供的专业服务上，以及自己的专业成长上，进而给予学生更多的积极影响和帮助。当自我怀疑和苦闷烦恼出现时，我会沉下心来思考：我要成为什么样的教师？我的职业发展期待是什么？我在做什么？我的态度是什么？问题是什么？接下来怎么做？不断觉察自己，整理自己的思维、情绪、态度、行为，做好取舍，自己消化。

对于学校心理健康教育课程建设、个别辅导、社团活动、班主任心理健康教育工作指导、教师心理健康支持、家庭教育指导等每一项工作，我都认真地尝试探索，在努力实践中积累有效的工作经验。我和团队还开发构建了"高中学生心理健康教育""心灵体操""高中学生生涯发展辅导"等校本课程，服务全体学生的成长发展。在努力实践的过程中，我更多地思考如何把"开发潜能，健全人格"的发展性心理辅导理念更好地融合到学生日常的学习与活动中，使心理健康教育"随风潜入夜，润物细无声"，在学生的健康成长与人生发展中起到潜移默化的影响与作用。

在工作实践中我切实感受到自己在心理咨询的理论知识和辅导技能方面的不足，深刻认识到要真正把工作做好，仅仅有专业知识是不够的，需要了解学生、了解学校、了解心理辅导富有成效的经验，要通过学习来积淀和提升自己。为了不断提高心理辅导的理论和实践水平，除了自行阅读有关书籍外，只要有可能，我就会克服工作和家庭的困难，积极争取进修和培训的学习机会。2007年取得首批上海市学校中级心理咨询师资格证书，随后取得国家二级心理咨询师资格证书。积极参加区域组织的心理教研活动与市级部门组织的心理培训活动，先后参加了"短期焦点培训""个案高级研修班""中学心理辅导教师研训班""后现代思潮与心理咨询高级研修班""箱庭疗法""萨提亚家庭治疗""认知行为治疗""心理个案督导"等专题培训与学习活动，还利用业余时间在社会机构接受系统的心理动力取向的专家个案督导。在学习的过程中，及时梳理自己的实践问题、经验做法以及获得的理论知识支持；与同行分享经验、开阔视野、获得支持；思考如何把实践经验与相应的理论知识进行梳理和整合。这种学习和思考，会使我对理论的理解更加全面深刻，对问题的理解以及理论的运用产生新的感悟，也使工作更具科学性。

三、潜心耕耘，研究积累

工作十年时，我顺利评上中学教育心理高级教师，职业发展进入新阶段。感谢我的导师冯永熙老师的提醒，时至今日老先生的谆谆教诲还言犹在耳：一名优秀的学校心理健康教育工作者，不仅要为全体学生的心理健康提供辅导和支持，还需要通过教育科研寻找教育活动规律，更好地服务与促进全体学生的成长发展，这也是专业价值的体现与发展性心理辅导的要求。

在导师的督促指导和团队的支持帮助下，我在心理健康教育研究上付出大量的精力和时间，也主动地、比较多地参与了学校教育科研的策划和实施。细数一下，入职前十年，我进行了三项上海市中小学心理辅导协会的立项课题研究和一项区级课题研究；任高级教师后的十多年，我先后主持策划了十余项市级课题（项目）研究和五项区级课题研究。在2008年至2014年，作为骨干力量的我还先后参与了四项上海市教委德育决策咨询研究课题。同事们开玩笑说，我不仅是优秀的心理老师，也是学校的科研大户。我是幸运的，在心理健康教育研究方面得到了冯永熙老师、吴增强教授等专家前辈们的指导和帮助。

2006年，我任课题组组长主持了"学校心理健康教育模式的研究——心理辅导专职教师工作职责的调查与分析"，对上海市中小学心理辅导专职教师（当时还是"新兴岗位的特殊教师群体"）的现状、日常工作内容、工作量的认定等进行了调查研究，分析了不同学校心理辅导专职教师在工作内容的安排和工作量的认定上存在较大差距的主要原因，探讨了心理辅导专职教师的角色定位、工作内容以及工作量的计算等问题，提出了"积极心理学取向的心理健康教育综合模式"及心理辅导专职教师的工作职责认定建议等。由此，提出心理辅导专职教师的工作职责包括：为全体学生的健康成长与发展提供辅导与服务；为教师的心理健康与生涯发展提供服务与支持；为家庭教育提供指导与服务；进行教育科研，为学校教育教学及日常管理提供决策咨询服务。研究成果于2008年获第五届"健康杯"全国中小学心理健康教育优秀成果评选一等奖。通过这项研究也使我愈发清晰自己的角色定位与岗位职责，坚定不移地秉持"发展性心理辅导"的学校心理健康教育理念，持之以恒地投身学校心理健康教育的实践，服务与促进全体学生的健康成长与人生发展。

作为课题组长，我带领组员先后攻克了上海市学校心理健康教育2011年度攻关课题"上海市学校校园危机干预策略与操作方法研究"和上海市教育科学2012年度规划项目"高中生校园心理危机干预体系研究"，以学生的健康成长为基点，以解决学校实践工作中的问题为出发点，结合学校管理实践，把研究成果汇编成《校园危机干预操作手册》，从校园危机干预工作机制建设、危机预防预警、危机事件处置、危机涉及人（人群）心理干预、危机评估等方面建设制定了结构明确、行之有效的校园危机干预操作文本。为广大学校在预防和应对校园危机方面提供了有价值的参考意见，也为市区学校校园危机干预培训和演练提供了指导性文本。其中部分研究内容"高中生校园心理危机干预现状调查与对策研究"于2017年获第七届"健康杯"全国中小学心理健康教育优秀成果评选一等奖。

研究的过程中有困难焦躁、辛苦疲倦，但当取得满意的研究成果时很开心，觉得所付出的努力都是值得的。如"积极心理学取向的教师生涯辅导"于2011年获全国"十一五"教育科研优秀成果一等奖，有关研究内容"重点高中教师职业倦怠调查、分析与对策""高中教师幸福感调查与分析"先后获上海市学校心理健康教育科研成果一等奖，这些成绩让我感受到了成就感，也确实激励了我。

教育科研不仅带给我启示和思考，拓展工作视野，锻炼能力，也让我清楚自己在理论知识和能力结构方面的差距。我坚持读书学习为自己充电蓄能，通过华东师范大学教育管理专业在职教育硕士的三年学习，2012年取得教育硕士专业学位；参加了上海市第三期教心名师（陈振华、王钢）基地的学习等。通过持续的学习，提升理论素养和综合素质，助力有效开展心理健康教育研究实践。

四、重要事件，成长磨练

在专业成长过程中，有几个重要事件烙印在我的脑海里，对我的专业发展与自我成长起到了重要的促进与磨练作用。特别感谢上海市中小学心理辅导协会吴增强、冯永熙、沈之菲等专家老师们的信任厚爱和指导帮助，给了我锻炼成长的机会。

参与教育部《中小学心理健康教育指导纲要解读（2012年修订）》的撰写。2012年，吴增强老师让我承担教育部《中小学心理健康教育指导纲要解读（2012年修订）》一书中"高中年级心理健康教育主要内容纲要解读"的撰写工作（北京师范大学出版社，2013年4月出版），写作的过程促使我对高中学生心理健康教育的主要内容进行总结提炼，在实践经验和理论水平上都是一次非常重要的梳理提升。

参与上海市中小学心理健康教育达标校和示范校评估指标的制定。我参与了 2012 年度上海市教委德育决策咨询研究课题"上海市中小学校（中职）心理健康教育工作评估办法研究"，研究成果被沪教委德〔2013〕37 号文件所采纳。我主要承担参与上海市中小学心理健康教育达标校和示范校评估指标的制定，于我而言是一次新的尝试，迫使我从评估者的角度去看待学校心理健康教育工作，从操作性方面去架构整体评估的内容、设计不同级别的指标、明确具体的达标要求和示范要求；促使我换个视角去审视学校心理健康教育工作的组织管理、保障条件、教育实施、教育成效以及实践操作中存在的问题；促进了我对学校心理健康教育专业性、规范性、实效性、融合性的进一步思考。

参与心理健康教育示范学校与特色学校创建。2014 年，风华中学成为首批上海市中小学心理健康教育示范学校。2015 年被评为首批全国中小学心理健康教育特色学校。在"示范学校"与"特色学校"的创建中，报告撰写、材料准备、现场评估等各环节工作着实锻炼了我的综合能力，也提升了学校心理健康教育的规划与实施水平。学校全员参与、关注全体的心理健康教育工作机制，包括组织与管理、课程与活动、辅导与服务、指导与培训、学习与研究、交流与辐射的学校心理健康教育工作操作体系，以及学校心理健康教育的融合特色与"积极心理学取向的师生生涯辅导"现阶段的品牌特色，都获得评审专家的一致好评。成绩的取得是学校领导和全体师生共同努力的结果，也是对自己多年来持续努力的肯定和激励。我带领团队把多年的经验做法汇编成《学校心理健康教育制度》，为广大学校规范实施心理健康教育提供借鉴参考。在 2016 年 5 月由上海学生心理健康教育发展中心和上海市中小学心理辅导协会主办召开的上海市中小学心理健康教育特色示范校联盟成立大会上，将《学校心理健康教育制度》《校园危机干预操作手册》赠送给市区兄弟学校，并向全国范围来校学习的考察团交流辐射，被广大学校和一线心理老师认同和采纳使用。

参与高中学生成长系统的创建、应用。针对高中学生动力不足、自主选择能力缺乏，学校和教师对学生的成长难以科学评价、精准指导的问题，学校把"心理健康教育""生涯发展辅导""教学质量评价"进行融通，确立了

"学生成长系统"重点研究项目。结合学校心理健康教育的研究成果，我和团队基于实证不断实践创新，经过多年的实践探索和研究改进，自主研发创建了高中学生成长系统，包括学校配套课程建设以及作为支持工具的"学生成长系统"电子平台，不仅能够实现对学生的多维度科学评价，还能辅助学生分析当下的学习策略、调整心理状态、规划未来的发展方向。引导教师教育理念与教学方式的变革，更加注重激发和培养学生的自主意识，更加关注学生自主选择能力的培养，进而促进学生适性发展。"'自主选择，适性发展'高中学生成长系统的创建与应用"的研究成果，获2017年上海市基础教育教学成果奖特等奖、2018年国家基础教育教学成果奖二等奖。在研究实施推进和成果梳理提炼的过程中，我深刻地感受到对自身研究能力的挑战和对专业水平的考验，在专家的指导和团队的帮助支持下，我承受住了痛苦和煎熬，体验到了进步的喜悦，也愈发清晰地认识到自己的不足与限制。

五、悉心指导，团队力量

教育改革的推进与学习理论的发展越来越彰显心理学对课程教学与学生成长的重要作用，也推动我们去思考心理健康教育如何在服务与促进学生成长发展方面实现其更大价值。随着心理健康教育与学校教育教学的深度融合，如何运用心理健康教育的理论与技术提升学生的积极情绪、行为以及学与教的效果？对于越来越突出的学生心理健康问题如何提升辅导应对的效果？我期待系统学习的机会，进一步提升理论知识，丰富专业策略与辅导技能。

2016年至2018年，我有幸成为上海市首届学校心理健康教育吴增强名师工作室的学员。我是学员，也是导师的助手，协助导师安排每学期的学习活动，大家都亲切地称呼我"曹姐姐"，学员们彼此之间称呼"伙伴"。这是一个温暖进取的团体，每位学员都对自己有高要求、对学习有高投入、对专业成长有高期待。大家在繁忙的工作中能够抽出时间一起学习和研讨也是不易，都非常珍惜宝贵的机会，怀着感恩的心聆听导师的思想与智慧，分享伙伴学员的经验与热情，期待自己获得专业提升与自我成长。我也期待通过三年的学习，为自己的职业生涯添一页华章。

吴老师的睿智谦和、学术水平、专业成就让学员们敬佩仰慕，大家以开放的心态学习和研究，工作室的学习活动特别有吸引力和凝聚力。工作室的系统学习、导师的指导分享、伙伴的研讨交流、自己身体力行的实践，都使我们深刻感受与认识到，一名优秀的学校心理健康教育工作者首先是做人，做一个让人信任的人，做一个人格和谐的人。同时，需要具备多方面的知识能力：本专业的理论知识与有关领域的知识、人际沟通与同感能力、组织协调能力、课程开发与实施能力、辅导咨询能力、课题研究能力、指导与培训能力、活动策划与实施能力、信息技术运用能力等。那么，如何不断提升职业综合素养？需要我们对自己的生涯发展有持续的思考：要做些什么？要怎么做？在行动的过程中应逐渐形成自己的优势品牌，如咨询专长、课程专长、研究专长、培训专长等，或者是几方面的综合，树立自己心理健康教育的专业优势与风格。这应是一名学校心理健康教育工作者的追求。

学习期间，我带领学校课题组团队在多年积淀的基础上自主研发的"学生生涯发展规划信息系统"（简称：生涯平台）于2016年12月获得国家版权局软件著作权全部权利，获得同行的广泛好评、专家的高度认可，目前在上海、江苏、山东、安徽等全国十余个省市，被众多学校认可和学习运用，助力更多学生的生涯发展。市级课题研究成果"'课程＋平台'高中学生生涯辅导实践研究"于2018年12月获上海市教育科学研究院第六届学校教育科研成果奖一等奖。

在吴老师的指导下，我对自己的成长历程与研究之路进行总结梳理。回顾20年的努力与坚持，发现取得了一些成绩，尤其是心理健康教育研究方面：有15项研究成果获国家与市级奖励，主编出版心理专著一本，参与九本心理书籍的编写（均出版），发表论文和文章20余篇。也形成了我个人鲜明的工作特点：把教育实践与课题研究相结合，把解决教育实践问题与促进师生成长相结合，不断通过课题研究促进学校心理健康教育内涵特色发展，促进心理健康教育与教育教学的深度融合。

目前，我主持静安区中小学心理学科实训基地与风华中学曹凤莲工作室的工作，在带教指导中与学员共同学习、相互促进。教育的价值追求无止境，教师的专业发展无止境，助力学生生命成长的心理健康教育实践与研究也只有进行时。学习成长永远在路上！

从曹凤莲老师的成长叙述，可以清晰地看到一个心理老师怎么一步一步从一个大学毕业走进学校的年轻心理老师历经20年的磨练，成长为一个专家型心理老师的。有以下几点值得我们学习：

一是把学校心理健康教育工作作为自己热爱的事业。用曹老师的话来说，"遵从内心，抉择承担"。从华东师范大学心理系毕业以后，她在学校分配下任教数学、兼任心理老师，数学教学工作做得很出色，本可以成为一名优秀的数学老师，在学校里数学是主科，在当时，数学老师的待遇、职称晋升等要远远优于心理老师。但是她遵从内心，选择做一名心理老师，源于她对心理辅导工作的热爱，这是她专业化的起点。

二是静心做好心理老师的本职工作。在功利主义盛行、浮躁心理普遍的当下，要把心定下来，潜心做事是很不容易的。曹老师能够沉下心来，尽心尽力做好心理老师的分内工作。正如她所说，"我静下心来，用心地去了解学生，认真准备每一节课，把学生的感受心得看成是心理课最有效的评价指标，不断听取学生反馈，及时反思与改进自己日常的教学行为。"

三是积极投入课题研究，提高科研能力，这是曹凤莲老师专业成长的一条重要经验。她在冯永熙校长的指导下，在心理健康教育研究上付出大量的精力和时间。近20年来，她先后承担和参与了20多项课题研究，有学校的课题，如"高中生校园心理危机干预体系研究""高中生生涯发展与辅导"；也参与了市里的课题，如，上海市教委德育决策咨询研究课题"上海市中小学校（中职）心理健康教育工作评估办法研究"等。长期的科研工作历练，提升了曹老师的研究素养和学术视野，也取得了丰硕的成果。"'自主选择，适性发展'高中学生成长系统的创建与应用"研究成果，获2017年上海市基础教育教学成果奖特等奖、2018年国家基础教育教学成果奖二等奖，并出版了专著《高中生生涯辅导实践操作》。为她顺利通过正高级心理老师评审，提供了扎实的学术基础。

四是不断进取，走向卓越。近三年工作室的研修历程，是曹凤莲老师走向专家型心理老师的加油站。她是一个勤于思考的人，正如她所说，"随着心理健康教育与学校教育教学的深度融合，如何运用心理健康教育的理论与技术提升学生的积极情绪、行为以及学与教的效果？对于越来越突出的学生心理健康问题如何提升辅导应对的效果？我期待系统学习的机会，进一步提升理论知识，丰富专业策略与辅导技能。"在工作室的三年里，她既是学员，也是导师的助手。我对优秀心理老师的专业要求是"道术兼修"。三年的研修，曹老师对此深有体会："一名优秀的学校心理健康教育工作者首先是做人，做一个让人信任的人，做一个人格和谐的人。同时，需要具备多方面的知识能力。"她还说，"那么，如何不断提升职业综合素养？需要我们对自己的生涯发展有持续的思考：要做些什么？要怎么做？并在行动的过程中逐渐形成自己的优势品牌……这应是一名学校心理健康教育工作者的追求。"这正是我希望工作室的伙伴们能够感悟到的心得。

专业化发展路漫漫

我们的叙述到了尾声，但心理老师专业化发展的探索还将继续。从全国来说，心理服务人员的专业化日益受到关注。2018年10月，中国心理卫生协会颁布了《心理咨询师能力提升工程管理办法》。《心理咨询师能力提升工程管理办法》的服务对象主要定位于"已取得国家职业资格的心理咨询师，包括对存量心理咨询师进行心理咨询相关的理论、技术、实践、伦理与法律等方面的规范化培训与继续教育，并对见习与实习机构及其工作、继续教育机构及其工作、督导机构及其工作等进行规范化管理，以保证心理咨询师健康成长及心理咨询等心理健康服务工作规范与可持续发展。"

从2001年7月心理咨询师国家职业资格项目正式启动，到2018年5月项目结束，18年来全国有150万人取得证书。这个项目对于推动我国的心理健康服务事业还是有许多积极意义的,当然也有许多不足,正如文件中所说,"心理咨询师职业资格考试大规模地普及了心理学和心理健康知识,提高了心理学行业的社会认知度,培养了一大批具备专业胜任能力的心理服务人才,同时为军队、武警、公安干警、司法干警等职业群体培养了心理工作骨干。然而由于培训机构报名把关不严,机构监管不力;培训教师水平参差不齐,资格把关不严;培训内容重视知识学习,缺少实习实践;考核内容偏重心理障碍咨询内容,轻视心理发展性咨询内容;鉴定内容只有主观能力考核,缺乏操作技能鉴定;继续教育缺乏取证后教育,没有督导体系;机构监管只有工商管理,缺乏行业监管。我国目前已有超过130多万持证的心理咨询师,但真正能胜任心理咨询工作的从业者不足10%,绝大多数持证者还缺少独立从事心理咨询工作的能力和水平。"

学校心理服务系统是社会心理服务体系的一个重要组成部分。学校心理服务队伍的专业化建设也是这些年我们在积极思考和行动实践的。就上海而言,自2012年2月成立了上海学生心理健康教育发展中心以来,一直把学校心理健康教师的专业化建设作为一个重要的任务。[1] 在"关于深化上海学生心理健康服务体系建设的咨询报告"中就队伍专业化建设强调:

一、制定"十三五"上海学校心理健康教育队伍建设规划

自2005年市教委制定并下发《上海市教育委员会关于开展上海市各级各类学校心理健康教育教师培训的通知》(沪教委人〔2005〕89号),决定于2005年开始,每年分期分批对全市各级各类学校从事心理健康教育的教师进行专业培训。这十年的培训工作,共有学校心理咨询专业水平中级持证教师1969人,初级持证人数867人。但与大中小学生日益增长的心理健康服务需求仍有距离。例如,目前高校心理健康教育与咨询专职教师的配备是5000∶1,还没有达到教育部要求的3000∶1;中小学专职心理教师比例不高(2012年统计数据为30%,近三年有所增加),大多为兼职。对广大高

---

[1] 笔者是上海学生心理健康教育发展中心的首任主任(任期从2012年2月至2017年2月)。

校辅导员和中小学德育干部、班主任的心理健康教育培训缺少统筹考虑。因此，制定"十三五"上海心理健康教育队伍建设规划势在必行。

建议在今后五年的目标是：高校心理健康教育与咨询专职教师达到3000：1的配备（目前是5000：1）；高中每个学校必须配备一至两名专职心理教师（1000人以上学校配两名）；初中每个学校配备一名专职心理教师；小学能够有40%的学校配备一名专职心理教师；60%的学校配备一名兼职心理教师。

二、完善心理健康教育教师专业资格认证、继续教育与督导制度

委托市教育人才交流中心，组织学校心理咨询师培训和认证工作，并对已经获证的学校心理咨询师进行继续教育和定期验证。

三、制定和实施专家型心理教师培养计划

制定专家型心理教师培养计划，通过设立十个心理名师工作室、高级研修班，以及聘请国内外知名专家，举行骨干心理教师的高端专业培训等途径，培养50名左右具有良好师德修养、厚实专业基础、扎实实践能力和研究能力的专家型心理教师。

四、加强德育骨干教师的心理健康教育专题培训

依托高校心理示范中心对高校辅导员进行专题培训，依托各区县心理中心进行骨干班主任专题培训。提高辅导员和班主任心理健康教育意识和能力。

2017年4月上海市教育委员会专门出台了《关于十三五期间加强中小学心理健康教育教师队伍建设的实施意见》，就心理老师的工作职责、岗位要求、队伍建设的途径和保障作出了相关的规定。

当然，在心理老师专业化建设的道路上，还面临许多挑战。其一，从全国范围来说，突出的问题是专业资源分布不均衡，东部发达地区、大城市，专家资源和专业资源比较充实，对心理老师的培训、指导有保证。而对于中西部地区，专家资源和专业资源比较薄弱，对心理老师的培训、指导难以保证。针对这个问题，教育部中小学心理健康教育专家指导委员会于2019年

专门出台了心理健康教育指导责任区文件，以统筹全国专家力量，加强对薄弱地区的中小学心理老师的培训和指导。其二，对心理老师的继续教育、督导制度尚不健全。中国心理卫生协会临床心理咨询专委会推行注册心理师、督导师认证，旨在加强心理咨询人员的继续教育和督导制度的建设。由于国情不同，专业学术团体制定的规则在没有得到国家相关行政部门的认可、委托的前提下，对于学校系统缺乏行政推动力。其三，尽管相关学术团体制定了心理咨询伦理规范，为心理服务人员专业化发展提供了专业支持。但是光有伦理准则是不够的，还必须制定心理服务人员的职业标准。美国有学校心理学家的职业标准，对于我们制定学校心理老师的职业标准有一定的参考和启发。[1] 其四，加强高校临床心理专业的学科建设、职前训练体系的完善。目前国内高校设立心理咨询、心理健康等专业的硕士点、博士点不少。这些学科的建设决定今后心理服务人员的专业质量和水平。就目前而言，我们与发达国家高校的相关专业的学科力量与培训质量还有很大的差距。

因此，我国中小学心理老师专业化发展还有许多工作要做，需要我们不断学习和实践探索，"路曼曼其修远兮，吾将上下而求索"。

---

[1] 吴增强.学校心理辅导实用规划[M].北京：中国轻工出版社，2012.